心理学入門コース 3

学校教育と学習の心理学

学校教育と学習の心理学

心理学入門コース 3

秋田喜代美
坂本篤史

岩波書店

編集にあたって

　現在，心理学は，社会学や教育学から脳科学や情報科学にいたるまで，さまざまな周辺諸科学との学際的な連携を深め，多方向に進展をみせている．また，現実社会で起きている多様な「心の問題」に対して，具体的で有効な解決策を提示しはじめている．いまや，心理学は「ただの教養の学」としてではなく「実際に使える応用の学」としての色彩を着実に強めつつある．

　しかし，こうした心理学のもっともおもしろくホットな部分は，一部の研究者によって知られているのみで，いまだ広く一般の人々の共有するところにはなり得ていない．また，残念ながら多くのテキストが古典的な学説と旧来の伝統的枠組みを紹介することにとどまりがちである．そのため，心理学のアクティブな動向に早くからふれて鋭い眼力を養うべき学生も，あふれんばかりの知的好奇心を満たすことができず，そのポテンシャルも十分に開花させられないでいる．

　こうした現状認識のもとに，基本的なテキストの要件と体裁とを備えつつ，同時に，現代心理学の到達点，およびそれに絡むホットな論争，さらにはその可能性と豊かな未来とをやさしくかつおもしろく紹介する「心理学入門コース」を立ち上げる．この新シリーズの刊行を通して，種々の心理学の授業風景に新しい風を吹き入れることができれば幸いである．

＊基本的には「テキスト」としてのスタイルを採る．すなわち，各領域の理論の大枠および基本事項を精選し，章構成やその

配列にも配慮した．そして，大学・短大等のさまざまな形態の授業において広く活用しやすいものにした．また，読者自身による自習も可能となるように，用語の解説や理論の説明等に細やかな工夫を凝らした．

* テキストブックとしての要件を備える一方で，現代心理学のフロンティア（最先端部分）を大胆かつホットに紹介することにも配慮した．また，そうした新しい動きが，これまでのどのような研究，知見の蓄積や論争等の上に生じてきたのか，その歴史的および因果的な流れが容易に把捉できる内容・構成を工夫した．

* 章末には「まとめ」を付け，巻末には「読書案内」や「参考文献」を付けた．各心理学と社会との連携がどのような形で具現されるべきかについて提言を行なう．

* 本シリーズの構成は以下の通りである．
  1. 知覚と感性の心理学
  2. 認知と感情の心理学
  3. 学校教育と学習の心理学
  4. 発達と加齢の心理学
  5. 社会と人間関係の心理学
  6. 臨床と性格の心理学
  7. 脳科学と心の進化

2007年1月

著者一同

目　次

編集にあたって

序　学校教育と学習の心理学を学ぶということ……………1
- 0-1　変動する学校教育　2
- 0-2　学校という場の特徴　3
- 0-3　学校教育と学習の心理学を学ぶにあたって　7

1　学習の理論……………11
- 1-1　知識基盤社会の学習　12
- 1-2　行動主義心理学の学習論　18
- 1-3　認知心理学における情報処理アプローチの学習論　21
- 1-4　コミュニティへの参加としての学習論　23

2　学習への意欲と動機づけ……………29
- 2-1　教室での学習動機づけ　30
- 2-2　学ぶ対象への興味を引き出す　31
- 2-3　学習者としての自信を培う　34
- 2-4　やり遂げようとする達成への動機と目標　39
- 2-5　教師からの働きかけ　43

3　授業における談話……………51
- 3-1　授業における談話の特徴　52
- 3-2　談話を通した学習と理解深化　60
- 3-3　書き言葉での対話　66

4 知識の獲得と活用の学習 ……………………………………… 69
　4-1　知識の種類と知識学習の次元　70
　4-2　概念の学習過程　76

5 学び合う集団の形成と個に応じた方法 ……………………… 87
　5-1　学び合う集団の形成　88
　5-2　教師の生徒への期待と認知　94

6 メディアからの学習 …………………………………………… 101
　6-1　高度情報化社会のなかのメディア　102
　6-2　メディアとは？　104
　6-3　メディアから何を学習するか　106
　6-4　メディアからの学習の特性　107
　6-5　教師の学習におけるメディア　110

7 問題解決の過程 ………………………………………………… 113
　7-1　問題にも種類がある　114
　7-2　効率のよい問題解決へ　118
　7-3　より複雑な問題解決過程　120
　7-4　多様にとらえられる問題　124

8 仲間との協働学習と学習活動 ………………………………… 131
　8-1　仲間と一緒に学ぶ，ということ　132
　8-2　協働学習の理論　133
　8-3　グループ学習の方法　134
　8-4　協働学習をうながす教師の支援　137
　8-5　グループ学習に対する教師の認識　144

9 学習方略と学習習慣の形成 …………………………… 147
- 9-1 学習方略とは　148
- 9-2 学習方略の具体　149
- 9-3 学習習慣の形成　153
- 9-4 子どもの学習観を育てるために　158
- 9-5 教師自身が学ぶために　159
- 9-6 教師の学習方略と学習習慣　162

10 学習過程と学力の評価と支援 …………………………… 165
- 10-1 評価とは？　166
- 10-2 代表的な評価活動　168
- 10-3 授業進行中の評価（即興的な形成的評価）　170
- 10-4 評価される側にとっての評価　175
- 10-5 評価から支援につなげる　179

11 授業と学習環境のデザイン …………………………… 185
- 11-1 学習環境　186
- 11-2 学習環境のデザインをとらえる視点　187
- 11-3 ある教室の風景から　189
- 11-4 テクノロジーと学習環境のデザイン　191
- 11-5 教育実習生と教師の学習環境　192

12 教師の学習過程 …………………………… 199
- 12-1 教師の力量　200
- 12-2 教師の学習　201
- 12-3 授業研究による教師の学習　205
- 12-4 授業研究の事例　207

13 学び合うコミュニティの形成 ……………………………… 213
- 13-1　コミュニティと学び　214
- 13-2　コミュニティへの参加としての学び　217
- 13-3　教師の学び合うコミュニティ　219

14 授業における学習過程の研究方法 ……………………… 227
- 14-1　学習過程の研究　228
- 14-2　学習過程のデータ収集の方法　230
- 14-3　データ分析の基本　234
- 14-4　学習過程の分析　236

あとがき ………………………………………………………………… 241
　読書案内——さらに学習するために ……………………………… 242
　参考文献 ……………………………………………………………… 247
　索　引 ………………………………………………………………… 259

章扉写真撮影／児玉房子
図版／上村一樹

コラム

- 1-1 多様な指導法を柔軟にデザインする力　15
- 3-1 場面により変わる語り口　58
- 4-1 子どもが地球についてもつメンタルモデル　79
- 5-1 反転授業　98
- 6-1 思考を可視化するツール　108
- 7-1 算数の問題か国語の問題か？　117
- 7-2 社会科の問題解決学習の授業記録　121
- 7-3 授業研究協議会中の二人の教師の思考過程　125
- 9-1 古屋教諭の実践　157
- 10-1 「テストに出たら，えらいこっちゃ」　174
- 10-2 子どもの発言と教師の評価　178
- 10-3 授業中に変化する子どもの発言への注目　179
- 11-1 教育実習の学習環境研究　192
- 11-2 同僚教師の学びについての語り　196
- 12-1 異なる分母の分数の足し算についての授業研究事例　207
- 13-1 協議会における多様な教師の聞き方　222
- 13-2 オンラインでの教師コミュニティ　224

序　学校教育と学習の心理学を学ぶということ

　本書は，教職課程や学校で，授業や教育場面における学習心理学を，初めて学ぶ人のための入門書である．誰もがみな学校に通い，生徒だった経験がある．では，それだけで授業ができるかといえば，そうではない．学校という制度的な場における学習には，どのような特徴があるだろうか．ここではまず，本書を通してこれからの学校教育における学習や発達における心理過程を学ぶにあたり，考えたいことを挙げる．

[キーワード]
▼
知識基盤社会
公教育
授業
学校
教師の学習

0-1 変動する学校教育

　少子化，情報化，国際化と，社会は動いている．現代は，**知識基盤社会**（knowledge-based society，新しい知識・情報・技術が政治・経済・文化をはじめ社会のあらゆる領域での活動の基盤として飛躍的に重要性を増す社会）とよばれる時代である．社会生活や職業生活のうえで必要とされる知識や技能の量・内容が，この10年の間に大きく高度化してきている．これに伴い，学校教育もさまざまな点で変化を求められてきている．

　一方，教育を取り巻く状況も変化してきている．それは，21世紀型スキルやアクティブ・ラーニング（能動的学習，活動への関与とそこで生じる認知過程を表現する活動を含む学習．ディープ・アクティブラーニングともよばれる．松下ほか，2015；溝上，2014），国際学力テストをめぐる学力や学習意欲低下の議論，それに伴う学習指導要領改訂や授業のあり方，団塊世代教員の退職に伴う新規教員大量採用時代への突入，教育専門職大学院の設置などである．

　知識基盤社会において，子どもたちに求められる学校での学習をどのように考えたらよいのか，そのためにどのように授業やカリキュラムをデザインしたらよいのか．情報化とともに，教材や教室の学習環境も変化してきている．それらをどのように利用したらよいのか．その基盤となる，教師や生徒の学習の心理過程や発達過程を学ぶこと，学校・学級という集団での授業過程や学習過程，それを支える家庭や地域での学習とのつながりを，具体的に授業の姿とともに考えること，ひいては学校の中で専門家としての教師を含め人が学び育つ過程を学ぶことが，本書のねらいである．

　書店の心理学のテキストの棚で，タイトルに「教育心理学」「学習心理学」「学校心理学」などがついた本を見ることは多いだろう．しかし，本書と同じ「学校教育と学習の心理学」というタイトルを見る機会は少ないだろう．

　学習心理学は，人や動物がさまざまな場面で学ぶときにどのような行動原理や心理過程が働いているのかを，個人の内面と外界との関連性において，一般

的・普遍的に説明が可能となる理論や原理としてとらえる学問である．また学校心理学は，学校システムの中での生徒の生活全般を援助する視点から，心理教育的援助として行われるカウンセリングや教育相談の手法を中心に，診断や援助の技法を解説することが中心となる学問である．

これに対し，本書は，公教育としての学校教育という制度的な場における，教育と学習の営みに関する心理学に焦点を絞る．学校での学習を理解するのに必要となる理論や概念，視座やそのための研究知見を中心に論じることを目的としているため，このタイトルなのである．

時代の変化とともに，学校での教育のあり方はさまざまに変化し，多様な形態での学習活動が行われるようになってきている．学校を取り巻く社会も，学校の中で使用される教材メディアも，また教育のカリキュラム（教育内容）も，時代とともに変化してきている．そのなかで，教師や教師になろうとしている人，あるいは子どもの教育や発達について学びたいと考える人に，学校教育で起こっている学習過程や授業を中心とした教育活動という行動の心理過程を知り，そこから「学習を心理学してみよう」とするのが本書である．教職課程や教育心理学，学習心理学系列のテキストとして使っていただくことを想定している．

0-2 学校という場の特徴

(a) 特殊な特徴をもった学習のシステム

「学習の心理過程」を論じるときには，人が何かを学習している，あるいは学習しようとしている個人の心の中で，何が起きているのかを解明しようとする．人一般，場一般，心理過程一般，学習内容一般の，学習の一般原則を論じることが中心である．

ところが近代の学校教育では，学習しようとはしない生徒，学習したくない生徒も含めた，すべての生徒を対象に，学習してほしいと教師や社会が期待している内容を，限られた授業時間の制限の中で，ある一定規模の学級集団の中

で学習させなければならない．子どもたちには学級や教師を選ぶ権利はない．入学した学校というシステムの中で学ぶ，という制約のある場に参加しての学習になる．学習することを目的として，教室という場にいなければならない．これは，仕事をしているうちに，あるいは好きなことをやっているうちに学び，そして必要なときにその知識を自ら活用する，という日常生活や職業生活の中での「……しているうちに学ぶ，学んでしまう」学び方とは違う，特殊なものである．また，学んだことがその通りに覚えられているか，教師が思ったように，ほかの課題にも適用して利用できる学習の転移が生じているか，教師により「テスト」という形で評価される．

　これらはきわめて当たり前のことのようであるが，日常生活や職場での学習との対比で考えれば，学校での学習はかなり特殊な特徴をもった学習のシステムである．また，模倣や習熟を基本とする個別学習を主とした近代学校以前の寺子屋や藩校という教育の場での学習と対比してみても，その特殊性は理解できるだろう．したがって，個人が実験室で学ぶ，生活の中で学ぶ，といった，一般の学習心理学の知見をそのまま適用すれば理解できる，解明できるとは必ずしもいえない．その場固有の学習過程や，そこに関わる要因や文脈を考える必要がある．そしてまた，学校は考えるに十分に値する場なのである．

　なぜなら，授業時数が減ってきているとはいえ，小学校で5645時間，中学校で3045時間と義務教育だけでも8690時間，高校まで入れればおよそ12000時間あまりの膨大な時間を授業という形で学習しているのである．そして，そこで培われた学習方法や知識・技能，学習観や学習者としての自己観が，人の生涯にわたる学習のあり方をさまざまな形で方向づけているからである．

　そこで，学校という場での教育と学習を心理学的にとらえるために必要な，学校での学習の特徴を以下に整理してみよう．

（b）学校での教育と学習を心理学的にとらえるために

　第一には，学ぶ人の特殊性である．学び手である子どもたちは，一般には児童期・青年期という年齢幅の特徴をもっている．つまり，人の学習過程一般の

原理を知ったうえで，乳幼児期とも成人期とも異なる，児童期・青年期固有の発達的な特徴を考える必要がある．ほかの時期との比較から，発達の見通しをもって，学習活動の構成や教育の原理をとらえることが大切になる．

　第二には，通常は1年という「学年」暦に基づく一定期間，参加するメンバーが固定して同じ「学級」集団で学ぶことになる点にある．したがって，その集団の仲間どうしの関係性や，教師と生徒の関係の歴史性の中で学習を考えることになる．そこにはさまざまな特性や知識・能力の特徴をもつ生徒が同時に学んでいる．早くすんなりわかる子もいれば，わかったつもりでもわかっていない子，わかるのに時間がかかる子，つまずいてもわかろうともしない子などがいる．そこで，それらの個人差に対応しつつ，教師はどのように教えていくのか，実際に先生はどのような判断でどのように行動しているのか，あるいはどのように教えていると，子どもたちの学習にとって有効かを考えることが必要になる．

　第三には，教え手としての教師の存在である．教えることの専門家としての教師は，小・中・高等学校で2020年現在，90万人弱（小学校42万2554人，中学校24万6814人，高校22万9245人，令和2年度学校基本調査：文部科学省）もいる．非常勤講師や臨時採用の講師等も含めれば，100万人を超える人が，教師という職業に携わっている．専門職として日本で最も数の多い職業である．ここには，生徒の学習をつくり出す，教師という専門家の行動がある．

　生徒の学習は意図的に計画され，実行され，評価される．外界から入ってくる情報と学習者との関係ではなく，教師や自分の周りの生徒という，人と人との関係の中で学習を考えることになる．その心理過程は，学校での学習過程を考えていくためには不可欠である．

　そして教師もまた，教えることを学ぶという学習をしているのである．生徒であったときには，教師は教える人としか見えていないかもしれない．しかし，教師もまた学んでいる．したがって，学校教育での学習を考えるときには，生徒の学習と同時に教師の学習も考えることが必要になる（12章・13章）．

　教師は情報提示機器ではない．急激な社会変化の中では，教師は，教える技

能をもっているというだけではなく，生徒の学習や教える内容についての学びの専門家(Darling-Hammond & Bransford, 2005)であることが求められている．学校教育の場は教師にとっては，生涯職業の中で学習していく場でもある．

　第四には，学習内容と学習時間の特殊性にある．学びたいことを学びたいときに学ぶのではない．先達の生み出してきた，さまざまな学問分野の知識を学ぶと同時に，学び方を学ぶこと，推理や思考，表現の技法や語り方を学ぶことが必要となる．それは教科内容によってそれぞれ特殊性をもっている．その教科固有の学習過程の特徴も知る必要がある．

　そして第五には，学校教育での学習においては，言葉を介し活字やものをなかだちとした学習が中心となる．教材，学習材という媒介物(メディア)をなかだちにして，教育は生じる．この教材のあり方そのものが，IT(information technology：情報技術)化や教室を開いた学習によって変わってきている．したがって，用いるメディアによる学習過程を意識化することが必要になるのである．

　そこで本書では，一般的な学習心理学との対比や生涯学習との対比の中で，上に挙げた5つの特徴に注目しながら，学校という場で起こる学習過程とそこに関わる要因に焦点をあてて，人の学習の心理過程を考えていく．学校教育の心理学は，学習者個人の心理だけではなく，学習システムとそこに関わる人が，どのように相互に関連し合い，影響し合って学習が成立していくかを分析・解明する学問である．本書はその理論的概説書である．

　本書は，教師が子どもの学習や発達の過程の特色を知り，教室での学習の一般過程を知るための前半部分と，実際のさまざまな内容の授業のデザインや，授業を行い生徒の学習を評価していく過程，さらにはその生徒の学習過程から教師もまた学習者として学ぶ過程を例示した後半部分という，生徒と教師の二重の学習過程の流れに沿って構成している．授業で使用しても，あるいは一人でどこから読みはじめてもわかるようになっている．

0-3　学校教育と学習の心理学を学ぶにあたって

学校教育と学習の心理学を学ぶにあたっては，次の点にも注意してほしい．

（a）自分の過去の学習経験と比べよう（心の中で振り返ろう）

　学校教育での学習は，誰もが経験してきていることである．そのため，生徒であった自分の学習経験と比べながら学ぶことができるだろう．しかし，生徒であったときには，学習者である自分を対象化して考えたことはなかったはずである．どのような特性をもった学習者であったのか，過去をみつめて考えてみてもらいたい．それは自分の学習を対象化すると同時に，学習者の個人差を理解するよい機会でもある．

　よくできる生徒がよい教師になるとはかぎらない．それは，わからない生徒のわからなさがわからないからである．何がつまずきを生むのか，どのような学習の多様性があるのか，何がその原因になるのかを，授業の実際やテキストから読み取って学ぶことが大切である．

（b）教師の仕事を観察する機会をもとう（身体で感じて考えよう）

　また，生徒としての学習経験はもっていても，教師の行動や，その奥にある意思決定や判断過程にまでは，意識が及んでいなかったはずである．改めて，そこから教える―学ぶの心理過程の複雑さを読み取ってもらいたい．そのためには，実際の授業や授業風景を撮影したビデオを見たりしながら，テキストと照らしあわせて議論し考えていくのがよいだろう．

　実際の授業は生き物のようであり，テキストに書かれている通りのことが，そのまま起こっていることはまれであるし，分類していくことで見えるわけではない．また現在，学校の授業にはさまざまな工夫や革新が進んでおり，自分が生徒だったころとは急速に変化してきている．そのことを実感し学ぶことも必要だろう．

近年の学校教育での学習に関する心理学研究は，研究者が学校に入ることなく，調査や実験を依頼して，その調査や実験結果をまとめて知見を出すという形の研究だけではなくなってきている．実際に，学校での授業に観察を取り入れることで知りえたデータを分析したり，その場から着想を得て研究を実施したり，あるいは教師と協働して，デザインベース研究(14章参照)やアクションリサーチ(授業の問題を把握し，改善して実践し，結果を検証し解決をはかろうとする方法)といった手法を用いて，継続的に授業の中で生じることを数量的，質的両面からとらえようという流れに変わってきている．それだけ，学校や学級という複雑なシステムの中で生じる多様な学習行動を，時間系列を捨象せず，学級の固有性とともに質的に丁寧に記述しようという動きに変わってきているのである．

　この流れの中で，学習の心理学を学ぼうとするならば，読者も大学の授業という学習場面でもよいし，地域の学校公開のときにでも，またビデオなどでも実際に，学校の場の具体的状況を見ながら，それに即して学習を見る経験をするとよいだろう．

（c）関連文献やITを活用して学ぼう(学習の心理学の歴史と未来を知ろう)

　研究者が学校での学習へのアプローチをどのように追究してきたかを，歴史的変遷も含め，図書館等を活用して調べてみよう．章ごとに，関連の深い日本語で読める著書は紹介している．ぜひそのうちの1冊でもよいから読んでみてもらいたい．知識の要点だけではなく，個別の事例に関する研究や調査について書かれた本ほど，その現象の生々しさにあふれ，またそこでその研究者が何を考えてきたかがよくわかるはずである．また，本書だけでわからないときには，心理学に関する事典なども活用しよう．さらに，ぜひインターネットも活用してみてほしい．個々の問題について今，何が論じられているかの情報にも触れることができるだろう．

(d) 研究を支える研究アプローチを学ぼう

　教室での学習についても，具体的にこのことが知りたい，研究したいと思っても，目の前の現象は複雑で，知りたいことがすぐにわからないことの方が多い．そのため，研究者は苦労して，自分が知りたい，追究したいことを明らかにするために，いろいろなアプローチで研究している．何がわかったのかだけではなく，どのような研究法で何が明らかにされたのかをみてみよう．それによって「学校教育と学習の心理学を学ぶ(learning psychology)」だけではなく，「学校教育と学習の心理学を研究する，教育心理学者のように行為する(doing educational psychology like researchers)」はずである．

　単位履修のために本書に書かれたことを覚えるという目的だけではなく，ぜひとも本文中にある視点や知見を体感できるような経験をしながら学んでもらいたい．なぜなら，学校教育と学習の心理学は，誰もが経験し，身近にあるものだからである．そして，本書に書かれていたことが一部でも記憶に残り，何かのきっかけに再度手に取ったり，さらには繰り返し読んだりしていただければ幸いである．

1 学習の理論

　知識基盤社会とよばれる社会のなかで，今どのような能力を育成することが求められているのだろうか．教育を考えるには，まず人が学ぶ過程を理解する必要がある．では，教育心理学はどのように学習の過程を説明してきたのだろうか．本章では，はじめに，これからの学校教育にどのような能力が求められているのかを考える．そして，次に学習過程を説明する理論として，「獲得」と「参加」で表現される学習の考え方を紹介する．

［キーワード］
▼
21世紀型スキル
行動主義心理学
情報処理アプローチ
社会文化的アプローチ
拡張による学習
教育の質

1-1　知識基盤社会の学習

(a) 時代とともに変わる教育

　教育や学習について，みなさんはどのようなイメージをもっているだろうか．「授業とは……のようだ．なぜなら……だから」という比喩の文を自分自身でつくってみてほしい．いつの時代の様子が目に浮かぶだろうか．

　大学生200名と現職の小中高等学校の約100名の教師にも同じようにして比喩文を作成していただいた(秋田，1996).「オーケストラ(響き合いながらより高まる)，キャッチボール(やりとりが必要)」など，一緒に構成していくことをイメージする人もいれば，「テレビ番組(送り手だけが一生懸命)，コピー(知識を生徒に移すから)」など，知識を伝達される場としてとらえている人もいる．大学生では「台本，手品(ネタが先に読めてつまらない)」など，1時間の授業をあらかじめ決まった筋書き通りととらえる比喩を挙げた人が多いのに対し，現職の教師には「川の水(同じ瞬間は二度ない)，筋書きのないドラマ」など，未知の展開ととらえる人が多かった．もちろん，ここには個々人の違いや学校種の違いも見られた．このように，人はみな，生徒としての子どもや学校での教育という営みに対して，自分の受けた教育や教える経験をもとに教育観，学習観という信念をもっている．その授業イメージや信念が，どのように授業をとらえ行動するのかを方向づける．

　その背景には，子どもたちを学び手としてどのような存在ととらえ，子どもの学びをどのように援助するかという認識がある．その考え方によって，一般の人が望ましいと考える教育方法は異なってくる(ブルーナー，2004；白水，2014)．それは，その人が教育を受けてきた時の経験と学校種の違いだけではない．社会の変化や時代の求める知識や技能によっても変わる．ブルーナーは次のような4つの見方とそれに対応する教授法や求める能力の違いを述べている．

　表1-1のブルーナーのモデルでは，学習者を，1, 2では白紙(何も前提とな

表1-1 4つの素朴教育学
(ブルーナー(2004), 白水(2014)より, 一部改変)

	子どもの見方	教授法	求められる能力と対処法
1	模倣する者	モデリングによるノウハウの獲得支援	スキル　才能 練習
2	無知な受容者	一斉教授による命題的知識の教示	知能などの心的能力 目標の明示とテスト
3	思考する者	発見や問題を通したモデル構築	メタ認知能力 課題や活動の振り返り
4	知識をマネジメントする運営者	文化との対話も含めた客観的知識の生産	協働的なメタ認知能力 知識が生まれた過程や多様な人との対話

る知識がない状態)や受動的に知識を受け入れる者として，3, 4では能動的に知識を一緒に生成することに関わる者としてとらえている．つまり，学習者の段階に応じてそこで想定される学習過程が異なってくる．ブルーナーは，これら4つのモデルのどれかがよいというのではなく，バランスのとれた教育の実践こそが大事と主張している．これらは一般の人がもつ**素朴教育学**(folk pedagogy)を示している．歴史的にみると，学習理論の変化とともに，1から4へと，学習者としての子どもをとらえる見方は変わってきている．それは学習の心理学によって学習者を能動的な存在としてとらえるようになってきたからである．そしてそれに応じて，学習のあり方や対応する教授法の考え方も変わってきている．

(b) 21世紀型スキル

では，現代はどうだろう．情報テクノロジーの急速な発展，グローバル化のなかで知識の刷新が生じている社会では，その変動する社会に適応し，新たな社会を創造していくために，学校において，生涯学び続けるための学び方やそのための技能も身につけていくことが，教科内容の知識の習得と同時に求められている．この状況は子どもたちだけではなく，教師自身も同様である．それ

14 ── 1 学習の理論

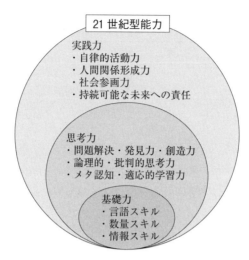

図 1-1 21 世紀型スキル(国立教育政策研究所, 2013)

らの能力を，経済協力開発機構(OECD)では，キーコンピテンシー(key competency)とよんでいる(ライチェン＆サルガニク，2006)．具体的な内容として「①社会・文化的，技術的ツールを相互作用的に活用する能力(言語，シンボル，テクストを活用する能力，知識や情報を活用する能力，テクノロジーを活用する能力)，②多様な集団における対人関係形成能力(他人と円滑に人間関係を構築する能力，協調する能力，利害の対立を制し解決する能力)，③自律的に行動する能力(大局的に行動する能力，人生設計や個人の計画を立て実行する能力，権利，利害，責任，限界，ニーズを表明する能力)」を挙げている．また，21 世紀型スキル(ATC21S プロジェクト)でも，キーコンピテンシーと類似の能力を図 1-1 のように挙げている(Griffin, McGaw & Care, 2012)．この 10 のスキルのなかに，それぞれ知識や技能，態度・価値・倫理が含まれている．

　大事な点は，これらのスキルは学校で特別な時間を設けて指導し，教科内容はこれまで通りというのではなく，教科のなかでも学習活動や授業展開の方法等を工夫することで，こうしたスキルの育成を同時に図ることが重要になっていることである．学習のあり方と教育の質が問われるようになってきている．

コラム 1-1 多様な指導法を柔軟にデザインする力

　OECD（経済協力開発機構）は，先進諸国 34 か国の中学校教員に国際教員指導環境調査（TALIS）（OECD, 2013）を実施した．各国中学校 200 校，1 校につき教員 20 名が回答をする形式で調査したものである．その結果として日本では，多種多様な指導実践の頻度が低いと回答する教員が多いことが報告されている（図 1-2）．他者とともに学び合う機会や ICT（情報通信技術）を活用するなど，21 世紀に必要な資質に応じた多様な授業を工夫していくことが求められるといえるだろう．

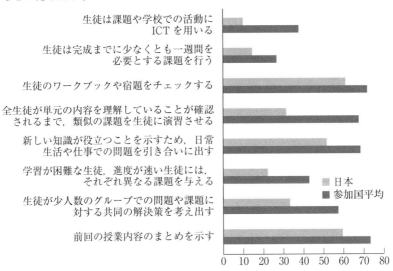

図 1-2　OECD による先進諸国 34 か国中学校教員への国際教員指導環境調査（TALIS）（OECD, 2013）
教員の指導実践（各項目について，「ほとんどいつも」「しばしば」「時々」「ほとんどなし」の 4 つの選択肢のうち，「ほとんどいつも」「しばしば」と回答した教員の割合）を示している．

（c）学習の多様性

　学習とはどのようなメカニズムで生じるプロセスなのか，この問いを心理学

者は 100 年以上前から問い続けてきた．そして，いろいろな実験や調査研究を通して，そのメカニズムの説明が多面的に試みられてきた．学問における「理論」は，どれだけ現象の因果関係を合理的に説明できるかという，統一的な知識体系を創ることを目指してきた．実際，説明の当てはまりのよさによってその理論は効力を発しうる．しかし，一つの学習理論のみで学習という複雑な過程のすべてが説明できるわけではない．ヒトの学習に限定しても，実に多岐にわたり複雑である．現在では，遺伝子や脳神経科学レベルでの解明から文化社会システムレベルまで，さまざまなレベルで学習の研究や理論の構築が進められている．

　学習はヒト固有のものではなく，動物も学習をする．動物の学習とヒトの学習は言語の使用や他者との協働による学習という点で違いがある．またヒトは乳児期に母語を習得し，歩行や摂食の技能を身につける．そして，人間初期の学習はどの人にも共通して生じるのに対し，学校で生徒として学ぶことのプロセスには個人差が生まれ，人間初期の学習とは違いがある．みなさんは，小学校から高校までの 12 年間に約 12000 時間の授業を受け，さまざまなことを学んできたはずである．また，そこではさまざまな教科内容の学習だけではなく，学校生活において対人的な社会的規範やそれに応じた振る舞いをはじめ，学校という制度的な場に固有の内容も学んでいる．そして，学校を卒業し社会に出て，職業に就きそこでも学び続ける．学習は生涯にわたり，いたるところで生じている．教師という職業を選べば，教師になっていくための専門的な知識や技能を大学で学ぶだけではなく，実際に教壇に立って授業を行い教えることについて学び続け，熟達化していくことになる．その長期的な職業人としての学習のメカニズムは，学校の授業で子どもたちが教師から学ぶという学び方とは異なる．また日常生活のなかでも，料理の仕方や買い物の仕方など，いろいろな生活スキルを人は学んでいる．これもまた，教育目標や評価がある学校での学習とは異なっている．

　図 1-3 上段のように学習の時間軸を考えると，何ミリ秒での情報をいかに処理して学んでいくのかという研究から，生涯を通してある環境や組織のなかで

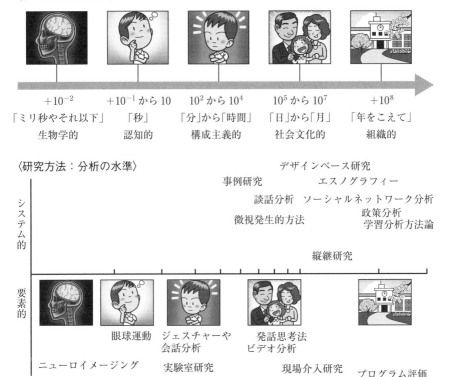

図 1-3 人間の学習における時間スケールとシステム的研究法と要素的研究法
（Nathan & Saywer, 2014）

学ぶ学習まで，いろいろな時間スケールで学習を考えてみる必要がある．そして，それぞれの学習過程を解明するために心理学ではいろいろな研究法がとられてきている．脳の中で何が生じているのかというニューロイメージングから，長期にわたって個人の内で何が生じていくのか，そのために自然の観察から社会文化の単位で教育政策を考え学習の効果を調べる研究まで，学習にはいろいろな側面がある．

図 1-3 下段のように，学校教育での学習の場合には，授業や単元で学ぶ，その組織や場に参加していることで学ぶというところから，生涯の長期にわたる

学習の効果までが問われることになるのである(Nathan & Saywer, 2014).

　学習過程を説明する理論を大きく分けると，学習を個人に焦点を当てて「獲得」ととらえる考え方と，学習における環境や社会文化に目を向けて「参加」(Sfard, 1998)や「拡張」としてとらえる考え方(Engeström & Sannino, 2010)がある．前者では，ある行動ができる技能や知識を個人が獲得する過程を学習ととらえるのに対し，後者では，コミュニティ(共同体)に参加して一人前になっていく過程や，その共同体での文化が伝承されたり，そこで生じる葛藤を解決しあらたな文化を創造するようにシステムが変化，拡張していくことを学習ととらえる．前者は要素的であり，後者はシステム的であるので，心理学的な研究方法も違っている．

　次節以降では，学習の理論を心理学的なアプローチで大別して解説する．まず，「獲得」ととらえる学習論として，行動主義心理学によるアプローチと認知心理学における情報処理アプローチ，そして「参加」ととらえる学習論として，社会文化的なアプローチと正統的周辺参加論，「拡張」による学習とよばれる理論の考え方を，順に紹介していく．

1-2　行動主義心理学の学習論

(a) 刺激と反応の対連合としての学習

　子どもが行動した時に，正しいことなら教師はそこですぐに賞賛し，また誤りを正す必要があれば，その場ですぐに指摘して次にその行動が生じないようにするのがよいと考える人は多い．この賞と罰による動機づけという考え方を，多くの教師は経験的にもち，よく使用している．生徒の行動に対してはつねに即時フィードバックを行うことで，次にも同じような行動が起こるように反復を促し強化することを重視する見方である．また教師だけではなく，生徒も教師や周りの仲間に対して使っている．たとえば「痛い」と言うと心配して教師が自分の方を向いてくれる，目立つことを言ったり行ったりすると周りの人が案じてくれるといったことを経験する．すると，その行動を頻繁に行う子ども

がいる．これもまた同じように学習としてとらえることができる．これらを「報酬による行動の強化」という．この考え方を提供する理論が行動主義心理学である．

行動主義心理学では，人の意識や思考過程ではなく，行動の変化に目を向ける．学習とは，ある経験の結果として生じる，ある程度永続的な行動の変化である．この変化は「刺激(Stimulus)と反応(Responce)の対連合（一対の決まったセットとなること）の形成」によって生まれると考える．したがって，行動主義心理学では学習者を外からの刺激に応じる受動的な者としてとらえている．そして，何か行動ができるように変わったことをもって，学習したととらえる見方である．どのような高度な学習内容も細分化し，要素に還元して順に反復して積み上げることで行動を変えることができるという課題の細分化と，学習には一定の反復繰り返しと経験量が大事という物量主義的な学習のとらえ方である．望ましい方向に向けて順にやさしいものから要素を積み上げる．そして反復練習を通して成功経験を積み，段階を追ってだんだん行うことの難度を上げていくことで，教師側が期待した目標までの学習が順に成立するという考え方は，プログラム学習とよばれる方法である．これは，スキナーという行動主義心理学者によって唱えられた（モンモラン，1974）．ドリル学習はまさにこの考え方に基づいている．掛け算の九九や単語のつづりを何回も書く宿題などの経験をみなさんはおもちだろう．また，体育の練習で跳び箱が跳べるようになると段の高さを順に上げて練習した経験があるだろう．さまざまな教科での技能学習等で，生徒がある行動を流暢にできるように指導するときに，この考え方で行われることが多い．

行動主義心理学の学習論では，報酬による行動の強化という考え方だけではなく，学習の転移という考え方も提出されている（Bower & Hillgard, 1981）．これは一度学習したことをその後に別の文脈で生かすことである．19世紀から20世紀初頭にかけて，ラテン語のような難しい教科の学習は一般的な学習スキルや注意力の向上をうながすという考え方がその当時主流であった．それに対して，ソーンダイクは，こうした考え方には科学的根拠はないとした．そ

して，このような学習は応用可能な知ではなく，一般的スキルや基礎的な知力の獲得には役立たないことを主張した．その後の研究で，先行学習の内容や条件と，その後に学ぶ内容や条件との関係が学習の転移として検討されるようになってきた．学習の転移は，先行の学習においてどれだけ深く理解して習得されているのかという理解の程度や，どのくらいの時間をかけて行われた学習であるのか，また学習者自らがその学習した文脈と先行の文脈がどの程度類似しているかをとらえ，能動的に前に学んだことを利用しようとしているのかといったことが関与することもわかってきている．

（b）観察学習

　行動主義心理学の学習論は，そもそもネズミや犬などの動物での学習研究からヒトでの学習研究へと関心を広げてきた．その時にヒトに固有の学習として，自分では外から強化（報酬）を得られなくても，他者の行動を観察することで代理強化が間接的に生じて学習が成立するということが明らかになっている．たとえば，ほかの生徒が褒められるのを見て自分も同様の行動をする，罰せられれば自分はしないということである．これは学級集団を単位とする学習ではあらゆる場面で生じていることである．子どもは，教師だけではなく，周りの子どもの行動をとてもよく見ている．そして自分へのご褒美（強化）ではなくても，モデルとなる他者に対しての報酬や罰という強化の大きさが，観察した行動の模倣（モデリング）に影響を与えるのである．それを**観察学習**とよんでいる．

　これは1960年代にバンデューラによって，攻撃行動の研究を通して最初に明らかになった考え方である（バンデューラ，1979）．男女半数ずつの幼児に，成人のモデルが人形に対して攻撃行動をしている様子を観察させる「現実モデル条件」，その場面をビデオで撮って見せる「映像条件」，漫画の主人公が攻撃行動をする「漫画モデル条件」，攻撃行動を観察しない「観察なし条件」の各条件で，男女それぞれのモデルの攻撃行動を観察させた．すると，観察なし条件と観察あり条件では幼児の行動に明らかな違いがあり，観察あり条件ではどの条件でも攻撃行動がより頻繁に生じるという結果が出た．また，その後もさまざ

まな条件や行動によって調べられ，行動をしているモデルと観察した人との類似度が高い(と認知されている)方が，より模倣行動は生じやすいことが示されている．学校でもまた TV や映像などのメディアでも自分と似ていると認知されるほど，モデルとした学習が生じることになる．

　このような観察学習によるモデリング(観察による認知，感情，行動の変化)は，次の四つの下位過程を辿って生じている．①注意過程(観察者がモデルの行動に注意を向ける)，②保持過程(観察した行動を記憶して保持する)，③運動再生過程(覚えたモデルをもとに自分で行動体系を実践してみて再生する)，④動機づけ過程である．学校のなかでのいじめや思いやり行動などの対人関係行動でも，また授業での学習行動においても，この過程で説明できる現象は多いだろう．

1-3　認知心理学における情報処理アプローチの学習論

(a) 学習と記憶

　1-2 節で紹介した行動主義心理学の理論では，学習を行動の変容としてとらえるので，わかることとしての理解や理解のための推論や思考などの心の働きと知識の関連について取り扱うことができない．それに対して，人工知能等コンピュータの発展によって，人の頭の中で情報が処理され知識として記憶される過程が 20 世紀後半には精力的に研究されるようになった．「今日の授業は情報が多すぎて頭がパンクしそう」「頭に入ったはずなのに出てこない」など，日常的にも私たちは頭の中に知識を入れることが学習であるという，獲得としての学習のイメージをもっている．

　図 1-4 を見ていただきたい．この**情報処理アプローチ**では，頭の中には，作業記憶と長期記憶という二つの知識を貯蔵する貯蔵庫があると想定している．作業記憶には一定の容量があり，7 ± 2 チャンク(塊)の情報までしか一度には保持できないことがわかっている．これに対して，長期記憶は図書館のように考えてもらえばよい．無尽蔵に貯蔵が可能である．ただし，図書館同様，適切

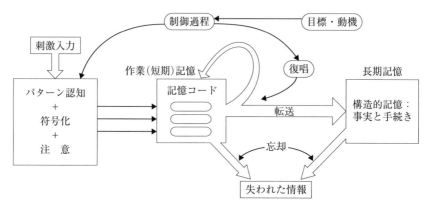

図 1-4　獲得としての学習のイメージ(Bower & Hillgard, 1981：森・秋田，2006)
図中の「パターン認知」とは，外界から入力された刺激パターンの意味を認知する過程を指す．また，「符号化」とは，入力された情報を内的処理が可能な形式に変換する過程を指す．さらに，パターン認識や符号化の過程によって認知された情報のうち，「注意」を向けられた情報が短期記憶となる．

な棚にその情報が入れられなければ，あとで必要な時に取り出して使用することは難しい．学習とは，入力情報に関して注意を向け，より深い水準の処理を行うことによって，長期記憶のなかで学習者がすでにもっている知識とつなげられ，体制化されて保持されることである(情報の処理の水準については，次項参照)．そしてそれによって，検索して問題解決に使える知識となっていることとして考えられている．

したがって授業中には，まず学習内容に選択的に注意が向けられると同時にそれを学ぼうとして長期記憶に送られ，記銘，保持されることが大事になる．その時にこれは何の知識であるかということがわかっていて自分がすでにもっている知識と関連づけられなければ，断片的なままでは想起できない．聞いていたはずなのに頭に入っていないというのは，その時に注意が向けられていない，あるいは何の話かわからないので，すでにもっている知識と関連づけ統合されていないことによるのである．したがって，教師は前回の授業までの復習や資料を提示して過去の知識を想起させて新しい知識と統合しようとしたり，黒板に見出しや内容を構造的に記し全体の枠組みや使える原理を説明してから詳細を説明していったりして，知識統合を図っているのである．

(b) 深い理解をうながす学習活動

　ただし，教師側がいくらわかりやすく説明したり関連づけをしたとしても，それだけで深い理解が成立するとは限らない．学習して内容の理解が深まるためには，他者から言語的に説明を受けるだけではなく，学習者自らがその情報に対して深い処理を行い，自らがもっている知識と関連づけ統合することが必要である．**処理の水準**という考え方がある．浅い処理とは，表層的に文字通りの語を反復復唱して覚えるような情報処理である．これに対して，深い処理とは，その意味を理解するために，より能動的に関わることで一貫した表象やメンタルモデルを形成することである．たとえば，歴史の学習を行う時に歴史の年号と出来事を対にして暗記するだけでは浅い処理になる．しかし，そこでなぜそのようなことが起こったのかという時代背景や出来事の因果等の関連をわかろうとすれば一貫した表象ができるので深い処理になる．また，いわゆる言語による文字情報の処理だけではなく，図や写真などで説明が加わることで二重に符号化され精緻化されることで，より深く学ぶことができる．一つのまとまりをもって知識が構造化されることが大事なのである．

　そのために，同じ話でも，聞くだけではなく予想をもったり続きを推測したりする，あるいは聞いている時にもノートをとったり，あとで自分なりに要約をしたりそれを他者に説明するなどの行動を意識的にすることで深い処理へとつながる(9章「学習方略」を参照)．自分で課題を設けて探究したり発見したりしていけば，事象をより深く理解することができるのである．

　授業中の学習を考えていく時に，獲得としての学習理論は個人の理解の深化や定着を考えるのに有効な説明を与えてくれる．

1-4　コミュニティへの参加としての学習論

(a) 社会文化的アプローチ

　これまで紹介した学習理論が，学習者個人内に主に焦点を当てていたのに対し，社会や制度という文化的環境のなかで学び，その共同体に参加する存在と

24 ── 1 学習の理論

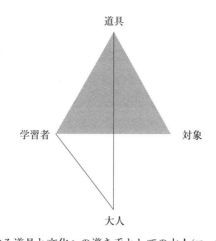

図1-5 媒介する道具と文化への導き手としての大人(コール，2002より作成)

して学習者をとらえようとするのが，社会文化的アプローチとよばれる学習論である．

　1-1節(c)の図1-3に示したように，この学習論が問題にするのは，分や時間よりも，より長い時間での学習の過程である．ロシアの心理学者ヴィゴツキーは，注意や思考という高次精神機能がどのようにして発生するのかをとらえるなかで，学習は文化的先達として文化を内化し体現している大人との共同行為のなかで生じると説明している(ヴィゴツキー，1968)．大人とやり取りをすることによって，思考やコミュニケーションという精神活動が次第に内面化して，子ども自身が独力で活動できるようになるとして，個体内でなく，他者との精神間(個人間)から精神内(個人内)へと向かうことを学習ととらえた．文化的先達との共同行為においては，言葉であったり，あるいは本や地図などさまざまな道具に媒介されて学習が成立すると考えた．学習において，学習対象との関係だけではなく，仲立ちとなる文化的な媒介物に注目し，三項関係を意識した学習の考え方である．教師と生徒だけではなく，なかだちするものとして教材を重視している．

　図1-5を見ていただきたい．たとえば教師が本を読んで説明することで，はじめは読めなかった生徒も，次第に読み方を覚え，自分で読めるようになって

いく．あるいは，教師が学習の途中で質問をし，それに子どもが応えているうちに，子どもの方が教師はこんな質問をするだろうと自ら予想するようになるだろう．あるいは教師ではなく，辞書や参考書など文化的先達がつくった道具によって，自分一人では読めない英語の文章もこれらの道具の助けを借りることで読めるようになり，そのうち辞書などの手助けがなくても読めるようになるということも生じるだろう．

　子どもの能力は，はじめは文化的先達である大人と文化的道具の使い方も含め助けを借りて行うことで，現在は独力ではできなくても，次第に大人の助けなしでできる水準まで向上する．この現在の独力でできる水準（自生的水準）と，道具や他者の手を借りることでできる水準の間の領域を，**発達の最近接領域**（ZPD：Zone of Proximal Development）とよんでいる．そして文化を内化していく．たとえば，言語を考えると，当初は他者とのコミュニケーション（外言）の機能をもっていた言葉が次第に，つぶやき，そして一人で心のなかで思考するのに使う言葉（内言）へと内化されていく．学習において他者とのやり取りがどのようになされ，この内化が生じるかということが，学習過程の検討となる．教師は，最初は援助として，たとえばヒントを与える，補助的に使えるよう途中まで（の問題解決の経過を）示すなどの足場かけを行うが，次第に生徒たち相互で足場をかけたり，また独力でできるようになるとその足場を外していく．それによって自力でできていく過程を学習の過程と考えるのである．自転車の補助輪をイメージしてみると道具の役割がイメージされやすいだろう．

　授業の中でも，できた子どもができない子どもにすべての情報を与えて直接教えるのではなく，「上手なヒントを考えてね」とすでにわかっている子どもができない子どもに助言する時に声をかける教師がいる．また，相手ができた時には「ヒントがよかったからだね」と言ったりする．それによって子どもどうしで足場を相互に掛け合う関係を形成していっているのである．

(b) 正統的周辺参加論

　近代の学校が生まれる前や職業での学習では，弟子入りして学ぶというよう

に徒弟制での学習が技や知恵の伝承として行われてきている．ある職業や活動の共同体が知識や技を分かちもっていて，学習者は新参者としてその共同体に参加する．たとえば，洋服の仕立て屋であれば，最初はアイロンかけやボタンつけのような簡単なものからはじめ，次第に腕をあげていくことで裁断などやり直しのきかない仕事を任されていく．このように，ある職業コミュニティに参加して徐々にその共同体の周辺から中心的な一人前の仕事ができるようになっていく．共同体の一員として参加し，そこで次第に責任あることを任され十全な正統性をもったメンバーとしてアイデンティティを獲得していく過程を学習ととらえる考え方を，正統的周辺参加論とよぶ（レイヴ＆ウェンガー，1993）．つまり，知識は個々人のなかに等しくあるのではなく，コミュニティとして分かちもたれている．そして，その共同体のなかでそれぞれに熟達した技をもち，それを生かしていく（正統的周辺参加論については，13章参照）．

　教師は教壇に立ち授業を担任するという意味では，はじめから一人前として扱われる．しかし，学校のなかの校務分掌（学校の業務を手分けして受けもつこと）などの教師の仕事を考えると，教師のコミュニティに参加し，一人前の教師になっていく過程が学習と考えることができる．

　同様に，共同体への参加ということを考えると，子どもたちも学ぶことを学ぶ学級や学問の共同体に参加することになる．ブラウンは，学校は生徒にとって学ぶことを学ぶ共同体であるべきだと主張している（Brown, 1997）．見習い学習者が次第に知的初心者となり，さらにはどのようにして未知の世界を知っていけばよいのかを探究できる学習者になっていく．そして，学校の中だけではなく学問の真正な研究者等との交流を通じて学ぶことで，その学問領域のコミュニティに参加していくという考え方である．また教室自体が，それぞれに分かちもたれた専門的な知識，得意分野をもって相互にコミュニティ内で活躍し学び合う姿を学習するコミュニティとして考えられている．インターネットなど情報ネットワークの広がりによって多様な知にアクセスしたり，教師が教えるだけではなく，その領域の専門家に来てもらうというように，学校が開かれて学び手の共同体になっていくという過程が学習なのである．

(c) 拡張による学習

　教室や学校での生徒や教師の学習を考えてみるならば，前述のように学習者は一人ではなく互いに学び合う関係にもある．また，つねに文化的に先達の智慧や技能を伝承されて学ぶだけではない．それだけではその共同体には新しいものは生まれないで再生産にとどまる．しかし，そこに新たなものを他から入れようとするなかで葛藤や衝突が生じたり，新たな知識や文化を生成していくことも生まれる．

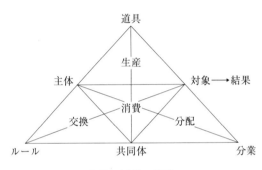

人間の活動の構造

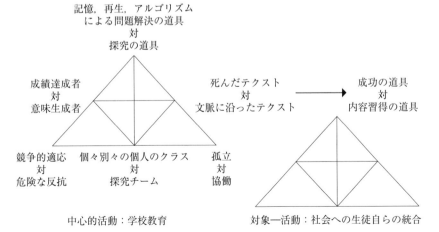

図 1-6　社会的システムのなかでの人間の活動(エンゲストローム，1999)

この組織全体の変化をより歴史的に長いスパンで見てみると，組織そのもののなかで行われる活動が変化していくことを学習としてとらえる見方が生まれる．

1-4節(a)のヴィゴツキーの考え方をさらに発展させて，**拡張による学習**という考え方を，エンゲストロームは唱えている（エンゲストローム，1999）．そこでは，図1-5で記したヴィゴツキーの三角形をさらに発展させて組織としての学習を考えている．社会的システムのなかでの人間の活動は，図1-6のように考えることができる．特に学習活動として，学校教育を例に挙げて考えれば，伝統的な教育活動に対して，逸脱した形で新しい学習へと拡張が生じていく．そこでは，時に葛藤や矛盾があり，それを乗り越えながらシステムそのものが変化すると考えることができる．図1-6を見てもらえればわかるように，学校教育の価値はつねに拮抗している．そのなかでの組織の活動システムの変化が拡張されていくダイナミズムが学習であると考えるのである．

以上，21世紀の時代には，知を習得するだけではなく，知を生成していく共同体に自らも参加し，協働して知を生み出す経験をすることを学ぶことが重要である．学習は時間のスケールやどこに着眼するかによって多様な相でとらえることができる．これは，子どもたちの学びでも教師の学びでも同様である．獲得と参加は二項対立の理論ではない．学校での学習を考える時にも，分や時間単位で授業における学習過程をとらえながらも，長期的にそれがどのような学習者を育てていくことになっているのかを考えていくことが大切なのである．

- 自分の学習経験を例に，獲得と参加という学習理論の考え方を説明してみよう．
- 教師になり熟達していく過程を，教育心理学の学習理論でどのように説明できるかについて考えてみよう．

2 学習への意欲と動機づけ

　学習に取り組むうちに，もっと知りたい，挑戦したいと夢中になる．この学びへの意欲はどのようにして生じるのだろう．一方で，やる気が出ないのは，どのようなことが原因になっているのだろうか．学びたいという意欲をもち続けていくためには，学ぶ対象と学習者の関係，また一緒に学び合う仲間や教師との関わりが重要な要因となっている．本章では，学習への意欲が生じる心理過程と，学びたいという動機づけを支えていくための教室での働きかけや環境のあり方について，考えてみよう．

[キーワード]
▼
内発的動機づけ
外発的動機づけ
興　　味
自己決定
原因帰属
学習性無力感
能　力　観
達成動機
達成目標
社会的責任目標

2-1 教室での学習動機づけ

(a) 学習への意欲

授業は，ある学習内容を，教材や教科書を使用して学ぶ認知的過程である．また同時に，学級で，教師や仲間とともに学ぶ社会的な過程でもある．そしてそれらの過程を通して，学習者が学び合う仲間，コミュニティの一員としての自己を形成していく過程でもある．「心情・意欲・態度」は，指導要録等でも評価の観点として重視されている面である．

学習者自らがその時間に学ぶねらいや目標を自覚してもち，学び続けて課題を解決したり，技術に習熟したり，やり遂げようとする意欲は，学習に取り組む出発点になる．知的好奇心や興味から，短期・長期的に目標をもって達成に向け取り組む学習への意欲，さらには学級や学校全体としてみなで学びあっていこうとする雰囲気が，学級や学校の中に形成されていくことが求められる．そして生徒は，短期的な興味や学習だけではなく，自分の興味や適性を意識し，何らかの職業に就いて，生涯学び続けるための意欲や有能感を育てていくことになる．

(b) 内発的動機づけ・外発的動機づけ・学習動機づけ

行動主義心理学（アメリカのワトソンが，心理学の客観科学化を目指して唱えた）の学習論では，学習意欲を引き出す方法として，内発的動機づけと外発的動機づけの二つに大別してきた．**内発的動機づけ**とは，取り組む課題や活動自体に学習者が興味関心を示して取り組む場合の方法である．これに対して，外側からの賞や罰のように，強化が与えられることによって活動に取り組む場合の方法が**外発的動機づけ**とよばれる．元来，人間の動機づけの基本としてこの二つが提唱されてきた．しかし学校での学習では，これら2種類の動機づけだけで学習意欲が生じるのではない．

学習活動に意味や価値を見出せず，すぐには興味をもったり楽しいと感じら

れない場合にも，学ぶ必然性を感じるよう，継続的に努力するよう働きかけがなされたり，教師から褒められる，評価されるといったことで，変化が生じる．それだけではなく，仲間との関係や自己のそれまでの学びを振り返ることによって，次への見通しをもって取り組めるようになることもある．生徒の学習過程や自己の形成過程に注目することで，生徒が学習の内容を理解し知識や技能を得られるようになる．さらには学級や学校，社会，その学問世界に参加していく学習者共同体の一員となっている実感をもてるように働きかけることで，学習へと導く過程がある．これは**学習動機づけ**とよばれ（ブロフィ，2011），学校という場固有の動機づけということができる．

(c) 授業における学習に取り組む時間

　45分間，あるいは50分間という物理的に同じ長さの授業時間でも，生徒にとって，その心理的時間の長さは変わり，短く感じられたり長く感じられたりもする．1時間の授業でも，授業内容に直接関わる時間と，手順の説明など内容と関連のない時間がある．また，授業内容に関わっても活動の仕方の説明や資料配布，机の移動など，学習活動間の移行のように，学習のための手順に要する時間と内容に関する時間がある．さらに，その中で教師が説明をしている時間と，子どもたちが学習内容について自ら考えたり関わったりするなどして取り組む時間がある．一人ひとりが内容に注意を向け，能動的に取り組む時間とその質が，意欲や学力に関連している（Gettinger & Walker, 2012）．

　授業時数の問題だけではなく，一人ひとりが学習に取り組む時間（academic engagement time）を保障する授業展開や時間配分が，教室での学習意欲を考えるための前提となる．

2-2　学ぶ対象への興味を引き出す

(a) 状況的興味と個人的興味

　人は乳児期以来，新たなことを学びたいと，周りの環境に関わることを通し

て働きかける存在である．自分にとって適度な複雑さをもった情報を求め，注意を向ける知的好奇心を備えている．そしておもしろいと感じると注意を向け，よく見たり聞いたりして，さらに深く関わろうとし，自ら課題を設定したり挑戦しようとする．それによって，その内容を学ぶことができる．例を示そう．

　　小学校1年生の算数「かたち」の単元の授業．先生が「形あてクイズをして形をわけよう」という課題を出した．中身の見えない箱の中に立方体，直方体，円柱，球が入っている．
　　教室の前方に出た子が箱の中に手を入れて，その感触で形についてのヒントを出した．「長くて，ましかくじゃない」．多くの子の手が挙がる．
　　「長まる(円柱)だと思う」．先生が「みんなどう？」と聞くと，「そうだと思う」「いや，ちがう．ましかくでないんだから長しかく(直方体)だと思う」と二つの答えが出た．と突然，みなが身を乗り出してつぶやきはじめる．
　　「じゃ，ちょっと，お隣さんとどうしてそう思ったか話してみてくれる？」と先生が求めると，みなが理由を話し合う．その後に実際の形(円柱)を取り出し，どうして2つの答えが出てきたのかを確認していった．

　ここではもっともらしい答えが複数出る課題を教師が意図的に設定し，子どもたちそれぞれに予想をさせている．そして，最初に正答が出たときに「あっている」と言うのではなく，複数の回答を引き出したことで，子どもたちの興味を高めている．そして，そこで答えだけではなく，予想の理由を話し合うことで，いずれか一方を予想した子どもにこれだけの情報ではわからないことを気づかせている．それから，箱の中から形を取り出している．ただし，形を取り出せば正答はすぐにわかり，その時点で子どもの興味は低下したということもできる．
　日頃から算数の授業はおもしろいと思っていたり，自分は得意だと思っていたりする子は，授業に興味をもち続ける．しかし，苦手だと思っている子は，

答えを確かめる場面では興味をもったとしても，ゲームのように当たったかどうかだけでは，興味が冷めることになるにちがいない．

興味には，特定の内容や活動に対しても継続的に続く「個人的興味」と，瞬間的に引き出される「状況的興味」がある．学習では，状況的な興味から，さらにそれを個人的な興味へと導いていくことが求められる(Krapp, 2002；秋田，2006)．そのためには子どもがその内容への自信をもつことが大事なのである．

(b) 興味の喚起

状況的な興味としてのおもしろい(interestingness)という感情は，自分が思ったり考えたりしていることとは違う情報に，新たに出会うことで生じる．自分のもっている知識や考えとの間に，ずれや認知的葛藤，矛盾が生じたときに意外性や驚きが生まれ，心理的に不均衡が生じる．すると，その曖昧さ，不確実さ，複雑さの不均衡を解消しようとして，新たな情報を探索するようになる．つまり，認知的葛藤とその低減，教師の言葉で言えば「ゆさぶり」が，好奇心や興味を起こす．提出された内容がすでに知っていることばかりであれば退屈と感じる．また，1時間の情報量が多すぎたり，自分の知っていることと比べてあまりにも難しくてずれが大きすぎたりすれば，その情報に接近するより回避しようとする．新奇な情報の最適な量と内容での認知的ずれが，興味を引き出すために必要となる．

知的好奇心を引き起こすためには，大きく三つの方法がある(波多野・稲垣，1971)．第一に子どものもつ誤った信念や先入観を利用する，第二に新しくつくられた認知的標準を利用する，第三に既存の情報相互のずれに気づかせる，という方法である．

第一の方法としては，たとえば空気に重さがないと思っている子どもに，真空状態にして測ったときのフラスコの重さと，空気を入れて測ったときとでは，後者の方が重くなることを示すという例がある．このように，信じていたことからの予想と異なる，意外な情報を提示する方法である．この方法を行うためには，子どもが学習前にどのような知識(既有知識)をもっているのかを，教師

が把握していることが重要である．

　第二の方法は，主要な法則を示したあとで，当てはまらない例外を示す方法である．まず知識や概念，ルールを教えて定着させ，それらの安定的な知識を足場とする．そして，さらにその内容のより複雑な事象に生徒が出合い，考えるようにする方法である．

　第三の方法は，いくつかのもっともらしい回答の選択肢を提示したり，子どもたちから引き出したりすることで，その選択肢を吟味して議論をしていく方法である．異なる意見や考え方と，自らの考え方の相違を埋めあわせる過程で理解が深まり，興味が生まれる．

　第一は教材と生徒のもつ知識とが葛藤する場合，第二は教師が提示する情報間にずれがある場合，第三は学級の生徒のもつ知識や考えの間にある相違から葛藤が生じる場合である．授業では，教材と生徒，生徒どうし，教材間の葛藤等を利用するために教材の工夫をする．生徒どうしの話し合い，複数の教材等を活用しながら，生徒の注意を喚起するように，教師はさらに工夫をする．また一方で，あらかじめ計画したことだけではなく，授業中の生徒の発言から偶然に生まれてくる工夫も多い．生徒の興味を考慮し教材内容を選ぶことや，先を予測したり，生徒相互に質問や説明をし合ったりと，能動的に参加し関与する活動の導入により，意欲を支えていくことができる．

2-3　学習者としての自信を培う

　1時間の興味だけではなく，長期的に意欲を保持し高めていくためには，自信をもち，探究し学びたいと，子ども自身が目標をもつことができるようにすることが大切である．

（a）自己決定

　自分でもやろうと思っていたにもかかわらず，「早くやりなさい」と言われると，とたんにやる気がなくなることがある．同じことでも人に言われてする

よりも，自分で選んでしたときに意欲が出る．これは誰もが実感することである．「オリジン(指し手)」と「ポーン(駒)」というチェスの比喩でいえば，駒意識ではなく，指し手意識が有能感を高めていく(ド・シャーム，1980)．

自分の決定が自分の行動の原因になっているという**自己決定**の感覚が意欲を高める．人間は，**有能さ**(competence)，**関係性**(relatedness)，**自律性**(autonomy)の三つの欲求をもっている(Deci & Ryan, 2002)．これら三欲求が満たされると，自分で行動するようになる．だから子どもたち自らが自己有能感や自信をもち，自分の能力を伸ばすことができると感じられる活動，仲間と協働で学び合う活動，自分で見通しをもち選択できる学習の機会が求められる．

しかし，内容によっては，子どもたちが最初から自分で選択決定していけるわけではない．自己決定は，教師の考えを取り入れて，義務としてやらなければならないから行う段階から，自己決定へと向かう段階に発達的に変化していく(Ryan & Deci, 2000)．報酬や圧力によって，仕方なくやっている段階(外的調整)，外からの期待に応じてやらなければならないと感じて行う段階(取り入れ的調整)，自分のために重要だと思うから行う段階(同一化調整)，自分の価値観と他の価値の統合のもとで決定判断していく段階(統合)の，4段階である(図2-1)．

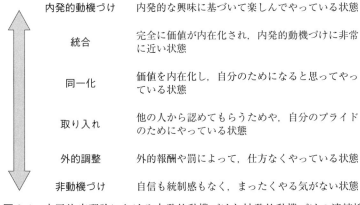

図 2-1 自己決定理論における内発的動機づけと外発的動機づけの連続性
(Ryan & Deci, 2000 より作成)

子ども自身が学習過程における意思決定に参加したり，また自分自身で行動を評価したりと，決定の権限をもつことを通して，自分の行動を自分が決定し行動しているという自律性の感覚を育成することが意欲につながる．

（b）学習の成功・失敗の原因帰属と教師の帰属に関わる言葉

しかし，実際には学習において，すべての子どもがいつも成功を実感できるわけではない．生徒も教師も，誤りやつまずきを，学習過程での学びの機会とするよりも，学習の失敗や能力の問題ととらえる場合が多い．心理学では，ある行動に対して原因をどのように推測するかという推理様式を**原因帰属**とよぶ．行動の原因の所在を自分の内側に求めることを**内的帰属**，外側に求めることを**外的帰属**という．教室や学習に関わる行動において，成功や失敗を自分でコントロール（統制）できるかどうかという統制可能性の判断を，生徒も教師も日々行っている．またその成功や失敗の原因は，いつも起こる安定的なものか，その時かぎりの一時的なものかという，原因の安定性という判断の軸もある．①原因が内的か外的か，②自分で統制できるかどうか，③一時的なものかいつも起こる安定的なものかの3軸で帰属のあり方を分類整理したのが，表2-1である（ワイナー，1989）．どの原因に帰属する傾向があるかは，人によりスタイルがある．自分の能力のために，何をやってもいつも失敗するという帰属をすれば，次の行動へととりかかろうとはしない．しかし，今回は準備ができなかったからうまくいかなかったと思えば，また次の機会にはとりかかろうとするであろう．

これは外的帰属でも同様である．教師が成功・失敗に対する評価を「君は＊＊が苦手なために，いつもどの課題でもうまくいかないね」と伝えることがあれば，自尊心のダメージはきわめて大きい．しかし「誰にとっても難しい課題だったね」「今回はたまたま復習が少し足りなかったかもしれないね」と言われれば，次に努力しよう，大丈夫だという気分になり，次の行動への意欲が生まれるだろう．どのようなときに自尊心が傷つき，無力感が広がるのかを意識し，励ますような言葉かけが大切である．子どもたちの原因帰属には，周りの

表 2-1　原因帰属の分類(ワイナー，1989)

	統制可能		統制不可能	
	安定	不安定	安定	不安定
内的	普段の努力	一時的努力	能力	気分
外的	教師の偏見	他者からの日常的でない援助	課題の困難度	運

表 2-2　教室で起こる肯定的・否定的情動の記述分類(Roeser, Peck & Nasir, 2006)

タイプ		肯定的感情		否定的感情	
		接近	内容	回避	内容
複雑な情動	認識論的	認知的興味	適切な課題や挑戦	退屈	適切な課題や挑戦の欠如
	社会的	所属感	社会的活動への参加	嫉妬	参加喪失への憤り
		共感		羨み	
	自己意識	誇り	達成や評価による自己増進	恥	
				罪	
基本的情動	認識論的	希望	進歩や改善へのあこがれ	恐れ	
	社会的	興味—驚き		嫌悪	
		興奮		悲しみ	
		愛		怒り	
		喜び, 楽しみ		不安	
		心地よさ, 安心感			

言葉やまなざしによる期待と評価が大きな影響を与えている．そして，教師が出す課題の難易度や評価により，苦手意識をもって能力帰属している子どもの帰属様式も「努力すればやれるようになる」という認知へと変化させることができることは，研究でも実践でも実証されてきている．

表2-2のように，教室では子どもたちは多様な情動を経験している．教師もまた状況に応じてその情動を促進したり調整し抑制するよう方向づける足場かけ(情動的足場かけ)を行っている(Rosiek & Beghetto, 2009)．

(c) 意欲の出ない生徒や学習性無力感への対応

しかし,自信がもてない生徒や,意欲をもてず無気力で学ぶのをあきらめている生徒がいるのもまた現実である.「やる気をなくしている」といわれるように,誰もが初めは期待や意欲をもって教室に参加しているにもかかわらず,無力になることを学んでいる場合がある.これを学習性無力感とよぶ.セリグマンは,犬に回避不可能な状況で電気ショックを与え続けると,別の回避可能な状況に置かれても逃げようとしない状況を,犬が無力感を回避失敗経験の繰返しから学習したとして,この状況を学習性無力感とよんだ(Seligman, 1975).人間でも同様に,やっても無駄である,努力が成果につながらないという,行動の随伴性がない(非随伴性認知)という認識が生じると,学習性無力感が生まれる.努力しても成果につながらないという認識は,絶望感や抑うつ傾向を生み出す.ただし,人は,個人の力だけではなく,周りからの支援を受けたり周りの状況や環境を自ら変えていったりすることで,行動と成果を結びつけていくことも可能である.

過去の失敗経験とその結果を通して形成された,期待に関して問題をもつ子どもには,動機づけに関する問題として,4タイプがあるという(ブロフィ,2011).①仲間の学習進度についていくのが困難であったり,慢性的に期待が低かったり,失敗が受け入れられなかったりするような,自分の能力に対して課題を抱える子ども,②自らの失敗の原因帰属や能力に関する信念によって,学習性無力感に陥りやすい子ども,③自尊心を守ることに必死になっているために,学習それ自体を目標とするのではなく,できたかどうかという結果の遂行を目標にし,焦点を当てている子ども,④責任から逃れたいために,あえて評点以下でいようとする子どもである.実際の子どもでは,これらが複合的に一人の中にあるという場合も生じる.

①タイプの子どもには,個別指導等の中で,自分にも完全に習得できるという感覚を保障することが求められる.そのために,学習活動や宿題を一人ひとりに見合うものにし,課題を構造化して達成すべき目標を明確にし,具体的にその学習に取り組めるような方法が必要になる.そして,動機づけを維持でき

るように，励ましやコメントによって，他者との比較ではなく，自己の中での変化，努力による変化に認識を生み出していく．

②の子どもは，できるという期待が低く，つまずくとすぐにあきらめて，失敗の原因を能力の低さとして認識してしまう点に問題がある．そこで帰属様式として，失敗したときに次に改善できる方法があることを具体的に伝える．この情報の提示によって，能力帰属ではなく，学習の方法に問題があることと，効果的な学習方略を示し，その方法でできるという感覚をもたせ，これにより自己効力感と学習方略(9章参照)を得るように働きかけることが必要になる．

また③のタイプの子どもは，競争意識をもち自分をよく見せようとしている場合が多い．したがって，競争や他者との社会的比較を最小化するように，協働で学び合う経験をさせたり，教師と生徒との関係を改善したりして，課題自体がおもしろいと思わせる，課題の自己選択によって個人的興味に訴えかける，といったことが必要となる．

④の子どもは，適度な努力をすれば成功し続けられるという自信を取り戻すことが大切である．周りの期待から逃れようとしているために，他者と分断されている社会的関係を変え，期待や学習への責任感をもてるようにしていくことが求められる．

また，個人の学習だけではなく，仲間からのサポートによって，学び合う意欲を生み出せるという経験も必要である．「ねえ，これ説明して」「見せて」と，仲間に援助を求め頼る**援助要請行動**(help-seeking)を身につけていくことで，環境の側を変えられることを実感することが重要といえる．

2-4 やり遂げようとする達成への動機と目標

(a) 達成動機の心理過程

あきらめずやり遂げることを学ぶのは，生涯学習の基盤として重要である．課題を達成することがその子どもにとってどれだけ重要かという達成価値，その活動を行うこと自体の楽しさや興味という内発的価値，現在や将来の目標に

とってどれだけ役に立つかという実用価値，具体的にそれを達成するためにどれだけの努力や失敗の危険性があるかというコストの4点が，学習において意欲や活動の持続性，どのような課題を選ぶかということに影響を及ぼす(Eccles, 2005). 子どもたちが学習にどのような機能や意味を見出すか，また意味を見出す機会の提供や時間の保障が重要である．

図2-2にあるように，達成への期待だけではなく，手段や過程に対しどのような能力が必要と考えているか，またそれが自分にできそうかも考え(能力期待)，さらにそこから得られる結果がどれぐらい意味あるものかを考える(結果期待)という過程がある．能力期待と結果期待の二つを区別して考えることが，達成への過程を考える上で有効である(Schunk & Zimmerman, 2006, 図2-2).

たとえば受験を考えてみるとわかりやすいだろう．学校に合格したいという達成目標に対して，どのような能力が必要とされており，自分がその能力を現在もっているのか，またこれから他者からの外的なサポートなどを得ながらも，さらに能力を獲得できそうかどうかという見通しと同時に，競争倍率等からその時の運となる確率が高いのか，努力すれば通るのか，といった認知によって，その学校を受験するかどうかを判断しているのである．

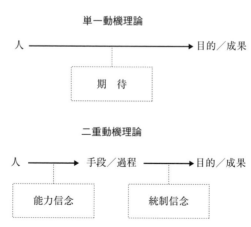

図 2-2　達成に対する能力信念と統制信念の区別
(Schunk & Zimmerman, 2006)

（b）能力観と達成目標

　能力に関して，知能などの能力は生まれつきと信じているか（実体理論），努力などで変化するものと信じているか（増大理論）という能力観によって，目標に対してどのような達成行動を行うかが変わってくる．表2-3に示すように，知能観は，自分の行為や成果について解釈したり評価したりする基準となり，どのような目標をもつかという目標志向性を方向づける(Dweck, 1986)．

　能力は固定していると考える生徒は，現在の能力に対する自信がなければ最初から挑戦を避ける．だが，能力は増大するという理論をもてば，挑戦しようという熟達志向をもつことになる．したがって学校では，能力は増大するということを実感できる機会を設けることが重要になる．

　子どもは小さい時から能力が固定していると思っているわけではなく，年齢とともに能力と努力が分化していく(Nicholls, 1978)．努力する人は頭がよく能力があると，努力と能力を同じと考える段階，能力にかかわらず努力すれば成果が出ると，努力と結果を結びつける段階，努力しても能力によって出る成果が違うと，努力と能力を分けて考える段階，能力の高い人は努力が少なくても努力した能力の低い人と同じ成果を得られると，能力を固定したものと考える段階へと，次第に発達していく．

表 2-3　達成目標と達成行動(Dweck, 1986)

知的な能力に対する考え方	目標志向性	現在の能力に対する自信	行動パターン
実体理論〔知的な能力は固定的だ〕	→成績目標〔自分の能力についてプラスの評価を得ること／マイナスの評価を避けることが目標〕	→もし高いなら→	熟達志向 挑戦を求める 頑張る
		もし低いなら→	無力感 挑戦を避ける 頑張らない
増大理論〔知的な能力は変わりうる〕	→学習目標〔能力を増大させることが目標〕	もし高いなら→	熟達志向 挑戦を求める 頑張る
		もし低いなら／	

この努力と能力の分化は小学校中学年頃には生じ，能力を固定したものとしてとらえるようになる傾向が生じやすい．このために**努力の差し控え**という現象が生じる．

努力をつねに奨励している日本の文化の中では，それなりに努力をしている子どもたちにとっては，それ以上の努力をして失敗するならば，失敗は自尊心を脅かすことになる．そのために，失敗して能力を低く見積もられるよりも，努力を回避するという行動が生じる．これは，教室で行われる学習評価方法が影響を与えている(村山，2005)．テスト結果への見方や，能力への社会の見方から生まれるのである．

知的能力を，個人に内在的に備わった変わらぬものとしてではなく，周りの人や環境との関係性の中で，外的資源をうまく使うことで，その生徒は伸びる可能性をつねにもっているという考え方が，教室でのやりとりや学習環境のあり方，学習の評価のあり方にも必要である．誤りや失敗からみなで学び合う風土が，これらの傾向を低減させる．

(c) 社会的責任目標

生徒の学業達成は，個人の能力の熟達志向だけではなく，教師や仲間に認められ受け入れられたい，周りの人の期待に応えたいという，社会的な責任感から生まれる目標によって動機づけられることが多い．**社会的責任目標**とは，社会や集団における規範や，役割期待への志向性を示し「社会的なルールや役割への期待を守ること」(Wentzel, 2006)である．

学業的目標と社会的責任目標は，状況や内容，発達によって異なる．教室では多様な目標の中で，学習や生活行動が成立している(中谷，2006)．教師の期待と同時に生徒どうしの関係が，学習への関心・意欲を高めていく．友人からの信頼や受容に支えられて，学業への関心を高める経路は，とくに学習能力に自信をもてない生徒にとって重要な機能を果たしている．

2-5 教師からの働きかけ

(a) 外発的動機づけとしての賞罰の効果

　ある行動をしたことに対し，教師からの賞罰を受けることで次の行動への意欲が促されたり阻まれたりすることは，教室でもよく生じる．これが外発的動機づけである．罰は，多くの場合にはしてはいけないという情報と，能力を脅かす不安しか伝えない．それに対して賞には，以後もこのようにやればよいという情報提示の機能と，有能感を認める評価的機能がある．したがって，一般には罰よりも賞が有効だとされる．

　しかしその一方で，外的報酬である賞が，その後のその内容への内発的動機づけを下げる「アンダーマイニング現象」とよばれるものがある．レッパーらは，1970年代の幼児には珍しかった，いろいろな色のフェルトペンで自由に絵を描く課題を行う場面を園で設定した(Lepper et al., 1973)．その際，描画をすればその後で，子どもの好きな金の星と名前入りの賞状がもらえることを教示された報酬期待条件の子どもと，その教示なしで同じ課題に従事し，結果的に報酬をもらう報酬無期待条件，教示も報酬もない無報酬条件の3条件を設定した．そして，この実験セッションから1～2週間後に，子どもたちが自由時間にどの程度，同じような描画に自主的に取り組んでいるのかという従事時間を調べた(表2-4)．従事時間は内発的動機の程度を示すと考えられている．その結果は，報酬無期待条件や無報酬条件に比べ，報酬期待条件にあった子どもでは，自由時間での従事時間が短いことを示している．ここからは，報酬の

表2-4　自由選択時間全体に対する描画課題に従事した時間の比率(%) (Lepper et al., 1973)

実験条件	人数	%
報酬期待条件	18	8.59
無報酬条件	15	16.73
報酬無期待条件	18	18.09

提供自体ではなく，外的報酬を予期するという認知的要因が内発的動機を低下させることがわかる．自分の行動が報酬によって統制されていると感じることで，自己決定感を失い内発的動機づけを失うのである．同様の結果は幼児だけではなく，その後の研究では大学生や，さまざまな年齢でも示されている．課題内容と直接の関係をもたない報酬の予期が，課題遂行の過程自体を楽しむ内発的動機を下げるのである．

(b) 言語的なフィードバック

一方で報酬が，次の行動への有能感を生みだす評価機能や情報提示機能をもてば，報酬はフィードバックとして有効に機能する．教室では，この両機能をもつ賞罰として，賞賛や承認，叱りという言語的フィードバックが，学習行動において与えられることが多い．

表2-5は，小学6年生と大学生に対して子どもの時に叱られた経験を思い出して，その叱りことばに対して自分だったら何と言うか(外言)，また心の中では実際にはどのように思っているか(内言)を記述させて研究しまとめたものである(遠藤・吉川・三宮，1991)．大学生によるデータは，叱られてからかなりの時間を経た後になっても，記憶に残っている経験を示すものとしてとらえられている．この結果からは，体罰や人格を傷つけるような表現が心を傷つけること，また叱りに対して心からの反省は難しいことを示している．また，叱りことばが長いほど反省感情は低くなり，厳しい表現であるほど叱る相手への嫌悪感情が高まる(三宮，1993)．行動が出た直後など適時に，的確に相手に納得いく方法と場面で伝えることが，言語的フィードバックが有効に働く上で重要であることがわかる．

言語的フィードバックには，①生徒の努力意欲や課題への取組みを高める，②生徒の答えの正誤をただす，③より多くの情報を得ることが必要であるという必然性を示す，④生徒が進むべき道を支援する，⑤ある情報を理解するための別の方法を示す，といった内容が含まれる．それは大きくは，課題について，その学習の過程について，また自分で今後はどのようにしたらよいのかという

表 2-5　叱り方パターンと叱りことばに対する言語反応(遠藤・吉川・三宮, 1991)

叱りかたのパターン

	小学生	大学生
直接的表現		
1. 望ましくない行為の制止(やめなさい)	11.2%	11.2%
2. 望ましい行為の実行要求(勉強しなさい)	32.3	22.2**
間接的表現		
1. 望ましくない行為の指摘(ほら，忘れ物した)	5.7	6.7
2. 想起(前にも言ったでしょ)	1.1	1.3
3. 望ましくない理由説明(火事になるに決ってる)	10.5	3.8**
4. 罰の予告(押し入れに入れるぞ)	4.8	8.2*
5. 望ましくない行為の逆説的指定(勉強したくないなら，するな)	4.0	3.9
6. 子どもの人格に対する評価(だらしない子だ)	2.6	5.3**
7. 突き放し(もう，好きにしなさい)	1.6	1.8
8. 問いただし(どうしてお手伝いしないの)	14.3	19.0
9. 話者の不快感の表明(おかあさん，がっかりした)	1.9	1.6
10. 悪態，ののしりによる不快感の表明(バカ，死んでしまえ)	2.3	3.0
11. 世間体意識(ご近所に笑われるよ)	0.6	0.9
12. その他(おれの子だったら，もっとできるはずだ)	2.2	2.4
罰の執行		
実際に罰を与える(なぐる，ける)	4.9	8.7*
	(100.0)	(100.0)

**p<.01, *p<.05

叱りことばに対する言語反応

	直接	指摘	想起	問いただし	逆説	評価	突き放し
外言							
受諾反応	39**	33**	35**	20	19	8**	18
主張反応	13*	24	19	36**	18	24	27
反発反応	12	5*	10	6†	17	21**	17†
受け流し反応	16	18	16	18	26	27†	18
内言							
受諾反応	11	12	10	7	10	7	1*
主張反応	15	22	24†	19	15	10†	16
反発反応	30*	27**	37	37	38	46†	46**
受け流し反応	24	19	9**	17	17	17	17

＊は交互作用がみられたもの.
**p<.01, *p<.05, †p<.1

図 2-3　学習における三つのフィードバックの方法 (Hattie & Gan, 2011)

ことを示すというように，課題レベル，過程レベル，自己規律レベルという三つのレベルでのフィードバックの方法がある．自分で自分の学習を続けられるようなフィードバックと意欲を出していくためには，図2-3にあるように，課題レベルでとどまるのではなく，自分で次の学習に取り組めるような過程レベルや自己規律レベルでのフィードバックをしていくことが，次の学習に取り組むときの一歩を具体的に進めることにつながっていく(Hattie & Gan, 2011)．

(c) 動機づけの構造をもつ学習コミュニティの形成

　学ぶ内容に興味をもって取り組むことを繰り返すことによって，自信としての自己有能感をもつことになる．自己有能感をもって，目標に向けてあきらめずやり遂げようと達成する行動がとれること，それは最終的には，自らの学習過程を自らが計画し，見通しをもって統制し目標を遂行していくスキルをもつことのできる子ども，自己制御学習ができる子どもを育てることにつながる．自らの学習をモニターしたり調整したりできるというメタ認知や行動，文脈を準備していくことが，学ぶ意欲を生み出すために重要である(ジマーマン, 2007)．

　そのためには，学習システムの中に動機づけの構造を創り出していくことが必要である．表2-6に示すように，教室における動機づけは，①課題構造(Task)，②権威構造(Authority)，③承認構造(Recognition)，④集団構造(Grouping)，⑤評価構造(Evaluation)，⑥時間構造(Time)の6要素の構造(TARGET構造)から成る(Epstein, 1983)．

　自ら学ぶ学習は，社会の中でわかっていることを習得し習熟するだけではなく，学習者によってその知識を活用して創造を行っていくという変容も期待している．この意味で，学習への意欲によって，親や教師の期待に沿う知識や技術の習得，学校文化への適応という面だけではなく，自らの展望をもって，そのために子どもが生涯学んでいけるよう，子ども自身が自分の学びの主人公になっていくことが求められている．そのためには閉じられた教室だけではなく，その学問内容にくわしい専門家とインターネットを通して質疑応答を行ったり，

表 2-6 教室における動機づけの構造(TARGET)(Epstein, 1983)

	TARGET による推奨点
Task 課　題	生徒が興味をもち，内発的に取り組めるような課題を重視し，自分の背景や経験と関連づけることができるよう，さまざまな学習活動がある．活動は，その目的を強調しながら紹介され，内発的な魅力を最大化するように，また自分たちが学ぶ内容に価値を見出すことができるように発展させられる(テストや成績，外発的報酬を重視するのではない)．活動がすべての生徒にとって最適な挑戦となるように，必要に応じて生徒には目標設定や自己調整スキルが教えられ，情報源やさまざまな困難度の学習課題が割りあてられる．
Authority 権　威	権威は生徒と共有されており，生徒の欲求や感情を考慮したうえで実行される．授業内容について，生徒の興味や疑問がひきだされ，取り上げられる．生徒は，何をするかを決める機会を多くもち，どのようにすべきかを決める際に自律性をもち，教室の規則や手続き，学習の機会についての決定に参加する．
Recognition 承　認	承認は，最も成績の良かった生徒だけではなく，意味のある進歩をしたすべての生徒に与えられる．生徒は，(テストの高得点だけでなく)幅広い面での達成を認められる．承認は生徒自身が立てた学習の目標をどの程度達成したかに対して与えられる．承認は，最高得点の生徒に対する祝福ではなく，努力や進歩に対する個別的なコミュニケーションのかたちをとることが多い．
Grouping グループ分け	教室は，協働的な規範と期待をもつ学習コミュニティとしての機能をもつ．生徒は，知識の社会的構築に取り組むために，ペアやグループになって活動する．グループでの課題は多様であり，達成度に加えて，もしくはその代わりに，仲の良さや共通の興味に基づいて構成される．生徒は学習者として競争するよりも協働することを促される．
Evaluation 評　価	評価は，アセスメントのためのさまざまな道具を用いて行われ，個々に応じた目標に向かって自分がどの程度進歩したかを生徒が認識し理解できるよう支援することが重視される．アセスメントの結果を通信簿に変換するシステムとして，追試を受ける準備をしたり，宿題への取り組みを見直したり，最初のよくなかった遂行レベルを改善するなどの方法がある．
Time 時　間	時間は，多くの範囲の活動を含むことができるように柔軟にスケジュールされている．また生徒は，何をいつすべきかを指示されるのではなく，時間や他の学習資源(たとえば，情報源や協働的なクラスメイトとの相互作用)を管理する自律性をもつための主要なプロジェクトに何度も取り組む．課題を終えるのに時間が必要な生徒には，特別に時間が与えられる．

教室に専門家を招いたりして，その道の熟達者の思想や声にふれることが有効である．これらの経験が学びへの動機づけとなり，学ぶ世界の奥行きを知ることにつながっていく．このような経験をするには，自らが興味関心をもった主題内容について探究していくプロジェクト型の学習などの時間を確保し，経験を保障することが必要になる．

学級や学校を，システムとして学習意欲を高める構造にするには，家庭との学習の連続性の中で長期的な展望をもって，子どもたちのアイデンティティ形成と動機から考えていくことも求められている．

学校における動機づけを考えていくためには，学習内容に取り組む時間の保障や学ぶ対象に対する興味の喚起を行い，また学び手としての自己決定を行わせ，有能感や責任感，自律性をもてるような機会を保障し，原因帰属のあり方や失敗への対応が無力感を生み出さないようなフィードバックを行っていくことが重要である．そして能力は固定的ではなく変化するという信念をもって，内容がより興味深く，習熟のために学びたいという思いを高めるような機会を，動機づけのシステムとしての要素を考えながら設定していくことが大切である．

- 自分の小学生・中学生・高校生の時の教師からの賞賛や励まし，叱られた経験を振り返り，この章で学んだ概念と結びつけてその時の心情などを説明してみよう．
- 実際の授業のVTRを1本，みなで見ながら，その授業者が子どもたちの意欲をどのように喚起していると思うかを，教材や教育方法，教師の指導，仲間どうしの関わりなどの観点から話し合ってみよう．
- 印象に残った大学の講義や演習を一つ取り上げ，なぜそれが自分にとって印象に残ったのかを，興味喚起の過程から説明してみよう．

3 授業における談話

　授業での学習では，教師と生徒，生徒どうしが教材を媒介に言葉を交わし合うことを通して理解を深め学び合っている．そこでの談話には，どのような特徴がみられるのだろうか．またどのような談話が理解を深める学習をうながすのだろうか．ここでは談話の特徴をとらえるときに注目すべき観点を中心にみていく．

[キーワード]

グラウンドルール
参加構造
リボイシング
探索的対話
援助要請
書き言葉
媒　　介

3-1 授業における談話の特徴

授業において行われるコミュニケーションには，一定のルールと構造がある．そのことで効果的にやり取りが行われる．どのようなルールや構造があるか，特徴を考えてみよう．

(a) 談話のグラウンドルール

人と会話する時には，一人が発言していると他の人はその間，聞き手の役割を担っている．そして，発言権をもつ人は聞き手の方に向かって話し，聞き手も相手の顔を見ていることが多い．そして次の発言者は，その人の話を踏まえて，関連のある内容だが新たな情報を何か付け加えて話すというのが会話の一般的なルールである．

ところが，教室では，誰が次に話すかという発言の指名権は教師がもっている．またそこで何を話すのかという話題や方向性を決めるのも，教師である．そして，教室の内で誰かが発した質問に生徒が答えたり関連のあることを話し合い，その話の内容を評価したり，話題を続けるか転換するかを決めるのも教師であり，教師が生徒の発言をそのまま復唱することも多い．このような決め事としての学校での会話ルールは明示的に教わるわけではない．だが，学校文化に適応し，教室で学ぶ時の暗黙のルールとなっている．これは談話のグラウンドルールとよばれている (Edwards & Mercer, 1987)．主張や発話内容，発話の意図を正確に理解するために，教室での学習に積極的に参加するよう，うながすルールである．このルールは逸脱を通してはじめて可視化されることが多い．たとえば，「おしゃべりはやめて」「脱線はここまでにして」など，このルールから外れた行動を生徒がする時に，教師は注意する．このように，学級にはそれぞれ担任や担当の教師とそのクラスの子どもたちとの間での独自の取り決めとして会話のルールが慣習的につくられる．挙手や指名された時の応答の仕方などもこのルールの中に入っている．

表3-1 話し合いを通じて学び合うための談話ルール（松尾・丸野, 2009）

(1) 各自が自由に意見を提示することを支えるルール
- 全員が平等に話し合いの場に参加する機会をもつ
- 話し合いの参加者が互いに励まし合う
- 互いの発言を注意深く聞き，フィードバックを与え合う

(2) 互いの考え方や視点などを理解し，そこから学び合うことを支えるルール
- 互いの考えに対して質問や反論を行う
- 考えや立場を支える論証を構成し，精緻化された説明を行う

(3) 話し合いを通じた効果的な決定を支えるルール
- 学び手が納得し，合意した上で意思決定することを話し合いの目的とする
- 決定を行う前には，その他の可能性や考えについて十分に話し合う
- すべての学び手が意思決定と行動に対する責任をもつ

(4) 話し合いの過程で求められる個人の思考に関するルール
- 他者と自分の考えの違いをとらえ，自分の考えの独自性を大切にする
- 他者から反論や質問をされても，納得できるまで自分の立場や疑問にこだわる
- 話し合いを通じて自分の意見を構成，変えることを目的とし，話し合いの場に出された考えを公共的なものとみなす

こうしたグラウンドルールは，多数の子どもたちを対象にして効率的に学習を進めていくためのルールである．だが同時に，その慣習的ルールが，生徒からの疑問や自由な発想や多様な考えによる発言を制限するという側面ももっている．教師が説明し知識を伝えることが授業の目的とされる時のルールと，話し合いを通じて理解を深めることを重視する授業でのルール（表3-1参照）とでは，会話への参加の仕方が異なる．教師は学級を担当しはじめた時から，このようなグラウンドルールを明示的に伝えたり，あるいは潜在的にやり取りの中で子どもたちとともに形成していく．時にはそれが話型などとなって壁面等に掲示されている場合もある．これは発言の仕方の決まりだけではない．学習において聞くことの大切さや何をどのように聞くのかという，会話を通した学習の方法を指導しているともいえる．

（ b ）発話連鎖と展開構造

 教師 この問題，どうやったら解けるかな？（I）
 かずお テープ図を使って考えたらいいと思います．（R）
 教師 そうだね．（E）
   じゃ，みんなもかずおくんが言ってくれたように，図を使ってこの問題をやってみよう．（I）

　このように，授業において質問をするのは教師であり，教師の発問には答えがあり，先生はその答えを知っていて，その答えに照らして生徒の発言は評価される．そして回答を得ると，また次の活動へと移行するというのが，授業中の発話の連鎖を支えるルールになっている場合が多い．授業は，「導入―展開―まとめ」という展開構造を持ち，また各場面の中で「開始（Initiation）―応答（Replay）―評価（Evaluation）」が発話連鎖の単位（IRE）となって進展していく（Mehan, 1979）．なかには，I―R，I―R―R など，さまざまな変則パターンがある．また誰が話しはじめるのかも，活動や内容により多様性がある．

　特に，開始（Initiation）における質問が，一つの正答だけを求める質問（閉じた質問）なのか，いろいろな回答がありうる質問（開かれた質問）なのか，教師は答えをわかっていて発問という形式で教えたいことを問うているのか，教師にとっても疑問でありみなで探究していこうとする問い（真正な質問）なのか，という質問の質が，その授業での学習のありようを規定する．より深い理解を導くためには，開かれた真正な質問によって探究していく活動が単元の中に含まれることが大切である．なぜならそれにより，生徒が自ら深い処理水準で探究的な活動に取り組むことになり，知識を自発的に統合することになるからである（秋田，2007）．

　また誰が評価するのかによって，生徒がどのような質の思考を授業中に行うのかも決まってくる．教師が正誤を評価する場合が多いが，「みんなはどう思う？」「本当にそれでいい？」「これであっているか，どうやって確かめたらいい？」などと，他の生徒に評価することを求める場合もある．このように生徒

表 3-2　授業談話の構造 (Mehan, 1979)

段　階	授　　　　業					
	導　　入		展　　開		まと　め	
タイプ	指示的	情報的	話題群 誘発的	話題群 誘発的	情報的	指示的
組　織	I-R-E	I-R-(E_0)	I-R-E I-R-E	I-R-E I-R-E	I-R-(E_0)	I-R-E
参加形態	教師―生 徒―教師	教師―生 徒―教師	教師―生 徒―教師	教師―生 徒―教師	教師―生 徒―教師	教師―生 徒―教師

注）(E_0)は省略されることもある．

　自身に評価させることで，どのようにして理解を確かめるのかという理解評価の方法と，知識の生成において誰が責任をもつのかを生徒に考えさせ，自ら理解評価ができるような習慣をつけさせていくことにもなる．日米の同一の単元内容での算数授業の比較授業分析からは，米国に比べて日本の方が，教師が間接的に生徒に評価させる形の会話が行われることが多かったという結果もみられる(Inagaki, Morita & Hatano, 1999)．毎時間の授業での発話の形式は，その学級固有の特徴をもって繰り返されるものである．だから，誰が発言権をもち，どのようにIREの発話連鎖が展開するのかが，授業中に取り扱う課題や活動内容とともに授業における学習の質を決める大事な要因となってくる．
　授業中の談話は，時間軸に沿って展開する表 3-2 のような構造で示すことができる．展開各段階の話題群の部分は，どのように課題や活動が分節化されるかというその授業の課題の構造によって流れが決まってくるのである．

(c) 会話への参加構造と形式

　これまでは，教師と生徒の間の会話形式の授業についてみてきたが，一斉での話し合い形式の授業では，一度に一人しか発言しないというルールがいつも適用されているわけではない．以下の例を見てみよう．

教師　砂糖水は，どの部分が最も甘いのだろう？
佐藤　えっ？　そんなもの，底が甘いに決まっているよ．だって砂糖は底に沈むでしょう．
高木　そんなことはないよ．どこも同じ甘さだよ．
教師　じゃ，どうやったら確かめられる？
あちこちで口々に意見をつぶやき合う声が聞こえる．

　このようなつぶやきには，同時にいろいろな子どもが近くの生徒と話し合ったり，誰かを宛名として，その人に向かって話したりというより，自然と口をついて独り言のようなものもある．教室では，全員が一つの舞台の上で交互に話すオンステージの会話だけではなく，オフステージでいろいろなつぶやきやささやきが生じている．つまり，授業は多声的で多層的な会話空間でもある．
　小集団やペアでの対話などの対話形式を教師が設定することで，子どもが発言権をもつ機会が増える．誰が発言権をもち，どのような役割で参加するのか，いつ誰が何を言うことができるのかについての義務と権利の形態を，参加構造とよぶ(Cazden, 1988)．図 3-1 は，食事場面での談話における役割の変化を，会話フロアという概念で示し，そのパターンを表したものである(Schults, Florio & Erickson, 1982)．
　授業の中で教師は，会話フロアを授業内容や目的に応じて変化させている．それによって，生徒の参加意欲を高め，聞き役から発言者へと役割を変えることで，学習に能動的に参加することをうながしているのである．
　会話フロアを変え，一つの活動から次の活動へと移行させる時には，「じゃあ，じゃあいいかな」「はい，こっちを向いて」などという形で切り替えている．その時に，教師の方に時間がない場合などには依頼するように，「すまないんだけど」「ごめんね」などのような丁重な謙譲的言い方を用いるが，子どもの方が遅れているときなどはより高圧的な言い方をするなど，教師は状況をみて切り替え時の言い方も自然に変えている(川島，2013)．
　また，場面に応じて，教師も生徒も，語尾を「です，ます」調の敬体と「だ

3-1 授業における談話の特徴——57

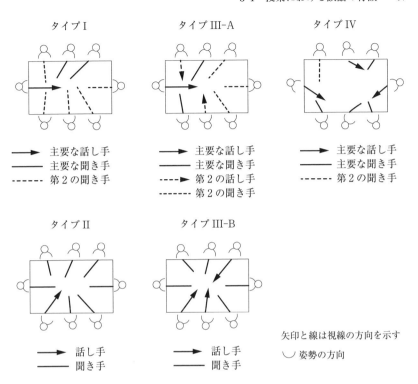

- タイプI：参加者の一部が話をし，他の参加者はそれを妨害することなく聞く関係．
- タイプII：一人が話し手となり，他の参加者はわずかに応答しながら聞き手となる関係．
- タイプIII-A：主要な話し手が話をし，その間他の参加者たちも口を挟むが，主要な話し手はそれに応答する必要はない関係．口を挟まず聞くだけの者もいる．
- タイプIII-B：主要な話し手が話をし，口を挟んだ他の聞き手はそこから主要な話し手となる関係．もともとの主要な話し手はやり取りを続けるか，聞き手にまわる．
- タイプIV：I，II，IIIの参加者関係が同時にあちこちで起きている状態．

図3-1 会話フロアのタイプ(Schults, Florio & Erickson, 1982)

ね，だよ」調の常体に切り替えて語り口を変えている．この切り替えによって，内容の抽象度や子どもとその教材との距離や位置取りが変わってくる．次のコラムを読んで，同じ授業時間内での会話の切り替えをみつけてほしい．

> **コラム 3-1 場面により変わる語り口**
>
> 　小1国語の説明文「いろいろなふね」のフェリーボートについての授業場面
> **場面1**
> T　では，工夫を教えてください．
> 岩田　はい，この船の中には客室や車を停めておくところがあります．
> C全員　はい．
> T　では，もう一度岩田さんの言ったことを教えてください．
> 蟹沢　自動車を停めておくところがあります．
> C全員　違います．
> **場面2**
> T　（教科書の挿絵を指して）じゃあ，気がついたこと，教えてください．
> 月名　車も入るところもあるけどこういう上に家みたいのがある．
> T　ありますね．
> 高田　車が入るけど高さ制限がある．
> T　制限って？
> 遠藤　車が車庫に入る時に（ジェスチャーしながら）ガガってとか，つぶれないように．
> T　意味がわかる人？　どんな感じ？
> 山岡　もし入るところが小さかったら船に車が入ろうとしても入れない．
> 山田　（ジェスチャーしながら）こういう感じ．

　場面1では敬体でテキストのままの言葉で話しているが，場面2ではテキストの状況をイメージし思考や推理をしながらなので，常体に切り替わっている．
　発言権を得ることは，日常の対人的な力関係を反映している．また会話がその力関係を生成するという機能も果たしている．学習場面は，認知的な場面であると同時に，対人関係を形成する場面でもある．そして時にはその発言者を無視したり，教師が発言を意図的に取り上げて賞賛し高く評価するなど，子どもの実存的なアイデンティティ形成にも関わっている．たとえば会話の途中で

表3-3 話し合いの型による協働思考(松尾・丸野, 2009より, 一部変更削除)

話し合いの型	特　徴
探　索　型	参加者が批判的で, しかし建設的にお互いの考えに関わり合っているときに生じる. 発言や提案は協働で検討を行うために提示される. 反論も根拠に基づき, 代替の仮説も提示される. 最終的に賛同を得ながら展開する.
共　感　型	会話の参加者は積極的にお互いが言ったことを積み重ねるが, それは批判的なものではない. 参加者は蓄積によって共通の理解を構成しようとして会話を行う. 繰り返しと確認と精緻化が特徴.
競　争　型	意見の決裂と個人的な意思決定が特徴. 情報が共有されることや建設的な批判や提案がなされることはほとんどない. 主張と反論によって構成される短いやりとり.

　割り込んで発言権を得ることは，教師や力関係が強い人によって生じる．またあまり発言権がない子どもやいつも聞いてもらえない子どもは，自信なく小さな声で発言をしたり，たどたどしい発言をする．だからさらにその会話に割り込まれやすいということが生じる．終わりまで人の話を聞くことは，内容の理解とともに，子どもたちどうしの対等な関係を形成する機能も果たしている．この意味でも会話フロアを固定化しないで活動に応じて柔軟に変えることは，誰が発言権を得るかという教室での力関係を変える契機にもなり，子どもたちそれぞれに居場所や社会的承認の場を与える機能も果たすのである．
　バーンズは，コミュニケーションの様式には二つのあり方があるとしている(Barnes, 1976)．知識の伝達を主眼にし，教師が評価者となる時には，子どもはすでに学んで知っていたり準備している完全な答えを教師に宛てて伝える．これはプレゼンテーションのように**最終稿としての**言葉(presentational talk)である．これに対して，その場で考え方を解釈し合って知識を相互に構築していくようなときには，たどたどしい**探索的な**言葉(exploratory talk)となる．そこでは，教師も子どもも協働して自分たちの生活経験と関連づけたり言葉を考えたりしながら生成して語ることになる．表3-3のように，松尾・丸野(2009)は，協働での話し合いには，探索型，共感型，競争型があるとしている．

3-2 談話を通した学習と理解深化

前節までにみてきたようなさまざまな特徴をもった会話を通して学んでいくプロセスでは，どのようなやり取りが行われ理解が進むのか，このことを次にみていこう．

（a）能動的に聞くこと

前節のような協働の会話では，どのように発言がつながり合って連鎖していくのか，という談話のあり方が大事である．特に，授業は一対多数の会話として展開されることが多いので，子どもたちは聞き手側で過ごす時間が長い．そこで学習においては，どのように能動的に他者の発言を聞くかということが，どのように発言するかの前に，大切になってくる．つまり，上手な聞き方のできる学習者を育てることが，集団での学習を効果的でより意味のあるものにする．

「聞く」とは，他者の言葉との内的対話の過程である．先行する他者の発言の内容や意図に注意を向けて，自らの発言の内に取り込み，そしてその発言を話し合いの流れの中で理解することが求められる．またさらに，教師や他の子どもが，自分が発言したら理解し応えてくれる聞き手だろうと考えることで，他者の話した言葉に対して返答する自らの言葉を生み出すという内的な過程でもある（一柳，2007）．つまり，特定の発言だけではなく，話し合いの流れという文脈を聞き取りながら，内容を関連づけること，その言葉と自分のそれまでの意見や考えを関連づけて内的に対話しながら統合し，自分の言葉を創り出していく状況的な思考過程であるということができる．これは子どもにとっても教師にとっても同様である．

次の会話の例をみてみよう．

小3 社会
「私たちのくらしと商店」客数減少の店で何をすべきかを考える授業

まり　私は，手書きアンケートをやったらいいと思う．たとえばこれはお客さんがほしいものが書ける簡単なアンケートです．

T　アンケートとったらお客さん来るのかな？

まり　それを叶えてあげれば来るよ．

しん　まりちゃんに続けて，アンケートしたほうがいいと思う．でも，あんまりやりすぎない方がいいとは思うけど……．

勇太　しん君とかまりちゃんはアンケートとればいいと言っていたけど，アンケートはもうすでに店でもやっているからしないでもいいと思います．

しん　ほんま？　どこに？

勇太　学校に来るとき店の前で見たもん．

あや　みんなの話を聞いていて気づいたんだけど，スーパーMは37店舗あるから，アンケートとかほかの店でもやっているじゃないですか？　でも，スーパーM本店は一つしかないから，それをいっぱい目立たせる方がいいと思う．

光平　わかりやすく言ったら，あやちゃんが言っているのはスーパーMのどこでも買える商品やサービスではなくて，本店オリジナルってことだと思うよ．

まみ　たとえば，スーパーM本店のオリジナルが，このお菓子だとしますよね．このお菓子はほかの店にはないってことがオリジナル！　スーパーM本店のオリジナルだから他のスーパーMはしていないから．

ひろ　みんなの意見に対してで，アンケートは紙でつくると言いましたよね．そんなお金のかかることをいっぱいやっていたらそのうちスーパーMがつぶれてしまうと思うんだけど．そんなにお金を使ってつぶれちゃったらあかんからやりすぎてもだめ．

まりのアンケートという考えを他の聞き手の子どもたちは取り込みながら，アンケートをやりすぎない方がいい，本店オリジナルならいいといった条件をそれぞれがつけて精緻化し，また本店オリジナルとは具体的にどのようなことかと例示し言い換えをしたりしている．またその一方で，仲間の言葉を聞きながら，ひろはアンケートをどのようにするのかという話し合いに参加するのではなく，アンケートすること自体がよくないという対立する考えを出している．直前の発言だけではなく，発言の連鎖の展開を聞きながらも，そこで自分はどの発言に対して何を考えたのかを関連づけて述べている．下線部は，他者の発言をどのようにつなげていっているかがみえる部分である．

　子どもや教師が何を聞いているのかを調べるのは，何を言ったかとはちがって事象としてはとらえにくい．そこで一柳(2009)は，授業のあとで子どもたちが誰のどのような発言を記憶していたのかを書いてもらうという直後再生法を使って，小学校高学年の子どもが(授業中に)何をどのように聞いていたのかを調べている．その結果，授業中に発言をしている生徒か，していない生徒かということで差はなく，それぞれ発言を聞いていることを示している．また，よく聞いていると教師から評価されている子どもは，他者の言葉を言い換えたりまとめて要約するといったことができていることを明らかにしている．つまり，そのような子どもは，より能動的に自分の言葉で言い換えたり，話の流れをくみとりながら，要点をまとめることができている．また，担任が子どもの発言を取り上げたりする時に誰の考えや発言かという名前を挙げて述べさせるクラスでは，子どもたちも発言者の氏名をよく想起することができていた．対象とした2つのクラスでは，いずれのクラスも教科内容の理解の程度には相違はなかった．しかし，他者の話の内容を聞くことを重視する教師か，他者の言葉を自分の中に入れて自分の言葉につなげることを重視する教師かというように，教師が日頃から発言の取り上げ方や聞き方について行っている指導方法の違いが，子どもの聞き方に影響している．

　子どもたちが活発に発言している授業がよい授業であると評する人がいる．しかし，発言をしてもよく聞いていない子どももいれば，沈黙していても注意

深く聞くことで深く学んでいる子どももいる(秋田・市川・鈴木, 2002). 子どもたちの思考過程を考えることが学習の質を考えるときには大事なのである. そのためには表層的な現象にとらわれずに学びの過程をみていくことが大事である.

(b) 概念理解のための対話

　授業における談話の中では, コラム 3-1 の会話例にもあるように, 参加者の話し言葉や書いた言葉を教師が復唱し再話することが多い. これは, リヴォイシング(revoicing)とよばれている(O'Conner & Michaels, 1996). 発言者の著者性を保ちながら, 発話者や自分の立場を整理して会話を秩序づけたり, また抽象的な学術用語に置き換えて説明することで一般化できるようにしたり, 具体化を行って状況をわかりやすくしたりしているのである. それによって, 聞き手側の生徒もあらためて自分自身をその会話内容と結びつけ, 関連づけることができるという機能も果たしている.

　ただし, お互いの考えや意見が異なる場合に, 論点を明らかにし意味を相互に調整していくことで理解を深めていくことが, 教科の学習においては大事である. 教師が談話の論点を整理して課題として提供するとともに, 子どもたちがその論理を理解し根拠に基づき調整できるような説明や対話を行うということが重要である. 特に理科のように, 日常の経験知が科学的概念からみると誤っていたり説明がつかないような場合に, 互いに説明し合うことが概念を変容させていくために大切になる.

　相互に異なる対立意見に対して, どのように推論や交渉を行うのかという概念変容のための対話のあり方はトランザクション対話とよばれている(Berkowitz & Simmons, 2003). 対立意見を無視して自分の意見を強弁するような交渉方法(非トランザクション), 相手の意見を取り込むよりも, 直接的な対立を避けるよう, 相手の意見や立場を確認したり, 自分の意見との併存を図ろうとする対話(表象的トランザクション)に対して, 他者の対立する意見をうまく活用変化させて自分の意見に取り込んでいくような対話が, 操作的トランザクショ

ンとよばれる対話である．話し合いはしていても，理解が深まらないで這い回る話し合いになるのは，この表象的トランザクションが生じているせいである（高垣・中島，2004；田島，2008）．

　表象的トランザクションの対話では，話し合いのテーマや論点を提示したり，提示された課題や発話内容に対して，正当化する理由やコメントを求めたり，同じことを繰り返し言い換えたりはするが，焦点となる考えは並列的なままで吟味されず，相互のありようをそのまま示している．いわば水平的に内容が述べられている．これに対して，自己の主張や他者の主張に，別の内容を補足し拡張したり，また他者の主張の矛盾点を，根拠を明らかにしながら指摘したり，主張の相容れない理由や根拠を付け加えて説明し合い，相互に理解しながら共通基盤の上で交渉し合って意味を統合していこうとする会話が，トランザクション対話とよばれる．

　このような対話をするためには，学習課題が生徒にとって議論するに値するものであると同時に，議論（アーギュメント）のスキルをさまざまな授業場面を通して学んでおくことが大事である．人はどの年齢段階においても，自分の立場を支持する情報だけに意識を向けて，異なる考えや意見を支持する情報には目を向けない傾向がある．これをマイサイドバイアスとよぶ（Nussbaum & Edwards, 2011）．議論の質を保障するためには，このバイアスを克服することが大事である．しかし，大学生でもこのバイアスの克服は難しいといわれている．小野田（2014）は，討論での発言とその後にどのように議論を聞いていたのかを検討し，反対意見を多く再生できる生徒は，もとの意見の利点を打ち消すような発話を行っていることを示し，そこから単に「人の話をよく聞きましょう」という指導だけではなく，反対意見が聞けるよう支援したり，聞き方の偏りを自覚できるような指導を行う必要性を指摘している．対立点を指摘することが重要なのではなく，それを契機に，自分の見方を位置づけ，他者の視点を取り込むことでさらに知識を拡張しながら統合することが，理解を深める対話において大事であるということができる．

（c）援助要請の言葉

　授業に参加しているのは，発言ができる子どもたちだけではない．授業内容を理解ができないときには，多くの子どもは何がわからないかが明確でなかったり，どのように疑問を表現してよいのかがわからないために語彙化できず，沈黙することになる．このようなときに「わからない」「助けて」という自己の理解状況を開示できる対話が，学習において理解を深めるためには意味をもってくる．子どもが自力で理解をしたり，問題解決ができないときに，他者に援助を求める行為を**援助要請**（help-seeking）という．そして要請された側には説明する必要が生じる．一般には，一斉の話し合いでは声をあげにくい学級雰囲気になりやすいため，援助要請は，教師との一対一の対話や仲間どうしでの小グループやペアの中での対話において行われる．山路（2013）は，中学校の数学において，生徒たちが小グループの中でどのように援助要請の言葉を発しているのかを検証している（表3-4）．

　どのように解けばよいのかという方法を重視する課題では，解ける子どもが解けない子どもに解き方を教える対話が多いのに対して，意味を理解する課題

表3-4　中学校の数学における援助要請のパターン（山路，2013）

パターン	定　義	発言例と表記法
混乱の宣言	わからないという状態を伝える発言	「②番〔$7x=5x-6$〕どうしていいのかわからない．」
手続き教示の要望	問題を焦点化できない状態で進め方を質問する発言	「ねえねえ，こう〔$-x=8$〕なっちゃったんだけど，どうすればいい？」
素朴な質問	課題の目的に沿わず既習内容への疑問点を尋ねる発言	「ねえ，2個同時に移項することってできる？」
理由説明の要望	問題を焦点化したうえでなぜかを問う発言	「思ったんだけど，なんで途中から分数になるの？」
解釈の確認	問題や説明に対する解釈を述べて確認する発言	「あ，こことここでかけて3で割ってるからこっちも割れってこと？」
誤り	説明を要請する形をとらないが第三者からみて援助の余地がある発言	「$x≧$ かわからないけど $x=-13/2$ が成り立つならこれでいいじゃん．」

のときには，正しい知識やルールが話されるよりも，自分たちのこれまでの思考や問いを話題として探究する協働的な談話が生じることを示している．

一人のわからないというつぶやきは，学習のつまずきを感じている他の多くの子どもたちの思考を代弁しているサインの場合も多い．このような声を聞き取る教師の力量によって，わかる子どもがさらにわかっていく過程だけではなく，学習速度がゆっくりな子どもにとっても，対話を通してわかるようになっていく過程が保障されるのである．

3-3 書き言葉での対話

授業では板書やノートなどもコミュニケーションをつなぐ役割をしている．この点をみてみよう．

(a) 媒介としての記号や言葉

教室での授業では，話し言葉による対話だけで考えが交流され知識が獲得されるわけではない．板書やノート等をみてもわかるように，書き言葉や記号が仲立ちをして，他者や自己との対話を深めている．

次の図3-2は，ある小学校での道徳授業における表情カードの変遷を追った

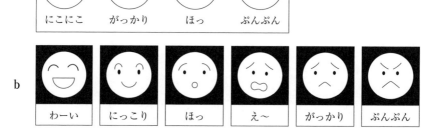

図3-2　道徳授業における表情カード（一柳，2014）

ものである(一柳，2014)．これは，道徳の授業である教師が表情カードを用いながらワークシートを作成し，子どもどうしの交流を図ったものであり，上段が1学期，下段が2, 3学期に使用されたものである．下段の方が，より複雑に心情が分化して表現されたカードになっている．これは，このカードそのものではなく，この表情カードをわがものとして取り込む(専有する)ことが媒介になって子どもたちが考えを表現できるようになっていくことを示している．

　価値や心情を語ることは難しい．数字や立場を示すカード，ヒントカードなど，ある記号を媒介とすることでそれぞれの生徒の立場や思考を見えやすくし，他者との対話を深めることができていくのである．

(b) 書き言葉に媒介された対話

　授業は知識を伝達するものであると考えている授業では，子どもは板書されたことをノートに写すことで教師の言葉を写し，表面的な言葉を暗記するにとどまる．これは浅い認知処理水準である．これに対して，自ら見出しをつけたりまとめたりすることで，授業の内容を振り返れば，理解を深めることができる．

　また，自分一人ではなく，ノートやワークシートを媒介として生徒どうしで対話することで，話し言葉による対話よりも理解が深まっていくことは多い．濵田(2012)は，高校の国語の文学作品の読みの授業で，ワークシートを使用しお互いに読み合っていくことで，生徒が自身の考えを外化するために行った記述(1次記述)と，テキストの解釈に関して交流した時の他者の考えやそれに触発されて生まれたアイデアをメモした記録(2次記述)，さらにそれらを対象化し，授業の終わりに振り返り関連づけや意味づけを行った記述(3次記述)を実際に分析することから，交流した生徒どうしの記述の中の言葉が取り込まれ，自分の言葉として表現され，それらを統合していくことで理解が深まることを示している．同様に小林(2000)も，大学生を対象に，学習内容をノートにきちんと書くだけではなく，他者の考えを聞いてメモをしたり下線を引くなどの行動をし，そしてそれを見直す，そのノートのメモに基づいて発言するというよ

うな形で，他者の考えを取り込みながら自己の言葉や考えが生み出されていく過程を示している．

現在では，コンピュータネットワーク上に協調学習支援としてノート機能をもったシステムの開発も進んでいる．自分一人のノートだけではなく，ノートを相互に参照する働きがあることで，協働して探究し対話を深めることで学習することが可能となっている（益川，1999；三宅・益川，2014）．いわゆる教科書とノートを使い教師が話すだけの授業から，多様な層の対話をさまざまな道具を媒介にして行っていくことが，これからの教室の対話には求められているのである．

以上，授業における談話について，その特徴としての発話のルールや構造，そして理解を深めるために聞くこと，理解を深める応答的な対話，誰もが参加できていくための対話，そして書き言葉を仲立ちとした対話のあり方について述べてきた．ここでは授業での子どもの学習について述べているが，授業研究として教師が授業を振り返り，また同僚とともに相互に授業を観察し合って話し合う場合にも，同様のことが当てはまる．他者との対話が思考を方向づけ，また自己の中での対話が思考を生み，新たな言葉を生み出す．そのためには聞く営みにさらに注目していくことが重要である．

- この章のテキストを読んで気づいたことを，複数の人と話し合ってみよう．その時に理解を深める対話ができたか，それをうながしたり妨げたりするものが何であったのかを振り返ってみよう．
- 発話をつないでいくためには，さまざまなリヴォイシング（復唱）のあり方がある．実際に授業を見ながら，どのようなリヴォイシングがあるかを確認してみよう．

4 知識の獲得と活用の学習

　知識基盤社会の学校教育では，知識を獲得すると同時にそれが定着し幅広い文脈で活用できること，また自分自身が他者とともに新たな知識を創り出す主体になっていくような学習者として育っていくことが求められる．では，そのためにはどのような条件が必要だろうか．まず，知識にはどのような種類や特徴があるのだろうか．そして知識の獲得と理解の過程を考えたときに，どのような点を授業での学習活動で考えていくことが必要なのだろうか．

[キーワード]
▼
既有知識
事実的知識
概念的知識
手続き的知識
メタ認知的知識
重大な概念
誤概念

4-1　知識の種類と知識学習の次元

（a）知識の働き

「知識」という言葉を聞くと，「覚える」「詰め込む」「本や黒板を写す」などのイメージをもつ人もいるのではないだろうか．また，「頭でっかち」など知識に対して否定的なイメージをもつ人もいるかもしれない．

しかし，知識をもっていることで，私たちは社会の中の事象や現象を理解し，他者とその知識を共有していることでコミュニケーションが成立し，よりよく生きることができる．またその知識をもとにして，さらにその知識を更新し新たな知識を生み出すこともできる．知らない外国語や内容をまったく知らない領域であれば母語でも，話を聞いても何を話しているのかわからない，言葉はわかっても意味が理解できないということが生じる．

ものごとを考えるためには，知識が不可欠である．つまり，学習している教科内容についての先行する知識(**既有知識**)をもっていなければ，当該教科の学習の過程を自分でコントロールしたり，学ぶ意欲をもったりすることはできない．どんなに高性能の自動車が最新のテクノロジーを装備していても，ガソリンがなければ目的地に行き着かないように，知識は思考過程を作動させるガソリンとなる．だから，教育目標を設定し限られた時間内で効果的に知識やスキルを獲得すること，そしてそこで学んだ知識が，その場限りで忘れてしまうものではなく，あとからでも使えるものになっていることが重要となる．知識は頭の中に携帯し，いつでもどこでも持ち運び利用可能である．

ただし，知識を得ると，特定の視点からものを見る志向性が生まれたり，時には柔軟な解釈を妨げたりすることがあることもわかっている．たとえば，音楽を専攻している人とスポーツを専攻している人だと，同じ play という語を聞いても，「演奏する」あるいは「競技する」というように，その語の意味の理解に差が生じることがある．また，一つの解き方を覚えると，それよりも簡単に解ける方法がある場合でもその解法に気づかないといったように，ある状

況に対して特定の方向へ認知や反応が向かう学習の構えを生み出すこともある．教師の子どもに対する見方や授業の見方などにおいても，ある特定の知識を得ることが認知的なバイアスを生み，時には子どもの学習状況や授業状況を正確にとらえるのを妨げるという事態も生じる．これらの現象も，過去にもっている既有知識を活用して問題解決を適応的に行おうとする思考の一つの表れということもできる．

（b）知識の種類

新しい情報に出合うと，私たちはその情報を記憶する．時間や場所，その時の感情を含んで，人生において個人が経験した出来事を覚えている．これは，エピソード記憶(episodic memory)とよばれる(タルヴィング，1985)．エピソード記憶は「一回限り」の学習機構であると考えられている．あるエピソードを一回体験しただけで，記憶できるのである．これに対して，同じ事物や語に繰り返し出合うことで，覚えようと意識して覚えた情報であり，他者と共有している意味内容の記憶がある．これは**意味記憶**(semantic memory)とよばれる．この意味記憶が，一般には「知識」とよばれるものである．意味記憶では繰り返し同じ事物を記憶することが知識の生成に影響する．その事物に触れるたびに，脳内の意味表現は変化していく．

知識には，その特徴からいろいろなものがある．大きく分けると表4-1のように整理することができる(国立教育政策研究所，2013)．縦軸はさまざまな知識のタイプであり，横軸はその知識をどのように使用するのかということを示

表4-1　知識のタイプと認知過程の次元(Anderson, 2001；国立教育政策研究所，2013)

認識次元	記憶する	理解する	応用する	分析する	評価する	創造する
事実的知識						
概念的知識						
手続的知識						
メタ認知的知識						

す．そのそれぞれが授業の中では目的に応じて使用されるとともに，系統的に関連づけられて使用されるように授業をデザインしていくことが必要になる．

事実的知識は「宣言的知識」(declarative knowledge)ともよばれる．事実とは，たとえば「第二次世界大戦での敗戦が日本のその後のあり方を決定づけた」という文では，個別の事物ではなく，文中の語の関係性のなかで「第二次世界大戦での敗戦」「決定づける」などの語彙を理解している必要がある，具体的な情報である．正確な理解のためには必要であるが，この事実的知識だけを多くもっていても，深い理解にはならないということもできる．また一方では，教科内容の具体的な事実についての知識を語彙として一定量もっていることが，概念的理解，つまり原理や概念を理解するためには大事なのである．

これに対し**概念的知識**(conceptual knowledge)とは，事実や分類する部類ないしカテゴリーについての知識であり，例を示すことができるような知識である．「私の飼い犬のタローは，ゴールデンレトリバーだ」は事実であるが，「ゴールデンレトリバーは，猟犬だ」は概念になる．また原理というのは，「結核は結核菌によっておこる」というような因果関係や，「肺がんの女性の数の増加は女性の喫煙者の数の増加と比例する」というような相関関係のように，概念間の関係を示す知識である．

学校教育においては，この概念的な知識の獲得が大事にされる．たとえば「リスは木の実を食べる，キツネはリスを食べる，オオカミはキツネを食べる」といった個別の知識を学ぶだけではなく，そこに「食物連鎖」という概念を知ることによって，より幅広くさまざまな関係性をあてはめてとらえたり見たりする枠組みを得ることができる．このように，バラバラな事実とスキルに意味を与えて関連づけるような概念やテーマ，論点は**重大な概念**(big ideas)とよばれる(ウィギンズ＆マクタイ，2012)．ものごとの理解において，核となる概念である．それは単に抽象的な概念ということではない．実際にさまざまな事実的知識を結びつけていることが大事なのである．たとえば数学であれば，「平均」「分散（ちらばり）」という概念や範囲を知っておくことがさまざまな数量を考えていくうえで重要である．授業では，優先的にその核となる概念をど

のように扱うかを考えて課題を選び，実際に課題の解決という活動を通して平均値や分散を表現するグラフや図，平均や分散を出すための公式や技法を知ることが学習活動になる．核となる重大な概念について教師がよく理解していることによって，その概念に関連して何を学んでおいたらよいのか，そこで何をすればよいのか，また子どもの生活とつなげて何を知っていたら，知識を拡張したり，子どもの生活にとって意味のある知識の使用になるのかを考えることができるのである．そして，この目標から授業を逆向きにデザインしていくことが重要になる．

　また，**手続き的知識**(procedural knowledge)とは，単純に言えば「もし……なら……である」(if-then rule)と表現できる知識である．たとえば「平均値を求めるならば項の和を項の数で割る」という算出方法の知識は手続き的知識となる．また，「本を読んでわからない語に出合ったときには，前に戻って読み直してみる，そこに線を引いてみる」という方略の知識をもっていることで，理解のつまずきを防ぐことができる．このような手続き的知識の中には，練習によって実行(行動)が自動化されて，ほとんど意識されなくなるもの(方略や単一のルール，アルゴリズム)も多い．それはスキルとよばれる．これに対して，認知処理のプロセス全体を意識し把握して行動を調整するという手続き的知識もある．手続きが複雑な組み合わせのときには，手続きのプロセスのどこに問題があるかをとらえるような手続き的知識も必要になる．たとえば運動を行う時の手続きも手足の複雑なシステムの組み合わせであるが，その各部分の運動は自動化されていたとしてもうまくいかない時に，どこをどのようにすればよいのかをチェックできる，プロセス全体をとらえるマクロな手続き的知識も大事になる．

　このようなマクロな手続き的知識は，**メタ認知的知識**(metacognitive knowledge)とよばれる知識の一つである．メタ認知的知識とは，私たちが記憶したり理解したり分析したりというような認知的な処理を行っている時に，理解や学習がうまくいっているかどうかを監視・調整する働き(モニタリング)についての知識である．私たちは，この課題なら時間がかかるだろうとか，私

はこの種の問題は得意だがこの種の問題は比較的苦手だなど，課題や行動する自己についての知識をもっている．また，このようにするとより効果的，効率的にできるというような方略の知識も併せもち，実際に記憶や理解ができているかどうかをモニタリングするといったことを行う．これらはすべてメタ認知とよばれる．たとえば，時間の限られた試験のような状況で問題解決をしなければならない時には，どの問題からどのようにやっていったらよいかということについての知識を意識化して問題解決の優先順位を決め，またできた時にもどこから見直すかなどを決めたりしているだろう．これらもまたメタ認知的な知識が機能しているということができる．

(c) 知識の処理と思考システム

　表4-1の縦軸の知識の種類と同時に，それらを処理する横軸の過程に目をとめてみよう．「記憶する，理解する，応用する，分析する，評価する，創造する」というように，授業の中でもさまざまな種類の知識について，上記のような形で具体的に活動することが求められる．しかし，これはつねにこの順序で行われるのではない．たとえば，ある中学校では「なぜ徳川幕府は400年も続いたのか」という問いを出して江戸時代の学習をしていた．すでに小学校で学んできたさまざまな歴史の知識を活用したり，政治，社会，文化や教育などさまざまな仕組みを手分けして資料集などを用いて調べたり分析したりすることができる．そして，それらを関連づけてみなで報告し合い交流することによって，徳川幕府の特徴をより深く理解し，記憶も確実に定着できるという授業である．まず，先生の説明を聞いて理解し分析するといった手順ではない．しかしこの同じ教師は，より複雑でみなの知識が十分ではない近現代史部分を扱う授業であれば，まず教師が授業内容を説明をし，その後史料を使って理解を深めていくだろうと語っていた．このように，どのような形で知識を獲得したり，既有知識と統合していくのかは，既有知識やその学習の内容に応じて，学習活動として柔軟にデザインされていくことが必要である．

　知識基盤社会では，豊富な内容理解をもとに，現実社会で直面する複雑な問

表 4-2　学習の分類(Marzano & Kendall, 2007)

困　難　度	学　習　の　過　程
6　自己システム思考	重要性，効力感，情動を確かめる
5　メタ認知	意欲，目標，プロセス・明確化，正確さをモニターする
4　知識の活用	調査，実験，問題解決，意志決定
3　分　析	マッチング，分類，分析 一般化，限定詳述
2　理　解	記号で表現，統合
1　記憶想起	認識する，実行する，再生する

題に取り組み，恐れずに自分の考えを出すことや，考えを吟味し改善するために他者が重要であることを生徒が理解し学習していくことが求められている(Bereiter, 2002). マルザーノとケンドールは，高次な思考力を育成するための学習の階層として，表4-2のような分類を挙げている(マルザーノ＆ケンドール，2013). 学習の過程において，1, 2のレベルだけではなく，3～6にあたるような学習のプロセスと活動を具体的に保障することが，自分の身になる知識のためには大切といえる．

　そのためには学級として，学習を行う学級風土や雰囲気が授業への態度や意欲を生み出し，新たに学ぶ知識を理解・記憶し獲得できるよう，既有知識と関連づけて説明をしたりする．それによって知識の統合が生じる．またさらには，その知識を構造化してより精緻なものにしていく深い理解を目指す学習を行う．探究的に調査したり実験や問題解決を自ら行ったりしていく学習である．そしてさらに，習得した知識を活用して実際に何か表現をしたり，ものづくりをしたりというように，意味ある使用，利用の活動がある．これらの活動によって，知識をただ与えられたものとしてだけではなく，批判的に考えたり，自分でその知識を用いて探究し新たな気づきを得たりということが生まれる．

　表4-2のような6つのプロセスが具体的な活動の中に含まれることが，知識

の問題を認知的な処理にとどめず，学習者の情動を関連づける．そして，知識が自分にとってどのように大切なのか，学習の重要性と自信を実感できるよう，意欲や自信といった情動と結びついた学習活動を行うことが，知識を豊かなものにしていくために求められているといえるだろう．

4-2　概念の学習過程

4-1節では，知識を構造化することで深い理解ができると述べた．では，それは具体的にどのようなことだろうか．

（a）知識の構造化──熟達者と初心者の違い

ある学習内容についてより深く知っていることで，核心的で重要な考えを中心にして知識をまとめていくことができる．知識は，より多く有していることだけではなく，より構造化されることが大事なのである．図4-1を見ていただきたい．これは，物理学についての熟達者（大学院生や研究者）と初心者（大学生）に物理学の問題をカードで示し，分類をするように示した時の結果と説明である（Chi, et al., 1981）．

熟達者（図4-1(b)）はエネルギー保存の法則のように問題解決に適用する法則で分類したのに対し，初心者（図4-1(a)）は斜面に関する問題というように表面的な特徴で分類した．熟達者は，見かけは違っても同じ法則で解ける問題を同じ原理で分けることができている．さらに，斜面についてどのような知識をいかに関連づけて利用しているのかという知識の構造自体をネットワークとして記述したのが，図4-2である（Chi, et al., 1982）．初心者は斜面の表面的特徴から構成されている分類がなされているのに対し，熟達者は斜面の概念と物理法則やそれが適用できる条件が整理されて関連づけられて体系的なものになっている．

このように，ある特定の領域で熟達化することによって，知識量が増えるだけではなく，より構造化した知識をもつことができ，しかもその構造化におい

(a) 2つの問題を分類する際に初心者がした説明

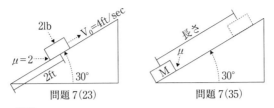

問題 7(23)　　　　　　問題 7(35)

説明
初心者1：斜面のブロックに関する問題です．
初心者5：斜面問題，摩擦係数の問題です．
初心者6：角度がある斜面にブロックが乗っています．

(b) 2つの問題を分類する際に熟達者がした説明

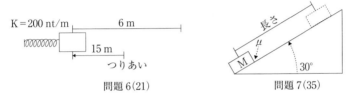

問題 6(21)　　　　　　問題 7(35)

説明
熟達者2：エネルギー保存の問題です．
熟達者3：仕事とエネルギーの問題です．これは実に
　　　　　わかりやすい問題です．
熟達者4：この問題はエネルギーを考慮することによ
　　　　　り解決できます．エネルギー保存の法則を
　　　　　知っていれば，この問題を解くのは簡単で
　　　　　しょう．

図 4-1　物理学の2つの問題を分類する際の初心者と熟達者の説明
(Chi *et al.*, 1981；米国学術研究推進会議, 2002 p.37)

て原理や原則で説明することが可能となることが，さまざまな領域でわかっている．

また同時に，このようにさまざまな領域の熟達化を調べていくと，たとえばチェスの名人が必ずしも将棋の名人であるとは限らず，特定の専門領域での知識においてのみ優れているということがわかってきている．たとえば，とても恐竜に詳しい子どもはたとえ小学生であっても一般の大学生よりも恐竜の分類では優れて構造化された知識をもっている．しかしだからといって，ほかの知

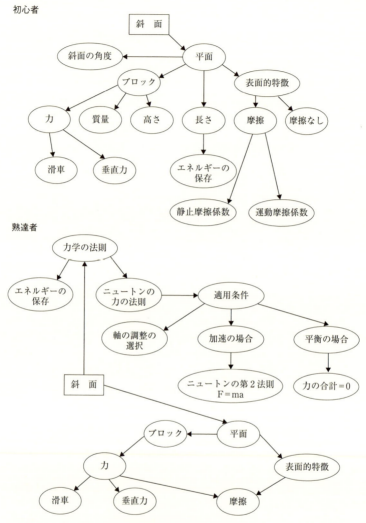

図4-2 初心者と熟達者の斜面に関する知識のネットワークの表現
(Chi *et al.*, 1982；米国学術研究推進会議, 2002 p.38)

識でも，大学生よりもより構造化された知識をその子どもがもっているというわけではない．

このように，知識は特定の領域において蓄積され構造化されていく．これは

知識の領域固有性(domain specificity)とよばれる．

(b) 概念の獲得と変容

　構造化された知識としての概念を獲得するのは，知識の属する領域によっては，とても難しいこともわかっている．その原因の一つは，子どもが生活の中で身につけてきている知識(生活概念)と，学問として獲得が求められる知識(科学的概念)との間に乖離があるからであることがわかってきている．とくに，科学の分野においては一般的に概念の獲得が難しいことが明らかにされている．たとえば，「クジラは魚である」「湯気は気体である」などの不正確な知識や誤解の場合(後掲・表4-3の不正確な場合1の例)には，子どもが魚・哺乳動物，気体・液体という知識をすでにもっているならば，その相互を置き換えて説明することで比較的容易に子どもたちは正しい知識を得ることができる．しかし，仕組みやシステムのように直接目に見ることができない事物・事象についての不正確さや誤解を理解することは，とても困難である．

コラム 4-1 | 子どもが地球についてもつメンタルモデル

　図4-3は，子どもが地球についてもっているメンタルモデル(心の中で表象として作成しているイメージとしてのモデル)である(後掲・表4-3の不正確な場合2の例)．

　現在では宇宙の写真などを見ることも多くなったのでこのような誤概念は日本では少なくなっているが，科学史や子どもの発達の中ではしばしばみられるモデルである．「地球は丸い」が「人間はみなまっすぐ立っている」ことからさまざまなモデルが生まれてくる．初期のモデルから合成的なモデル，そして科学で説明がなされているモデルである．それぞれのモデルにおいても子どもたちは，それなりに自分のモデルにつじつまが合うように一貫した説明をしようとしていることがわかっている．たとえば，「丸いけれど落ちないのは中空になっているからだ」などの説明がなされる．そしてとくに不都合な事態が生じなければ，それをそのまま使うことになる(Vosniadou *et al.*, 2008)．科学史の発展においても同様のモデルの形成がなされてきたことがわかっている．

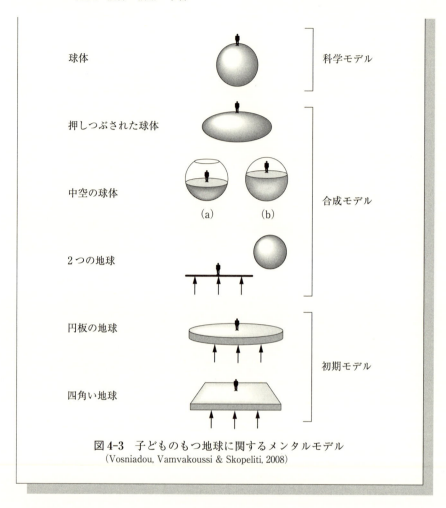

図 4-3　子どものもつ地球に関するメンタルモデル
(Vosniadou, Vamvakoussi & Skopeliti, 2008)

　日常の生活の中で子どもたちが形成した概念を素朴概念(naive conception, naive theory)とよんでいる．それは学校教育で教えられるものとは異なるが，子どもたちが生活の中で身につけてきたものである．
　このようなモデルや誤った信念を変容するためには，自分でそのモデルを説明したり，それを使って予想したりすることや他者のメンタルモデルと対比してその説明を考えることが有効であると言われている．また，原理や仕組み，

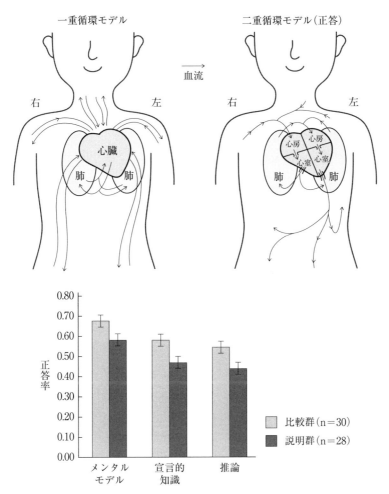

図 4-4 人間の血液循環の誤ったメンタルモデルと正しいモデル(上), メンタルモデルを他者に説明する自己説明群と正しいモデルとの対比によって示す比較群との正答率を比較した結果(下)(Gadgil, et al., 2011)

機能等を自分で図を使って自己説明することは有効とされてきている(深谷, 2011).

図 4-4 を見ていただきたい. これは人間の血液循環がどのようになされているのかを米国で大学生に絵に書いてもらったものである. 心臓から血液循環が

行われることはわかっている．しかし実際には心房，心室を区別せず，酸素を運ぶ動脈と二酸化炭素を運ぶ静脈の関係が理解されていない（図4-4左上図）．このような大学生を対象として，他者に自分のモデルを説明する自己説明群とシステム全体を示す正しいモデル図との対比によって正解を示す比較群の2群に分けて比べた研究が行われた．両群を比較すると，図4-4下のグラフのように，比較群の方がより効果があったことを示している．すなわち，システム全体の各要素間相互の関係を理解することで概念を変えることができる．このように授業のなかで，さまざまな子どもたちが作成する図やイメージ図を使用し，自己説明をしたりその差異を対比しながら吟味をすることによって，システム全体の理解が進むことを示している．

　しかし，それでも難しい場合がある．それはたとえば，力や熱といった概念である．これらはプロセスを示すものである．しかし，「氷や水は冷たいものを含んでいる」というように〈冷たいもの〉という実体でとらえ，「熱の移動」というプロセスの発想がないために理解がむずかしい子どもたちがいる．電流などでも同様である．物体は他からの力が加わらなければ初速を保って運動し続けるが，実際には「押した力」を実体として考えるために，物理学としては誤解が生じる．これは日常生活ではとくに，エネルギー，力や熱という知識やカテゴリーをもたなくても生活上支障がないために，知識が修正されず個別に誤ったままとなるということが生じている．

　これらの誤概念（misconception）は，次の表のようにまとめることができる（表4-3；Chi, 2013）．不正確な場合には対比などで比較的容易に修正することができるが，そもそもの知識や概念，枠組みをもっていない場合には，子どもがすでにもっている知識を表現してもらいながら，正しいモデルに最終的にもっていくための実験やモデル化などの橋わたし方略が指導として必要になるのである（Clement, 1993）．

　実際には，自分の知識では説明できないことがあるという不整合に気がつくことや，電気回路での電流という目に見えないものを理解するときに水流にたとえるなど，ある種の類推を使うことによってより正しい説明へと向かうこと

表 4-3 誤概念を変容する方法(Chi, 2013)

	不正確な場合1	不正確な場合2	比較や基準ができていない1	比較や基準ができていない2
存在する誤った知識や誤概念	誤った信念	欠陥のあるメンタルモデル	カテゴリーの誤り	スキーマ(枠組み)自体の欠如
変容させる方法	①誤りを明示 ②置き換え ③無 視	①多くの誤信念を明示 ②全体として対峙 ③前提の誤りを示す	全く別のカテゴリーに置き換える	今までなかった新たな知識や概念の生成
結 果	信念の修正	メンタルモデルの変容	カテゴリーのシフト	新たなスキーマの形成

ができる(Gentner & Gentner, 1983). しかしそれは，一人では難しい. 仲間のメンタルモデルや説明との交流・吟味によって，そのモデルを取り込むような形で可能となっていくのである. 実際に，いろいろな図や表現が概念の理解のために教室の中で使用される. 正しいものだけではなく，さまざまな作図やメンタルモデルを使用し，思考を「見える化」することが理解を深めていく一つの手立てになるといえるだろう.

(c) 生産的失敗

4-4 節(b)で述べてきたように，子どもたちが誤った知識や考えをもって授業に臨んだり，授業中に誤りが生まれたりすることも多い. しかし，それこそが理解を深め正しい知識を獲得するための第一歩となることは多い. 誤りやつまずきをみなで共有することで，他者の援助を受けるということから改めて意味を問い直したり，正しさを確かめるための手立てを知ったりすることもできる. シンガポールの中学校で，数学の授業 4 時間で「分散」を理解するための課題を，まず 2 時間協働で試行錯誤し，誤りなどを検証した後で，まとめの授業を 1 時間行い，その後に応用問題を行ったクラス(生産的失敗群(productive

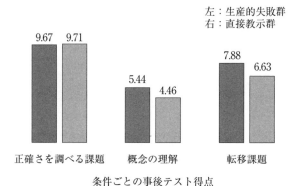

図 4-5　生産的失敗群と直接教示群の比較結果(Kapur, 2012)

failure))と，教師の方で原理や解き方を 2 時間説明・教示をしてから協働で練習し，その後にまとめを行ったクラス(直接教示群)を比較した研究がある(Kapur, 2012).

図 4-5 のように，授業後の正確さを調べる簡単な多肢選択課題ではどちらのクラスでも違いは見られなかったが，概念の理解や学習の転移を調べる応用課題では生産的失敗群の方が得点が高いという結果が得られている．さらにそのクラスの子どもが目の前で行った失敗ではなく，他の人がした失敗を教師が紹介するという群(代理生産的失敗群)を比較してみた(Kapur, 2013)．その結果でも，自分たちのクラスで実際に試行錯誤しながら協働的に探究していったクラスの方が後々まで(知識の)定着がよいことが示されている．正しい知識の獲得や深い理解に至る過程において，授業でどのように誤りやつまずきを取り上げるのかが大事であるということができるだろう．

以上，知識の働きや種類，そして概念の獲得が重要であること，それを保障するための学習活動について考えてきた．そのいずれにおいても，生徒がすでにもっている知識をどのように生かしていくのかを考えることが必要である．

- 自分が小・中・高等学校の時に知識を獲得するために行っていた勉強法を振り返り，本文を読んでどのような形で知識獲得のための学習活動が行われるとよいかを特定の教科を例に挙げて考えてみよう．
- 今でも覚えているつまずきの経験はどのようなものであったのかを思い出し，説明をしてみよう．

5 学び合う集団の形成と個に応じた方法

　日本の授業では，学級という学習集団がどのように形成されているのかが与える影響が大きい．では，学習集団はいかに形成されるのだろうか．その形成や学級風土には，どのようなことが影響しているのだろうか．また集団の中でも個人差はさまざまな形で存在する．一人ひとりの子どもに学習の機会を保障していくには，学習における情報提供を行う際にどのような工夫や配慮が必要だろうか．この点を考えてみよう．

[キーワード]
▼
学級風土
教育の質
教師のリーダーシップ
教師の認知枠組み
教師の期待
ユニバーサルデザイン

5-1 学び合う集団の形成

(a) 学級の雰囲気

　参観のために教室に入ると，それぞれの教室に独自の雰囲気があることに気がつくだろう．授業展開の相違と同時に，学習集団として学級がどのように形成されているのかという学級間の雰囲気の相違の影響が大きく表れている．授業中に相互に支え合い認め合う仲間どうしの横の関係が強い学級もあれば，弱い学級もある．学級成員間の関係は，コミュニケーションだけではなく，身体位置や非言語的な動きから察知できる．特に一年間の後半の時期になると，学級としての集団凝集性の高いまとまりのある学級とそうでない学級というような雰囲気の違いを生み出していく．学級をどのように経営し，学習集団として学級がどのように形成されるかは，学習意欲や深い理解に向かう学習過程の形成や，学級全体の学習への効力感を獲得するうえでの重要な要因になる．英米のクラスでは，学習のための集団としての機能が重視されている．教師の仕事は授業において指導することにある．これに対し，歴史的に日本では，学習の定着だけではなく，学校生活・行事等を含めた特別活動など，さまざまな学校の活動の基礎としての共同体的な機能を重視してきている．学習指導は教師が行い，生徒指導はガイダンスカウンセラーが行うという分業体制ではなく，スクールカウンセラー等の支援体制は組んでいても，教師が学級づくりという学級経営を基礎としつつ，学習も深めていくということを重視しているのが，日本の教師の仕事の特徴ともいえる(河村，2010)．

　教育過程の質を決めるのは，子どもたち一人ひとりがその学級や授業の中で「居場所感，安心感」があり存在の安定が保障されているか，そして学ぶ内容や対象に対して「夢中になって没頭する」時間がより長く保障されるかによる(Laevers, 2005)．そして，学級においては一人での夢中・没頭だけではなく，集団としての安心感や居場所感，そしてみなで夢中になって学習に向かう姿が大事になるだろう．指導方法にはねらいや内容に応じて多様なものがありうる．

しかしこの二つの心理的状態の保持が，一人ひとりの子どもの側からみた時に学習経験としての教育の質になる．そこには，学級として子どもたちの間でどのような関係が形成され，相互に承認し合い相手の人権を侵害しない集団としての連帯や結束力が生まれているかという点と，教師と子ども個人間の関係の両方の関係性が影響を与えている．つまり，生徒間，教師—生徒間の日常的な関係形成が，授業で学習に参加しようとする意欲への前提となる居場所感や安心感に影響を及ぼす．そしてそこには集団内で受容されていると感じられることだけではなく，それと同時に，集団内で他の人から必要とされている，役立っている自己有用感の両面が必要となる．

同じ中学校の複数の学級を観察し，教師の授業観や指導観，子どもたちから見た学級の様子の特徴と，生徒のストレスや不安感，充実感との関連を調べた研究がある(渡邉ほか，1993)．学級のまとまりを重視し積極的に子どもたちに働きかける教師の学級では，学級満足度が高くなる一方で圧迫感を覚えてストレスが高まる子どもが出たり，同調するために子どもの自然な姿が抑圧されることもある．だが一方で，子どもたちの自主性を重んじ，積極的な関与を控える教師の学級では，子どもたちの学級満足感は高いが，時には集団としての方向性を喪失し，打ち込めるもののなさにストレスを感じる子どもがいる，といった**学級風土**(classroom climate)の差の事例も報告されている．学級集団内の規律や学級成員に共有された行動様式，子どもどうしの親和的な人間関係，個人で学習に向かう意欲や行動の習慣と同時に子どもどうしで学び合う姿勢と習慣，子ども側から自主的に活動しようとする意欲や学習習慣などが影響を与える．つまり対人間の関係性とともに，学級で取り組む活動への目標志向性，組織の維持や変化のための規範や行動様式が学級雰囲気，そしてそれが定着した学級風土に関わっている(伊藤・松井，2001；三島・宇野，2004；河村，2010)．

表5-1は，学級を観察し，その成員のやりとりから実際に**教育の質**を評価しようと米国で開発された尺度(CLASS：Classroom Assessment Scoring System)の3領域と，その中でのそれぞれの次元を示した表である(Pianta *et al.*,

表 5-1 学級プロセスの質をとらえる尺度(CLASS)における領域と次元
(Pianta et al., 2008)

クラス環境(クラスにおける関わり)		
情動的サポート	クラスの構成	指導サポート
肯定的雰囲気(関係性,肯定的感情,コミュニケーション,敬意) 否定的雰囲気(否定的感情,処罰,皮肉,否定) 教師の敏感さ(意識,応答性,問題への援助) 子どもの視点への配慮(柔軟さや自律,許容)	行動管理・規範(期待や見通した行動,規範の遵守) 生産性(学習時間の保障やルーティン,活動間移行,準備) 指導学習形態(効果的なうながし,多様な教材,関心,明瞭さ)	概念発達(高次の思考活動) フィードバックの質(足場かけや意見交換,情報提供など) 言語によるモデリング(やりとりの質,問いや復唱,関連づけなど)

2008).この領域や次元には,幼児から小中学校まで共通性があり,それぞれの年齢で観察できるように考えられている.さまざまな側面の要因によって学級固有の雰囲気や風土が醸成されていく.

(b) 学級集団の形成過程

担任教師は,学年末の学級集団の姿を予想し,学年初めから目標を設定し,学級規範や学習のルールを導入したり,子どもたちと話し合いながらそれらを構築している.授業やホームルームの時間だけではなく,学校行事等も活用してこの集団形成が行われていると考えられている.学級集団には,表5-2のような形成過程がある.大きく言えば,学級が集団として形成されていく過程は,学級の活動が4月にはじまり,雰囲気を教師が意図的に形成していく時期,次第に安定・変革期として教師から生徒主導へと移行していく時期,そしてそれが定着しその学級のアイデンティティが確立していく時期へと移行していく.特に1学期から2学期にかけて教師の関わりがその集団形成に大きく影響している(松崎,2006).しかしそれが機能しないと,授業が集団としての学習として成立しない,学級崩壊という状況も生まれる.

学級の形成には,1学級の人数規模というクラスサイズや,教師の学級経営

方針，教師のリーダーシップ(leadership)が関与するグループダイナミクスがある．教師のリーダーシップには，学習や学校生活の活動を遂行する**課題遂行目標**(**P**erformance 機能)と，子どもたちの親密な関係を形成する**集団維持目標**(**M**aintenance 機能)という二つの機能に伴う目標がある．教師によって両機能を高めるリーダーシップ機能の高い教師(PM)，低い教師(pm)，いずれかが高い教師(Pm, pM)がいる．それら教師のリーダーシップ特性が学級雰囲気に影響を与える．M機能が高いと子どもが学級の凝集性や連帯を感じ，P機能が高いと学級でリーダーシップをとる子どもが集中するというように集団の勢力構造が決まってくる(吉崎，1978)．この教師のリーダーシップは，準拠性(教師への尊敬や憧れなど内面的人間の魅力)，親近・受容性，熟練性(授業における指導内容や指導技術)，明朗性(明るさ等)，正当性(教師という社会的役割や地位)，罰・強制性等が規定要因となる．

　そして，子どもたち自身からみて学級がうまく機能していると感じる状況かどうかを「学級内の規律の確立 A」と「学級内人間関係 B」の2側面からとらえ測定すると，学級集団の状況と学力分布や学級集団内いじめの発生率に関連があるという事例も報告されている(河村，2010)．A, B両面がともに成立している学級(満足型)，規律の確立 A に比重が偏っている学級(管理型)，人間関係 B に比重が偏っている学級(なれあい型)の3タイプに分けてみると，管理型では，できる子どもとできない子どもの差が大きくなり，またなれあい型では，自由な雰囲気ではあるが，授業での子どもどうしの学び合いが乏しく，学習自体は個の中に閉じたものになっていることが示されている．そしていじめの発生率も，満足型に比べて管理型やなれあい型で高くなること，管理型では学級内で社会的地位の低い子どもがいじめ被害を受けやすく，なれあい型では閉じた閉鎖的小グループの中で地位の低い子どもがいじめを受けやすいと同時に，小グループで対立するので目立つ子どもがいじめ被害を受けやすいという点も指摘されている．

　各学級には教室の規範や授業ルールがある．たとえば，友人を尊重するためのルール，説得的な意見を構成するためのルール，授業展開の秩序を維持する

表5-2 学級集団の発達過程モデル(蘭・古城(1996)p.94-95より抜粋)

発達過程	1 探り合い	2 対立・葛藤の克服と集団の基礎づくり	3 学級のアイデンティティの確立	4 相互啓発
教師の目的	学級生活上のルールの確立と仲間づくり　学級の組織づくり	学級目標への合意形成　学級規範の形成　下位集団間の対立と統合	学級目標の達成　学級規範の確立　生徒の個別性の尊重	学級からの生徒の自立
目標の構造化	生活ルールと対人関係上のルールの確立：新しい学級や仲間づくりのルールの理解と確立を図る．学級の共通の目標をもつ．	合意された学級目標と役割行動：生徒は目標に沿って各自の役割行動を行う．集団間の対立葛藤を経て合意形成が深められる．	学級目標の達成：学級全体の目標を達成するために各自の能力等に応じた具体的な下位目標をもち，互いに協力することを通してその達成を図る．	学級目標と個人目標の達成：学級目標との関連で自分自身に課する目標をもつとともに，個人目標との関連で自分の目標をもつ．その目標達成を通して自己実現を図る．
学級集団の主導権	教師主導：教師が権限のほとんどをもつ．集団過程が進むにつれて，日常的な活動の管理権を教師の選出したリーダーを通して生徒集団に移譲していく．	教師から生徒集団への権限の移行期：活動の権限を主に教師が選出したリーダーや生徒が選んだリーダーを通して生徒集団に移譲していく．	生徒集団主導：教科や道徳等の学習指導を除いた学級内活動のほとんどの権限を生徒集団がもち，生徒集団を中心として学級が運営される．	生徒主導：生徒に集団の目標を設定させ実行させる．
学級集団の意思決定	教師決定：教師側が発議し生徒と話し合いを行う．教師が最終的な決定を行う．	教師から生徒集団への決定権の移行期：リーダー役割をとる生徒たちが進め，最終決定は教師生徒の共通理解で行う．民主的な運営になる．	生徒集団による決定：教師の指導援助のもとで生徒集団に任せる．	生徒による個人決定：教師の指導援助のもとで生徒集団に任せる．個々の生徒の役割や参加の仕方は個人によって決定される．

学級規範の成立	学級における生活規範の形成：生徒が持ち込んだ複数の規範と教師の圧力，複数の規範の対立葛藤を経て当該学級固有の規範を形成していく．	下位集団間の規範の対立：規範形成に影響力を持つリーダーを中心に複数の下位集団規範が形成される．対立や葛藤が生まれ教師の公的規範を支持する集団とそうでない集団が生まれたり対立する．	学級規範の確立：協力的な学級活動を行い，成功経験を共有し互いに認め合うことを通して下位集団間の対立葛藤を克服し，独自の学級規範を確立する．	学級規範の相対化：生徒の個別性をめぐって，生徒各自に自己規範と学級規範の葛藤が生じる．自己規範の相対化に向けて学級規範を基盤とする．

ためのルール，個人作業のルールなどであり，そのルールへの遵守過程と学級適応感には関係がある(笹屋・川島・児玉，2013)．規範やルールを教師が明示的に言葉で示すこともあるが，そのルールの多くは，子どもたちへの賞賛や叱責などを通して明らかにされる(有馬，2000；3章参照)．その時になぜそのルールが重要であるのかが子どもたちに理解され共有されていく過程が民主的な学級風土形成にとって重要になる．学級の規範やルールを教師が子どもたちとともにどのように共有したり変容・修正し実態に応じた形に構成していくかが，自律的な学習集団を形成していく上で重要である．

　教師は，学級や子どもたちに対して，こうあるべき，あらねばならないという信念をもっているが，その基準や枠組みが強すぎると(イラショナルビリーフ(非合理的な信念))，学級の生徒を良い生徒，悪い生徒というように明確に分けたり，権威的な態度に出たりするようになる．その傾向が強い学級では，学級雰囲気や学習意欲は低くなる(河村・田上，1997)．子どもたちとともに対話を進め，共通理解の上で状況に応じて規範やルールを共同構成し，子どもたちの民主的な意思決定や自律的な判断能力という21世紀に求められる資質を学級で培うことが求められている．

5-2　教師の生徒への期待と認知

（a）教師の期待と認知枠組み

　学級での学習を支えるためには，学級全体の学習集団としての形成と同時に，教師と個々の子どもたちとの関係が重要である．教師が子どもたちをどのように認知するのかは教授行為に表われ，子どもの学習に影響を与える．

　ローゼンサールとヤコブソンは，以下のような研究を行った(Rosenthal & Jacobson, 1968)．米国の小学校で普通の知能検査を実施する際に，このテストは子どもの学力の予測を可能にする学習能力予測テストと担任教師に伝えて実施し，そのテストの結果を教師にフィードバックする時に，任意の子を指名し，テストの結果，学力の伸びる子であると告げた．そして同学級の中で8カ月後に，IQテストでほぼ同成績の子で伸びると教師に告げた子と告げていない子を比較したところ，伸びると告げた子の方が実際に伸びていたという結果を報告している．そして教師が特定の子どもに対してもつ期待が，教師の行動となって子どもに伝わり，学習に影響を与えたと解釈している．この研究結果自体はその後同様の研究が実施され，支持する結果も支持しない結果も報告されている．けれども，この教師期待効果は，ピグマリオンという王が自分の彫った女性像に恋をしその像を人間に変えたいと強く願ったところ願いがかなったというギリシア神話から，ピグマリオン効果とよばれている．

　教師には，うまの合う子とそうでない子がいるというのもまた事実である．あるいは教えやすい子とそうでない子がいる．そして教えにくい子どもが気になるということも生じる(キーヨ，2010)．その背景には教師が子どもに対して期待し要請する教師の**認知枠組み**や基準があり，その枠組みによって子どもとの関係が認知されている．教師は役割上，「学力・学習意欲・積極性」と「行動の統制・生活態度」という二つの視点をもつ．だが，それだけではなく多様な視点を教師がもっていることで，教師と子どもとの間の不適合は生じにくく，逆に教師の視点が限定的であると不適合が起こりやすい(近藤，1988)．さらに

言えば，教師にはそれぞれ「こうしてほしい」という要請と「こうしてはいけない」という否認禁止の要請がある．そしてどのような特性について，「してほしい」「してはいけない」のどちらをどの程度教師が重視しているか，子どもがその要請される特性に自分がどの程度一致できていると感じているかが，子ども自身の有能感や学級適応感に影響を及ぼしている（飯田，2002）．つまり，問題行動と教師から見えることは，子ども個々人の中で発生するのではなく，教師が子どもに要求する特性や行動と，それを認知する子どもの側の行動特性，そして教師からの要請と子ども自身が認知するその要請との適合のあり方によって生まれている．したがって，教師自身はできていると思っても子どもの側の認識が違えばできていても自己卑下することもあれば，子どもの側はその行動の要請を軽視しており，その「ずれ」によって教師からは問題と認知されることもある．子ども個人の行動に原因を帰属するのではなく，教師の認知枠組みの多元性と行動の要請に対する寛容さ，それに対する子どもの側の認知が影響し合って，教師—生徒間の関係は生まれてくるといえるだろう．

(b) 生徒の気質やスタイルに応じた指導

先の項では，教師の認知枠組みや基準が，教師—生徒間の関係性に重要であると述べた．しかし子どもによって，知識やスキルの違いだけではなく，学習者としての特性，学習や行動のスタイル，授業への参加に違いがあるのも事実である．無口で引っ込み思案の子もいれば，活発な子もいる．活動水準や反応の強さ，注意力，持続性や機嫌などにはある種の遺伝的な傾向があり，それを心理学では**気質**とよんでいる．障害の有無にかかわらず，気質には個人差が見られる．それによって**学習スタイル**には違いがある．視覚が優位な子どももいれば，聴覚が優位な子どももいる．また対人不安が高く一人で行うことを好む子どももいれば，他者とともに行うことで安心する子どももいる．特に障害を有している場合にはその性質によって制約を受けることや気質がある行動を増大させたりすることも生じる．特定の教科の内容領域や状況によらない，気質など個人に備わった属性がある．また，**認知スタイルや学習スタイル**もある．

その気質や属性にあった指導法や授業参加の方法を考えることも，どの生徒にとっても深い学習を保障していくためには重要である．

　学習者の特徴によってどのような教育方法が効果的かが異なるという現象を**適性処遇交互作用**（ATI：Aptitude learning instruction）とよぶ．適性とは，上に示したようにその学習者の属性である．それに対して処遇とは，どのような方法かということである．ある属性についてみたときに，それが高い学習者と低い学習者では，どの程度その教育方法がよいかが異なってくる．たとえば言語の習得において，学力の高い学習者には，文法から指導した方が理解度が高まるのに対し（方法A），学力の低い学習者には，コミュニケーションをして（興味関心を高めてから）導入する方が理解度が高まる（方法B）とされる．それならば，テストなどによってそれぞれの方法の効果がみられるかどうかを測定し，縦軸に方法A，横軸に方法Bを置いて各学習者の分布を示して効果がみられる交点より高い得点の学習者にはAの方法で，低い学習者にはBの方法で教育を行うのがよいと考えられる．実際には，特定の属性について，このような測定を授業の都度行って方法を決定するのは無理である．しかしこのように，教育方法には生徒の特性によって最適化を図れるような異なる方法がいくつもある可能性があり，どの生徒にとっても最善の方法が一つではないことを認識しておくことが，授業のデザインを多様な生徒に応じて考えるための一つの視点になるだろう．

（c）ユニバーサルデザインの視点

　授業のデザインを考えるうえで，さまざまなハンディをもった子どもも含め，どの子にもわかりやすい授業をデザインすることは，特別支援を要する子どもだけではなく，通常学級においてハンディをもたない子どもの理解をも深める機会を与えることになる（学びのユニバーサルデザイン）．バリアフリー，ユニバーサルデザインという視点から共生社会における学習を考えることは，誰も落ちこぼさず学びやすい学習環境や学習の方法を提供する機会を保障することになる（柘植，2014，表5-3）．

表 5-3　学びのユニバーサルデザインのガイドライン
（柘植（2014）p. 13 より，一部抜粋加除）

1　提示に関する多様な方法の提供 学習リソースが豊富で知識を活用できる学習者	2　行動と表出に関する多様な方法の提供 方略的で目的に向けて学べる学習者	3　取り組みに関する多様な方法の提供 目的をもち，やる気のある学習者
1　知覚のための多様な選択肢の提示 情報をいろいろな方法で提供する	4　身体動作のための選択肢の提供 応答や学習を進める方法を変え，支援テクノロジーを活用する	7　興味を引くために多様な選択肢を提供する 個々人の選択や不安材料の低減
2　言語，数式，記号のための選択肢の提供 わかりやすい説明といろいろな方法で表現する	5　表出やコミュニケーションの選択肢の提供 多様な手段でのコミュニケーションのためのツールの使用，段階的な調整	8　努力や頑張りを継続させるための選択肢 目標や目的を出させる，協働と仲間集団を育む，フィードバックの増大
3　理解のためのオプションの提供 背景知識やパターン，全体像，重要事項を目立たせる，視覚化や操作の過程を導くなど，転移や一般化を最大限にする	5　自ら進められるための選択肢を提供する 目標，計画，方略の開発，情報のマネジメント，モニターする力を高める	9　自己調整のための選択肢の提供 意欲を高める期待や信念をもてるよううながす対処スキルや方略を促進する，自己評価と内省を振り返る

　以上のように，それぞれの教師が授業で情報を提示し，また子どもからの表現や表出，意欲を高めるために多様な方法を提供することが大事になる．それ以前に，子どもが動きやすく刺激が多すぎない教室環境の工夫，子どもを肯定的に多角的にとらえられるように接し，個の違いを尊重するとともに学習や行動のルールがわかりやすい学級集団を形成することが，学びのユニバーサルデザインとして求められる．教師には，教科内容の指導のために，教室環境や情報提示の多様な方法の知識を得つつ，それぞれの子どもの属性に応じてデザインをしていくことが求められるだろう．

コラム 5-1 | 反転授業

説明型の講義など，基本的な学習を宿題として授業前に行い，個別指導やプロジェクト学習など知識の定着や応用力の育成に必要な学習を授業中に行う教育方法を，**反転授業**(Flipped classroom)という．2000年前後から米国ではじまり，今では国際的に活用されている．これまでの授業では，説明に授業時間の大半を使うため，個別指導や協働学習に十分な時間を取れなかった．それに対し，この方法は，授業前に自宅等でさまざまな説明ビデオや確認テストをウェブサイトを活用して行い，授業中には学習者どうしの討論などのアクティブ・ラーニングを行うという授業スタイルである．オンラインと対面授業のブレンド学習である．たとえば，次のように流れをとらえることができる．

表5-4　従来の授業と反転授業の比較(バーグマン＆サムズ，2014)

従来の授業	反転授業
導入(ウォームアップ)の活動　5分	導入の活動　5分
宿題の確認　20分	講義ビデオの内容についての質疑　10分
新しい内容の説明　30-45分	個別の実(練)習や実験，探究学習　75分
個別の実(練)習や実験など　20-35分	

反転授業には，授業では十分理解できない学習者に個別指導を行う**完全習得学習型**とよばれる方法と，授業内では従来の授業よりも高次なプロジェクト型の学習を行う**高次能力学習**とよばれる方法がある．さらに，反転授業を活用すると，学習の内容を複数の方法で提示し，生徒に複数の表現方法・取り組み方法を与えることが可能になる．これにより，学習者に適合した多様な方法が選択できるようになる．またこれは，学びのユニバーサルデザインの理論ともつながってくる．ビデオを使うことが多いが，必ずしも最適というわけではないので，学習者にあわせてほかの方法を選択することもできる．これは，ICT(情報技術テクノロジー)等さまざまな方法を活用した適性処遇交互作用による方法ともいうことができるだろう．

　学習内容の理解を深めるためには，学級という学習集団の形成が重要である．集団全体の雰囲気や風土には，規範やルール，教師のリーダーシップ，学級の子どもどうしの関係とともに，教師の期待や認知と子どもの行動や認知との適合が関与している．子どもにはそれぞれの気質や学習スタイルがあるため，それに合った学習方法や教育方法を考えると同時に，どの子どもにもわかりやすい授業のための環境づくりや指導法の工夫を行っていくことが求められている．

- 自分がこれまで育ってきた学校での学級を振り返り，どのような要因が学級という学習集団に関与していたのかを考え，その時の学級雰囲気と適応感について説明をしてみよう．
- 具体的にどのようにすればユニバーサルデザインの授業の工夫ができるだろうか．自分のアイデアを出して，それぞれに話し合ってみよう．

6 メディアからの学習

　高度情報化社会の進展に伴い，学習のための多様なメディアが発達してきている．本章では，そのような社会の変化が学校の授業に与える影響や，多様化したメディアを用いて学習することの特性を考える上での視座について述べる．

[キーワード]

高度情報化社会
インターネット
デジタル・ネイティブ
デジタル教科書
リテラシー
相互作用性
可 視 化
リソースの多様性
授業記録

6-1 高度情報化社会のなかのメディア

　私たちはさまざまなメディアに取り囲まれている．高度情報化社会の進行によって，さまざまな情報機器が開発され，実用化されてきた．とくにインターネットの発達や，携帯電話の発達は，私たちの日常世界を拡張し，さまざまな情報源へのアクセスを可能にしたとともに，世界中の他者と交流する可能性をもたらした．インターネット上に自分のもっている情報や考えを文字や絵，音声，動画などによって公開し，容易に世界に向けて発信できる．

　一方で，インターネットを利用した情報収集は，個人の関心の中に閉ざされがちである．なぜなら，インターネットは，自分の関心とは直接関係なく配信されるテレビや新聞等と異なり，キーワード検索等によって，自分の関心のある情報を取りにいかなければ，必要な情報にアクセスできないという特質をもつからである．したがって，インターネットを使いこなして多種多様な情報を入手するためには，インターネットを利用して情報収集するための方法を身につけるだけではなく，関心の幅を広げること，さらには集まった多様な情報を検証し取りまとめる方法に習熟することが必要になってくる．

　また，インターネット上で他者と交流するためには，テキストでのやり取りに慣れる必要がある．ブログなどでは，個人宛の返信が全世界に公開されていることに気をつける必要がある．メールに限定しても，書き言葉では話し言葉と違い，イントネーションでニュアンスを伝えるというようなことができない．また，いったん書いた言葉は意図的に削除しないかぎり，ログ(履歴)が残り続ける．よって，書き言葉でのコミュニケーションの取り方を学ぶ必要がある．

　情報化社会の進展は，学校教育においてメディアを意識せざるをえなくさせている．メディアというと，主に学校の外の話を思い浮かべるかもしれない．しかし，学校で学ぶ際にも，さまざまなメディアがある．まず，多くの教室にテレビがあるだろう．ビデオテープやDVDが再生できるようになっている．また，カセットテープやCDで音声を聞く場合もある．さらにいえば，教科書

もメディアである．学校の教室には，学習をうながすためのさまざまな道具が配備されている．

　学校教育に関連して，情報化社会の進展によって新たに生じた問題の原因として，主に三つのことが考えられる．

　第一には，学校の外での学習機会が豊かになったことがある．テレビでは，教育番組をはじめ，さまざまな学習用のコンテンツが配信されている．インターネットでも同様にさまざまな学習用のサイトが充実し，最近では，SNS（Social Networking Service）を用いた英語学習サイトなども出てきている．TED（Technology, Entertainment, Design）トークなどのように，さまざまな先駆者たちのプレゼンテーションやアイデアに触れる機会も充実してきた．

　高度な学習を自学自習で行うためのウェブサイトとして，大学のOpen Course Wareが発達している．マサチューセッツ工科大学からはじまり，いまや，日本のいくつかの大学でも，オンラインで録画された講義が聞けるようになっている．さらに発展したものとして，2014年より講座が開講したJMOOC（Japan Massive Open Online Courses）では，修了条件を満たせば修了証を取得することができる．もはや，大学レベルの知識に触れるだけならば，大学に行かなくてもよい環境が整備されつつある．このようなメディア環境の変化は，学校の授業に求められるものを必然的に変えていくだろうという問題をはらんでいる．

　第二には，子どもたちの生活環境の変化がある．インターネットや携帯電話が出現してからずいぶん時が経ち，そうしたメディアに私生活を通して習熟した子どもたちが育ってきている．このようなデジタル・ネイティブ（Digital Natives）の出現は，子どものコミュニケーションのあり方や社会認識に，大きな影響を与えていると考えられる．インターネットを用いれば，たとえ子どもでも，自分の言葉を全世界に向けて発信することができる．同時に，世界中のさまざまな情報にアクセスすることができる．教師が思いも寄らぬ内容を子どもが知っている可能性も大きくなってきている．一方で，インターネットや携帯電話でのコミュニケーションによるトラブルも生じやすくなる．無用なトラ

ブルを避けるために，子どもたち自身がそうしたメディアの特性や利用方法を学ぶ必要がある．

　第三には，授業の道具としてのメディアの変化がある．ITの発達は，さまざまな情報メディアを利用した「未来の教室」の実現を推進してきた．最近では，教室にコンピュータが配備されることも多くなってきた．コンピュータからスライドを表示するための，大型のディスプレイが配備されている教室もある．電子黒板が設置され，子どもの書いたノートを直接黒板に表示して専用のペンで書き込む授業を行っている学校もある．さらに，授業で子どもにタブレットPCを配付している地域や学校もある．また，デジタル教科書の授業実践への導入に向けて，議論と実践事例の蓄積が進んでいる．これらの学習に用いるメディアのデジタル化は，子どもたちに，今までにない学習のあり方を提供するだろう．

　一方で，教師自身にとっては，新たなメディアを用いる意味を理解し，使いこなす必要がある．黒板や子どものノートなどを従来と同じ使い方で行う授業を構想したのでは，デジタル化する意味はない．操作ミスや，機材のトラブルによる授業進行の中断などを考えると，かえってマイナスに作用する可能性もある．学校内に新たなメディアを導入するためには，そのメディアをいかに教師が理解し，習熟するかという点も含めて検討する必要がある．

6-2　メディアとは？

　ところで，メディアという言葉を見たとき，何を思い浮かべるだろうか．新聞やテレビ，ラジオ，パソコン，インターネット，また，CDやDVDを思い浮かべる人もいるかもしれない．『広辞苑第六版』で「メディア」という言葉を引くと「媒体．手段．特に，マス-コミュニケーションの媒体」とある．「媒体や手段」という意味であれば，メディアに該当するものは多数考えられるだろう．そこで，「特に」以下に「マス-コミュニケーション（いわゆるマスコミ）の媒体」としている．マスコミやマスメディアといえば，かなりイメージは限

定されてくるのではないだろうか．この意味で，メディアとは，マス，すなわち，大多数の人にコンテンツを配信するための道具である．

　テレビを見たり，ラジオを聞いたりすることは，学習とは無縁のことと思うかもしれない．しかし，たとえば，テレビやラジオで英会話などを学習したことがあるのではないだろうか．教育場面では，映像や音声の教材を，視聴覚教材とよんできた．小学校の授業の時間に，教育番組を見ることがあった．また，中学校以上の英語の授業で，ハリウッドの映画を見ることもあった．視聴覚教材はさまざまな研究と実践が重ねられ，創意工夫に富んだされざまな教材が開発されてきた．

　教育番組も，さまざまな工夫がなされてきたものの一つである．とくに有名なのが「セサミストリート」で，これはアメリカのヘッドスタート・プロジェクトの一環で作成されたテレビ番組である．ヘッドスタート・プロジェクトとは，公民権運動を一つの背景とした，主に低所得者層の未就学者への支援を目的とする教育改革運動である．要するに，「セサミストリート」は幼児教育を充実させるための番組であった．1969年の番組スタート当時，とくにアメリカでは人種や経済的状況の違いによって，子どもの学力の差が大きかった．小学校入学前に文字の学習をうながすため，数々の試行錯誤を経ながら配信されたテレビ番組が「セサミストリート」であった．この番組は，結果として子どもたちの文字に関する学習をうながすことに成功したといわれる．

　しかし，その成果には多少の偏りがあった．白人の中産階級の子どもにとくに効果があったのである．その理由として，比較的貧しい階級や，有色人種の家庭では，テレビを子守の代わりとしたが，白人の中産階級では，親が子どもと一緒に見て話しかけるなど，親の関わりがあったことが挙げられる．この例からすると，メディアを通して提供された教育用のコンテンツに対して，受動的になるよりも，そのコンテンツについて話し合うような能動的な関わりの方が効果的になることが考えられる．

　その意味で，近年のインターネットの発達は，コンテンツをただ受け取るだけでなく，それを通して見知らぬ他者と話をすることが可能であるため，メデ

ィアからの学習のあり方を変えつつあるといえる．

　学校教育を考えた場合，もっとも一般的なメディアは教科書である．最近の教科書では，絵図の配置や，写真の使用，キャラクターの登場と会話文の多用など，多様な表現で学習すべき内容を伝えている．詳細に見れば，これらも異なるメディアといえる．メディアとしての教科書は，さまざまなメディアの複合体と考えられる．さらに最近では，デジタル教科書の議論が本格化している．

　現在では，多様なメディアで多様な授業実践が実験的なものも含め展開されている．以下では，そうしたメディア，とくにコンピュータ・ネットワークを用いた授業における学習をとらえるためのいくつかの視座を提供する．テクノロジーの発達によって，単純に新しいものが，よい効果をもつというふうに考えられるかもしれない．しかし，教育場面で重要なのは，つねに，学習者からどう見えるか，という視点である．教師が最先端の技術を使って授業を行っても，子どもたちにとって意味がわからなければ，授業としては失敗である．また，最近では，情報教育としては，メディアの特性について学ぶことと，具体的な内容を学ぶことが同時になされる必要がある．以下では，メディアからの学習をどうとらえるか，その視座を述べる．

6-3　メディアから何を学習するか

　子どもはメディアからどのように学習するのだろうか．メディアからの学習を考える際，二つの方向性が考えられる．

　一つは，メディアに関するリテラシーの獲得である．リテラシー(literacy)とは，読み書き能力を意味するが，ここでは，メディアを活用する能力をさす．つまり，メディアに関するリテラシーを獲得することは，メディア自体の特性を知ることである．たとえば，実際に子どもたち自身がCMづくりのためにビデオカメラで撮影し，映像を規定の時間内におさまるよう編集する活動を通して，テレビでの映像制作について知ることができる．また，近年では，携帯電話の普及やインターネットの発達に伴い，コミュニケーション上のトラブル

や，知らずに違法行為に巻き込まれること，法外な請求をされることなどを回避するために，情報モラルの教育が行われている．すなわち，高度情報化社会を主体的に生きるための知識を学ぶことである．

もう一つは，メディアを通して内容を学習することである．理科の映像教材や，コンピュータ・ソフトウェアで数学のグラフや図形の問題を学習することがある．教科書やノートだけでなく，映像やコンピュータを用いることで，効果的，かつ効率的に学ぶことができる．社会科の調べ学習の際に，インターネットを用いれば，多様な情報にアクセスできる．キーワード検索によって，紙の本で調べるよりも目的の情報に辿り着きやすい．しかし，紙の本と違って，関連する内容を同時に閲覧する機会が乏しくなる．

この二つの方向性は，独立ではなく，相互に絡み合って，子どもの学習に作用すると考えられる．

6-4　メディアからの学習の特性

メディアからの学習の特性を三点述べる．

第一に，**相互作用性**(interactivity)である．つまり，何か働きかけたときに，反応が期待できるという性質である．インターネットの掲示板等を用いることによって，今，ここにいない他者とのコミュニケーションをコンピュータ上で行うことができる．学習系のSNSや，ナレッジ・フォーラム(13章でくわしく述べる)は，その典型である．ネットワーク上に投稿された他者の意見に対して直接自分の投稿を返すこともあるが，そもそも自分の意見が他者にも見える，という点が重要である．ネットワーク上で議論を進めることで，他者の考えに触れる機会が多くなる．つまり，自分の考えと他者の考えを比較検討する機会が多くなる．また，履歴が残っていれば，他者がどのように学習を深めているかを見ることができ，学習への動機づけに作用すると考えられる．

最近のデジタル教科書の議論を見ると，教科書自体に相互作用性を組み込むことが考えられている．今までの教科書では，書いてあることを受動的に受け

取らざるを得なかった．しかし，電子教科書を用いれば，子どもが電子教科書内のコンテンツに働きかけることで，たとえば，インターネット上の情報と関連づけることができ，また，教科書で動画を見ることも可能になる．ただし，それらの利点が子どもたちの学習にとって有意義かどうかについては，実証的な研究を今後も積み重ねていく必要があるだろう．

第二に，**可視化**(visualization)である．可視化とは，見えないものを見えるようにする，ということである．たとえば，物質を構成する分子は，通常人の目に見えない．しかし，分子のモデル図を描くことで見えるようにできる．もっと直接的には，電子顕微鏡を用いてミクロの世界を見えるようにする．たとえば，映像教材では，通常の観察では一瞬で見えないものを，スロー再生することによって見えるようにする．逆に，蛹（さなぎ）からの羽化など，長期的でゆっくり進む出来事での観察が必要なものを，長時間の定点観測した映像を早回しで見せることによって，短時間で連続的に見ることができるようになる．このように，通常は知覚しづらい現象を，視覚的にとらえられるようにするのが可視化の効果である．

さらに重要なのは，人の思考過程を可視化することである．人がどのように考えているかは，通常，目に見えない．人の思考過程は，考えたことを何かに書き留めておくことである程度見えるようになる．自分の思考過程を書き留めておくことによって，自分がどのように考えているかを自覚し，自分の考えを振り返ることができる．また，時間が経ってから振り返り，現在の結論に至った過程を把握することができる．

コラム 6-1 │ 思考を可視化するツール

思考過程の可視化の例として，ReCoNote を用いた大学の授業がある（益川，2004）．ReCoNote は，コンピュータのネットワーク上で動く，ノート作成支援のソフトウェアであり，個人のノートとグループのノート，他者のノートを相互にリンクを貼って関連づけできる．関連づける際には，コメントを入力す

ることができ，自分がどういう意味でリンクを貼ったかを書き残すことができるようになっている．関連を考えることで，個人のノートから自分の考えを振り返ることができ，また，グループのノートから協働で考えたことを振り返ることができる．さらに，関連のさせ方をコメントで残しておくことで，自分の考えをたどれるようになっている．ReCoNote を用いて協調的な学習活動(8 章「知識構成型ジグソー法」を参照)を行った結果，大学生たちは，積極的にノートどうしを関連づけ，自分なりに情報を整理し，知識を統合していたことが示された．

　なお，このようなソフトウェアは，研究上の利点もある．それは，学習者がソフトウェア上でどのような活動を行ったかがログとして残る，という点である．学習者のログを利用して，どのような学習が効果的であるかを学ぶことができる．現段階でも，学習科学を中心にさまざまなプロジェクトが動いているが，将来的に，コンピュータを用いた学習活動は広まっていくと考えられる．

　第三に，リソースの多様性である．リソースとは，ここでは，考えるための情報などを意味する．映像教材では，動画と音声によって，情報量が豊かになる．たとえば，海外の映画で，字幕が出ている場合には，外国語の音声を聞きながら日本語を読むことで，ストーリーの理解に役立つ．また，インターネットであれば，キーワード検索やリンクをたどることにより，多種多様な情報にアクセスすることができる．

　しかし，インターネット上から得られるリソースは多様であるが，その質には十分な配慮が必要である．根拠のあるものかどうかは自分で判断しなければならない．とくに，人間は，自分に都合のよい情報を集める傾向にある．これを確証バイアスという．先述したように，インターネットは，自分で情報を意図的に取りに行くタイプのメディアである．したがって，得られる情報の偏りに気をつける必要がある．

　また，インターネット上の文字情報は，コピー＆ペーストが容易である．調べ学習の成果をレポートにまとめる際の作業効率を上げる行為ではあるが，ネット上に書かれている内容をそのままコピー＆ペーストして作成することは，レポートを完成させる際に，自分で情報の真偽を判断し，複数の情報を比

較検討してまとめる,という学習機会を損ない,「わかったつもり」で学習を終える可能性がある.

したがって,調べ学習を行わせる際に工夫が必要になる.多様な情報の質を判断し,比較検討し,自分の中で結びつけ理解していく過程は,探究的な学習になる.そのため,インターネットを用いた調べ学習は大きな可能性を秘めている.よって,調べ学習が単なる写し学習にならないための配慮が必要である.

6-5 教師の学習におけるメディア

教師の学習にとっても,メディアは重要である.ここでは,教師が授業を研究し学習する場合について述べる.

授業を研究し,授業の事例から学ぶためには,**授業記録をより細かく見る必要がある**.授業は,一人以上の教師と多数の子どもたちが相互にやり取りする複雑な過程である.授業では,さまざまな出来事が同時並行的に起こるので,簡単には何が起きたかをとらえられない.そこで,授業を何らかのメディアを用いて記録することで,検討可能にする必要がある.ただ,一口に授業の記録といっても,それがビデオなのか,写真なのか,文字に起こしたものなのかによって異なる.

ビデオの場合,声のイントネーションや,教室の雰囲気,身体の所作など,非常に多い情報量を得ることができる.稲垣(1995)は,医者のカンファレンスをモデルとして,ビデオ映像を用いた授業カンファレンスを構想し,実践した.また,佐藤学は,ビデオによる授業研究に早くから着目し,教室の雰囲気や子どもと教師の表情などを重視した授業研究のあり方を理論化し,実践してきた(佐藤,1997).ビデオカメラの一般的な普及は,教師の授業からの学び方に多くの影響を与えてきたと考えられる.

しかし,ビデオ録画は時間で流れていくものであり,かつ,映像資料であるため,言葉で直接に分析し,記述していくことが難しく,議論する際の素材としては扱いづらい側面がある.また,情報量が多いため,熟練教師や授業を研

究している者には処理が可能であるが，たとえば，初任の教師にとっては，与えられた情報の処理ができず，感じていることはあっても，言葉にできない状態に陥りやすいと考えられる．佐藤・岩川・秋田(1990)の研究では，授業のビデオ映像を止めずに見ている状態で，考えたことを発話するように求めたところ，熟練教師と初任教師では，発話の量と質に大きな差が生じた．このことから，教師によって，授業のビデオ映像から学べることの質と量が異なる可能性が考えられる．

　日本の学校では，授業研究の際にビデオで授業を撮影することがあるが，その後の協議において有効に活用されている事例はあまり多くない．そこで，写真を用いることがある．一枚の写真であれば，協議の際に教師間で共有し，語ることができる．また，写真に関連した語りを引き出しやすくなる．写真一枚からでも授業の雰囲気が伝わってくることもある(秋田，2012)．

　一方で，ビデオカメラ等で記録した授業を文字に起こした場合には，ビデオほどの情報量はない．しかし，子どもや教師の発言の詳細を教師間で共有して協議することができる．また，授業全体の閲覧性が高くなることによって，発言と発言のつながりが検討しやすくなる．ビデオやテープレコーダーでは，メディアの特性上，巻き戻して確認することや，特定の場面を即座に再生することが難しいが，文字記録であれば可能となる．授業研究の際，授業を見ながら速記録を取ることは，その後の協議を実りあるものとするための道具として期待できる．だが，現状では，文字に起こす作業には時間と労力がかかる．

　授業の文字記録を授業者本人が起こすことで，自身の授業を丁寧に振り返ることができる．自分が意識せず行っていたことを自覚化し，自分の教育意図を振り返ることができる．このようにして，教師が自分自身を振り返ることで，教師の専門的な力量が養われる(くわしくは，12章を参照)．また，子どもの発言を一言一句起こすことで，子どもが何を言っていたか，自分はきちんと聞けていたかどうかを自分自身の実感として明らかにできる．

　このように，授業研究においてどの記録メディアを用いるかによって，教師がどのように学習できるかが異なると考えられる．同じように記録と称される

が，それが文字なのか，音声なのか，画像なのか，映像なのかというメディアの相違によって，教師の学習のあり方が変わってくる．

本章では，メディアの特性と，そこから学習するときの要点について述べてきた．高度情報化社会の進展は，私たちのメディア環境を変えるとともに，未来社会を生きるために学校で何を学ぶべきかという点について，大きな影響を与えている．メディアを用いた学習のあり方は，近年ますます研究が盛んになり，単なる情報機器への習熟をうながす学習だけでなく，学習理論に基づいた新しい学習のあり方を提案，検証している．メディアは，私たちが学習するときの手段であると同時に，何かを学習するときの媒介となるものである．その意味で，私たちは，多様に進化するメディア「から」何を学びうるかを考えていく必要がある．そのためには，私たちが何かを学習するときに，どのようなメディアを介しているかを改めて見直す必要があるだろう．

- あなた自身は，身の回りにあるメディアからどのように学んでいるだろうか．自分の生活を振り返って，リストアップしてみよう．
- メディアを活用して，新たにどのような授業の形態が構想できるだろうか．自分自身の構想を書いてみよう．

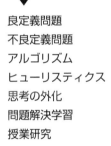

7 問題解決の過程

　本章では，教育心理学の視点から，人の問題解決の過程について述べる．まず，問題やその解決が，教育心理学ではどのように考えられてきたかについて概略を述べ，次に，実際の授業事例などを通して考えていく．

[キーワード]
▼
良定義問題
不良定義問題
アルゴリズム
ヒューリスティクス
思考の外化
問題解決学習
授業研究

7-1　問題にも種類がある

「問題解決」と聞いて，何を思い浮かべるだろうか．期日の迫ったレポート課題を工夫して対処したときのことを思い浮かべるかもしれない．身近な人間関係のトラブルや，個人的な悩みをうまく解決したときのことを思い浮かべるかもしれない．また，今後解決すべき，自分の行き先や，将来の問題を考えるかもしれない．このように，まず「問題」が実に多様である．

（a）問題解決

「問題」といえば，たとえば，算数や数学での計算問題や，文章題が思いつくかもしれない．テストで①，(1)など番号が振られて出てくる問題文を思い出すかもしれない．はたまた，社会問題や政治問題といったメディアを賑わすものを想像するかもしれない．一口に「問題」といっても，それをきちんと説明することは，容易ではない．一方で，「課題」や「疑問」という言葉もある．これらと「問題」はどう違うのか．

心理学では，「問題解決」を「目指すべき目標に到達できていない状態（初期状態）から到達できた状態（目標状態）への移行」と考える．そうすると，「問題」とは，「初期状態に対する不満」のような形で定義できるかもしれない．かなり噛み砕くと，「自分にとってなんとかしたい現状」ともいえそうである．たとえば，レポート課題が出され，まず，単位を放棄するという選択肢を排除したとして，「書き上げて提出済みという目標状態」へ移行したいけれども，なかなか書き進めることができない現状がある．このとき，「問題」は何であるといえそうか．書き上げたい自分を阻む何か，といえるだろうか．学校ではよく，子どもの学習がうまくいかないときに，「つまずき」という言葉が使われる．子どもの視点からすると，「問題」とは「つまずき」のことかもしれない．

そうなれば，「問題解決」とは，学習者が，個人的なつまずきを飛び越えて

進む過程と考えることができよう．だが，難しいのは，つまずいているのがわかっても，何につまずいているのかは明確ではないことである．また「問題」は，必ずしも個人的なものばかりではない．社会問題などのように，人々の間で広く共有されるものもある．

(b) 良定義問題と不良定義問題

　一般に，算数の問題は答えが明確であり，また，解答に必要な条件も明示されていることが多いため，**良定義問題**(well defined problem)と考えられる．数学の授業で問題を解く際に「問題文に示されている条件を整理しなさい」といわれた経験があるかもしれない．それは，与えられた条件と最終的なゴールと，最初の状態を理解すれば，問題に対し，適切に答えることが可能になるからである．良定義問題とは，初期状態と，目標状態と，問題解決に必要な手段が明確である問題を指す．

　一方，答えが明確でないような問題(たとえば，「自由とは何か？」など)では，明確な答えがない問いであるため，目標状態や初期状態がはっきりしない．このような問題を，**不良定義問題**(ill defined problem)とよぶ．学校教育の中での問題というと，良定義問題を思い浮かべることが多いかもしれないが，実生活では不良定義問題に直面することの方が多いだろう．今日の昼食を何にするか，という身近な例もある．とくに，学校を卒業し，仕事に就くと，答えが用意されていない問題への対応を求められることが多くなる．

　良定義問題の一般的な解法として，アルゴリズム(algorithm)がある．2人での遊びで，3×3のマスに○と×を交互に書き入れ，最初に○もしくは×が一列に3個揃った方が勝ち，というゲームをやったことがあるだろうか(図7-1)．このゲームでは，最初の状態，目標とする状態，そして，採りうる選択肢が限られているので，すべての場合を考えることができる．そのようにして，すべてのパターンを検討して問題を解くやり方をアルゴリズムという．チェスや将棋も，原理的にはアルゴリズムで考えることができそうである．

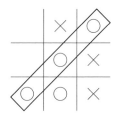

図7-1 縦か横か斜めに3個，○か×をそろえた方が勝ち

(c) ヒューリスティクス

　ただし，人がチェスや将棋を指すときに，おそらく，すべての場合を考えることはしないだろう．プロの指し手は，すべての場合を考えることなく，最善に近い手を打つことができる．そのとき，効果的な少数の手に絞り込んで，何手先も考えている．このように，すべての場合を検討するのではなく，いくつかの手に絞り込んで解こうとするやり方を，ヒューリスティクス(heuristics)という．算数・数学の問題も，最初の状態や条件から，どの計算のときにどの条件を用いるかなど，少しずつアタリをつけることによって，回答することができるだろう(図7-2)．

　日常生活において，私たちはよく，ヒューリスティクスを用いている．たとえば，学校教育を受けていない子どもが店先でお金の勘定をしている場面に着目した海外の研究から見てみよう．子どもは，値段を正確に計算し，支払われた金額から正確にお釣りを返していた．その際，学校で習うのと異なるやり方で素早く計算をしていた．たとえば，35円の品物を10個売る場合，3つで105円の数字を計3回加えて，さらに35円を足す，という計算をしていた．3つでの値を覚えていて，それを基準に計算していたのだ．通常の学校教育であれば，35の10倍なので，35の末尾に0をつけて，350円という答えを出すだろう．しかし，この子どもはその子なりのやり方で，正解を出すことができていた．このような計算を，**路上の算数**(street math)という(レイヴ, 1995).

　コラム7-1を見てほしい．そこに真理子さんという一人の女の子が登場する．彼女は，上記の子どもに比べて，うまく答えを出すことはできていなかったが，文章題に出てきた数字をとにかく足し算，引き算でいじる，という彼女なりの

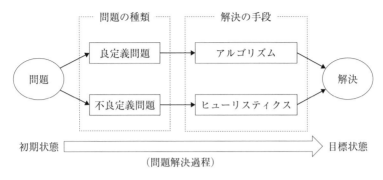

図 7-2 問題の種類と解決の手段

やり方で，算数の問題に答えようとしていた．つまり，子どもたちは子どもたちなりの素朴な問題解決の方法を，自力で編み出している可能性がある．文章題が読めていない真理子さんは，独自のやり方で切り抜けようとしていた．それに対して，文章題に取り組むたびに教師が丁寧に意味を説明していけばよいというものではない．彼女が算数の文章題を解決しようとして身につけたやり方自体に働きかけていく必要がある．彼女のやっていること，できること，素朴な問題解決方法を丁寧にとらえ，彼女にとって，より間違いがなく，より効率のよい，それでいて認知的負荷の少ない問題解決方法への発達を支援することが学校教育の役割だと考える．

コラム 7-1 算数の問題か国語の問題か？

筆者(坂本)がある公立小学校で学生ボランティアをしていたときのこと，小学3年生の学級で，棒グラフの書き方を学ぶ算数の授業があった．教師が黒板の前で子どもとやり取りをしながらグラフの書き方を説明し，教科書の文章題を一人ひとり解く段階になったときに，算数の苦手なある女の子(真理子さん)からよばれた．筆者は教室の一番前まで行き，真理子さんの傍らにしゃがみこんだ．見ると，真理子さんはまったく問題に取り組めていない．教科書の文章題では，ある学級の子どもが選んだスポーツごとの人数を，教科書の，縦軸と横軸，目盛だけが描いてあるところに棒グラフを描き，項目などを記入するこ

とが求められていた．筆者は，「サッカーは何人？」などと，一つひとつ真理子さんに尋ね，確認し，棒グラフの描込みをさせた．これができないと，授業でまた置いてきぼりになってしまうのを懸念したためである．

　真理子さんは「ソフトボール」「サッカー」などの項目を横軸に記入し，数字を縦軸に記入していった．そして，最後の仕上げとなったとき，縦軸の一番上にある括弧内に単位を記入するよう筆者が言うと，「単位ってなに？」と真理子さんは尋ね返した．筆者は「数字の横に何か書いてあるでしょ．たとえば，サッカーだと，10……」とうながすと，真理子さんはハッとして，「にん！」と答えた．単位についての学習は，すでに授業で通過しており，筆者は内心「ここまで遅れてしまっているのか……」と悲しい気持ちになった．しかし，本当に衝撃を受けたのは次の瞬間であった．筆者が括弧に記入するよう指示すると，真理子さんは筆者の方を振り返り「『にん』て，どう書くの？」と聞いた．筆者はただ，文章題にある「人」の文字を指差すことしかできなかったが，真理子さんは「あ，これが『にん』か」と言った．

　この筆者の体験は学校での現実である．おそらく真理子さんにとって，算数の文章題は暗号文のように見えていたのだろう．3年生になるまでに，数字をひたすら「いじる」ことで，たとえ間違いでも，何らかの答えを出していたと思われる．そのことによって，文章自体が読めていない，ということが見過ごされ，ここまで来てしまったのではないか．このとき，真理子さんの目には，算数の問題が国語の問題のように映っていたかもしれない．

7-2　効率のよい問題解決へ

　では，子どもの素朴な問題解決方法はどのように発展していくのか．ここでは「良定義問題」の解決過程を具体的な事例に触れながらみていく．たとえば，被験者に折り紙と鉛筆を渡し，次のように尋ねた実験がある（白水，2006）．

　　この折り紙の 3/4 の 2/3 の部分に斜線を引いてください

　この問題が出されたとき，どのように対応するだろうか．一つの主要な解法は，折り紙をまず半分に折り，また半分に折ることで，4等分の折り目をつけ，

そこから，4等分の1つ分折り，4分の3の状態をつくり出す．さらに，同じように今度は3等分に折り目をつけ，3分の2にあたる面積を折ってつくり出し，そこに斜線を引く，という手順である．ここでは，折り紙を実際に折ることによって，該当する面積をつくり出す，という方略が使われている．

しかし，手元に折り紙（もしくはなんらかの紙切れ）があれば，それで，実際に4分の3を折ってみてほしい．4分の3が折れた時点で，2本の折り目が見えているはずである．つまり，そこから新たに3等分になるように折る必要はなく，3等分している折れ線に従い，1つ分除いて，斜線を引けばよい．

斜線が引けたら，いったん折り紙を開き，見てみよう．4等分したうちの2つに斜線が引かれているのが見える．4等分のうちの2つなので，それは，折り紙全体の面積の半分にあたる．

ここで，もう一度，問題文を見ると，「4分の3の3分の2」とある．つまり，3/4×2/3という計算なのである．分母・分子を3で約分すると，2/4であり，すなわち，1/2である．

計算での解き方がわかると何のことはない問題である．だが，ここで重要なのは，この問題が解けるかどうかではない．多くの人にこの課題を出すと，最初に折りはじめるという結果が出ている．計算自体はひどく単純なのであるが，折り紙という存在に引きつけられた結果かもしれない．折り紙を前にして，計算をすることよりも，折るという手段の方が確実に思えるのかもしれない．やはり手作業が確実だと考えるようである．しかしこれは，効率の悪い，素朴な解決方法ともいえる．一方，計算で解く方法は，すぐに答えを出せる効率のよい方法だといえる．

しかし，これを二人の人間でやると，課題に取り組んでいる最中に計算で解けることに気づく場合が多くなる．とくに多いのが，最初に折り紙に取り組んでいた人が，途中で交代して，他者が取り組んでいる様子を観察している場面である．白水(2006)によると，一人でやると，計算で出せることに気づくのが1割に満たないのだが，二人でやると，6割のペアが計算による解決方法に気づくとのことである．

なぜだろうか．白水(2006)によると，ペアの中で，パフォーマー(折り紙を手にもって操作している役割)とモニター(パフォーマーを横で見ている役割)の役割が頻繁に交代することによって，より抽象度の高い，効率のよい解を出せる，とのことである．どういうことか．たとえば，一人が折り紙を折っていると，もう一人が何かに気づき，「ちょっと貸して」と折り紙を手に取り，自分の思いついたことをやってみる．すると，もう一人が，「ああ，なるほど，それじゃぁ……」と，もう一人から再び折り紙を取り戻し，自分の思いついたことをやってみる，というやり取りである．このやり取りを通して，最終的に，計算で出せることに気づいていく．

このとき，パフォーマーの試行錯誤の過程が，折り紙の操作に表れ，他人から見える状態になっていることが重要である．それにより，自分の考えていることが他人に見えるようになる(思考の外化)．自分の思考を積極的に何かで表すことで，他者とともに吟味することが可能になる．そのような吟味を，役割交代によって引き起こすことが，素朴な問題解決方法から，より効率のよい問題解決方法へ移行することをうながすと考えられる．

コラム 7-1 の真理子さんの場合も，真理子さんが具体的な問題に取り組み，そこでの試行錯誤をグラフに描いたり，言葉にしたりして，筆者にわかるようにしていたため，筆者とともに問題を解決に進めることができていた．また，筆者が大事な箇所を指で示したり，棒グラフを描いて例示するのを真理子さんが見たりしていたため，真理子さんは，どうすれば問題を解けるのかを自分なりに理解することができていた．パフォーマーとモニターの役割を，指導側が意図的に交代することによっても，より効率のよい問題解決方法へと導くことができるのかもしれない．

7-3　より複雑な問題解決過程

実際の授業では，複数の学習者による複雑な問題解決過程が行われる．この様子がコラム 7-2 の社会科の**問題解決学習**の授業記録からうかがえる．「満員

の劇場の中で「火事だ！」とその発言をすることは自由か」という課題について，子どもたち自身が考え，話し合う授業である(深谷, 2002).

> **コラム 7-2 社会科の問題解決学習の授業記録**
>
> 「自由とはなにか」という連続授業の一コマである．教師が最初に「満員の劇場の中で「火事だ！」とその発言をすることは自由か」という問題を提示した．そのあと最初に出た発言から見ていこう(子どもの発言は，引用に際して読みやすさを考慮して一部改変)．
>
> 　社本　「火事だ」と言ったら，その劇場の中におった人が逃げ出すでしょう．みだりにそういうことをして社会を混乱させたということは，罪になると思うんだ．法律を破ったりすることが罪だと考える．ぼくの考えでは，法律の決められた中でするのが自由で，法律を破ることは自由でないと思うから，だから法律を破ったということで自由じゃない．
>
> 　ここで，社本さんは，法律を基準に自由の問題を考えている．「火事だ」と言うことで，「劇場の中におった人が逃げ出す」ことが想定され，それは，すなわち，「社会を混乱させた」ことであり，法律上の「罪」にあたるために，自由でない，と判断する，というふうに解釈できる．これに対し，別の子どもは，次のように疑問を投げかける．
>
> 　松本　罪になるから自由じゃないと言っているけど，罪とか罪になるからとは，僕はちょっと違うと思うんだ．だから，僕は，悪いから自由じゃないとか，社本君が罪になるから自由じゃないと言っているが，そこはまだ(議論の余地が)あるんじゃないかなと思うの．
>
> 　竹内　……(略)……僕はね，何でも法律でかたづけることはきらいだし，できないでしょう．そうでなくて，考えても解決できると思うんだね．……(中略)……この場合は，法律をもち出さなくてもね，何かによって混乱するかもしれないと言ったでしょう．そうしたら，劇場の話にかぎらなくてもさ，社会の中では，他人に何ら影響をおよぼさない範囲が最大の自由でしょう．他人に迷惑をかけることは，自由でないと思う．

中山　わたしは，自由でないというのに賛成なんだけど，法の中で決めると
　か，うそはよくないから自由でないというのは，すごく抵抗を感じてね．
　そうじゃなくて，自由は一人ひとりに与えられているものなんだけれども，
　その自由を自分の方ばかりに用いて，他人に迷惑をかけたなら自由という
　ものの意味はなくなっちゃうと思ってね．だから，ここで自由の意味はま
　ったくないし，自由というのは個人の判断で，あの……，こんなことがな
　いように使っていくことによってこそ，意味があると思うの．

　松本さんは，法律上の「罪」になるかどうか，という問題と，自由かどうか，
という問題とは「ちょっと違う」と指摘した．しかし，「そこはまだ（議論の余
地が）ある」という言葉で曖昧にしている．続く竹内さんは，「法律でかたづけ
ることはきらい」という個人的な好みを言った上で，法律をもち出さなくても，
他人への「迷惑」を考えれば，自由か自由でないか，という問題を判断できる，
と言う．中山さんも同じく，法律を基準とすることに「抵抗を感じ」ると言い，
他人の自由について触れている．ここで，子どもは，「自由」という抽象概念
を前にする一方で，劇場でのうその発言という具体的な状況を前にしているた
め，悩みながらも，どの基準で考えるべきか議論をしている．つまり，子ども
は，この授業の問題の構造を読み解き，問題そのものへの理解を深めていくと
同時に，議論をし，判断するための基準についても議論している．
　子どもが教師の指示で周囲と意見交換をしたあとに，次の発言が出た．

　川口　えーと，さっき中山さんが迷惑だと言って，迷惑を基準にして言っと
　ったんだけど，ぼくも自由の授業の最初はそう思っとったんだけどね，こ
　の間，蓮見さんがね，生きていることでさえも迷惑をかけることがあると
　言っとったでしょう．もっともだと思うわけなんだよね．そうすると，そ
　ういう迷惑というのはね，何をやっておっても迷惑になるし，その基準と
　いうものがまったくないわけでしょう．

　川口さんは，先の中山さんに反論し，「迷惑」という基準を採用すると，「生
きていることでさえも迷惑」という，直前の蓮見さんの意見から，「迷惑」の
範囲が定まらないことになる，と言う．すなわち，基準として「迷惑」かどう
かを採用することができない，という反論である．続く発言で，川口さんは
「法が一応の基準になって，社会をひとつのものとしてやっていくという考

え」だと発言する．そして，川口さんの結論は，満員の劇場の中で「火事
だ！」とうその発言をすることは「自由じゃない」であった．ここでの一連
の議論は，「自由でない」という意見の子どもどうしのぶつかりになっている．
結論としては同じ意見でも，基準として何を採用するかで対立している．不良
定義問題を解決する過程では，解決するために推論を働かせるための基準が必
要になる．

　また，川口さんは，蓮見さんの意見によって，考えを変えていることがわか
る．最初は，迷惑を基準に考えていたが，迷惑だと基準にならない，したがっ
て，法を基準に考える，ということである．他者の発言によって基準が変わる
ことが，この場面で示されている．

　その後，蓮見さんが社本さんに「混乱がおきなかったら罪にならないの」か
どうかについて尋ねた．つまり，法律という基準を採用しても，必ずしも
「罪」になるわけではないので，自由でない，と判断することはできない，と
いう意見を暗に示している．

　この授業の目標を，授業者は「満員という条件・うその発言→混乱」という
可能性から，さしせまった明らかな危険性があり，このような行為は許されず，
自由でないが，それが一概には言えないということを，情感を伴って自分なり
にまとめることができる，としている．すなわち，「一概には言えない」問題
に，子ども自身で自分なりの答えを導き出すことが要求されており，不良定義
問題であるといえる．

　このような不良定義問題では，誰でも一定の，自分なりの「正解」をもつこ
とができる．しかし，それぞれのもっている知識や経験などによって，各人の
考え方は異なる．コラム7-2では，それぞれが自分の意見を言うことによって，
考えていることを外化し，相互に関連づけることを通して，問題の構成につい
てより深め，その場のみんなが納得する解に向けて議論していた．ここで目指
されているのは，よりよい「正解」をつくり上げることである．そのためには，
他者と話し合い，他者の「正解」と比較して葛藤し，もう一度自分の「正解」
を考え直す必要がある．他者と合意の上で，基準を設定し，それに基づいて，
判断しなければならない．

7-4 多様にとらえられる問題

　ここで，コラム 7-1 の真理子さんの話に戻ろう．真理子さんの目に，問題はどのように映っていたか．通常，教師が課題を提示すると，すべての子どもたちに共通の問題が示されたように見える．しかし，実際，一人ひとりの子どもがどのように問題を受け止めたかは異なる．真理子さんの事例は端的に，教室における問題理解の多様さを示している．子どもたち自身が，問題を問題として受け止めなければ，解決がうながされない．教師側の目線からすると，自分が提示した問題は，子どもたちが一律に受け止めているように見えるだろう．しかし，子ども側からすると，ある子どもにとっては既習事項だったり，ある子どもにとってはハードルが高かったり，真理子さんのようにそもそも文字が読めていなかったり，という多様さが生まれる．

(a) 問題化

　このことに関連して，学習科学では，学習者にとって自明の事柄を問い直すことが重要であるとされ，**問題化**(problematizing)という概念が出されている(Hiebert *et al.*, 1996；Reiser, 2004)．教科内容を自明のこととして教え込むのではなく，学習者自らが問い，その問いをみなで頭を突き合わせて探究することで，理解を深めていく．また，複雑な内容を問題化するほど，学習の効果が高いとされている．ライザーは，問題化の効果として，学習者の目が解決すべき状況に向かうこと，学習者が自分の頭を使って論理的に考えるようになること，学習者の興味をかき立てることの三点を指摘している(Reiser, 2004)．つまり，学習者自身が問いをもつことで，解決すべき状況が明確になり，それに向けた議論と探究が生まれる．また，学習者が主体となって，自分の言動に説明責任をもつこと，問題を解決するためのさまざまな資料等があることも，問題化による取り組みを生産的にする(Engle & Conant, 2002)．

(b) 授業研究

次に，子どもではなく，教師の学習を例に検討しよう．教育場面での問題解決というと，通常は子どもに視点を合わせるであろうが，教師も日々，子どもたちに向き合うなかで複雑な問題解決を行っている．とくに教師は，日々の授業経験を振り返って，授業の問題点を明らかにし，改善点を探ることで，授業実践をよりよいものにしていこうとする．そのような営みを授業研究とよぶ．

授業研究では，一人の教師の授業実践を複数の教師が観察し，授業後に観察していた教師たちで検討する（協議会）．授業はきわめて日常的な実践であるため，自明視されている事柄が多い．それゆえ，問題が問題として認識されないまま継続されることがある．授業研究では，日常的な授業実践を改めて問い直し，それぞれの教師が多様な問題点を提示する．授業の問題点やその解決方策を検討する過程の例を，コラム 7-3 に示す．

コラム 7-3 | 授業研究協議会中の二人の教師の思考過程

ある小学校の算数の授業研究（坂本，2010）で，2 年生の加法逆の減法の問題（「あわせて」などという言葉で一見加法に思えるが，実際は減法になる問題）を，テープ図を使って解く課題が出された（問題文は「みかんが何こかあります．14 こ買ってきたので，ぜんぶで 34 こになりました．みかんははじめ何こありましたか」）．授業者は，子どもたちがグループや全体での話し合いを通して課題を解決し，学習することを目指した．また，この授業では，テープ図を使用して解くことが求められたが，赤と白それぞれのテープが何を示すかは決められていなかった．テープ図の使用例を図 7-3 に示す．

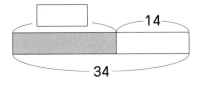

図 7-3　テープ図の使用例

なお，授業の概要と流れは図 7-4 の通りである．

126 ── 7 問題解決の過程

| 導入 問題文の読み取り | 展開1 グループ活動 | 展開2 全員での話し合い | まとめ 式と答えの確認 |

図 7-4 研究授業「加法逆の減法」の流れ

　授業後の協議会において，授業者と非授業者が授業の問題に対してどのような思考過程をたどったかを，実際の発言記録やインタビューから図 7-5・7-6 にまとめる．協議会では，複数の教師がさまざまな視点から授業を検討し，問題点や代案を提示する．教師は他者の意見を聞いて，今まで問題だと思っていた点が実は違っていたかもしれないと思ったり，感じていた問題点を新たに発展させたりする．

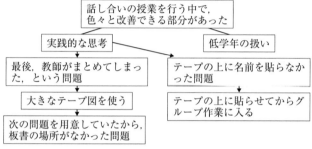

図 7-5　研究授業について授業者 A の思考

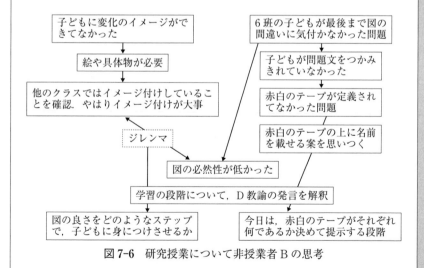

図 7-6　研究授業について非授業者 B の思考

7-4 多様にとらえられる問題

　図 7-5 と図 7-6 は，授業後の協議会において，授業者と非授業者が，授業の問題に対してどのような思考過程をたどったかをまとめたものである．図 7-5 の授業者 A は，教師の授業時の判断の問題を一貫して思考しており，図 7-6 の非授業者 B ほど問題についての考えが変化していない．非授業者 B は，他者の意見を柔軟に採り入れ，子どもたちのつまずきがどこにあったのかについての考えを深めている．この違いの原因はどこにあるのだろうか．

　一つには，授業者 A の解釈が，他者の意見を自分の授業意図と照らし合わせて行われているのに対し，非授業者 B の解釈は，自身の観察事実に基づいて行われている点が考えられる．たとえば，ある教師（D 教諭）の言葉に対する授業者 A と非授業者 B の解釈の違いを見てみる．

　D 教諭は，子どもたちに文章題の意味を丁寧にイメージさせて，赤と白のテープ図の意味を明確にすれば，子どもたちの「混乱」が「整理された」のではないか，と代案を提示した．この D 教諭の発言では，「混乱」という言葉に授業の問題点が示されている．しかし，「混乱」とは具体的に授業中のどんな出来事を指すかは明らかではない．

　授業者 A は，この「混乱」という言葉を，実際にこの場面のビデオ記録を見ながら，話し合いによって子どもたちが一つの解に辿り着けなかったことを指すと解釈する．また，D 教諭の発言に対して，事前検討会の議論とも結びつけて解釈する．事前検討会では，授業者 A の授業意図が中心に話し合われた．よって授業者 A は，自身の授業意図に引きつけて解釈しているといえる．

　だが，それによって授業者 A は，自身の授業に対する解釈を深めることが難しくなっている．授業者 A は，授業中の即興的な対応について検討してもらうために，あえて，子どもたちに難しい課題を投げかける授業を行った．つまり，「混乱」したこと自体は，授業者 A にとっては，大きな問題ではなかったのである．

　一方，非授業者 B は同じ場面のビデオ記録を見て，絵の使用方法については「いまいちピンとこなかった」と語る．そして「テープの，その赤いテープと白いテープの書き表し方が，それぞれもっている意味を，子どもはつかみき

れていなかった」と問題点を指摘し,「混乱」を,テープ図に対する子どもの理解の問題として解釈していた.それは,非授業者Bが観察していた班の子どもたちが,テープ図を間違えて使用していたことが念頭にあったためと考えられる.さらに非授業者Bは,最初,この授業の中での問題として,子どもたちのテープ図に対する理解のつまずきについて考えていたが,D教諭の発言を聞いて,一つの授業を超えた複数年にわたる長期的な学習過程として,子どもたちのテープ図の理解をとらえていくようになっていった.

このように,人がとらえる問題は,人の視点や知識,情報によって異なり,また,他者の発言を聞くことで修正されていく.コラム7-1の真理子さんにとってはグラフを描く問題が,問題文の読み取りという問題となっていた.問題をとらえる自身の視点の限界はありつつも,他者の解釈を聞き,自分の既存の知識と結びつけることで,問題のとらえ方が変わってくるといえる.そして,問題に対する理解を深めることで,その問題を解くのに何が必要で,どうすればよいのかが見えてくる.

コラム7-1の真理子さんの事例は,教師側が学習課題として提示する問題と,子ども本人のつまずきとしての問題にすれ違いがあることを示している.子どもに問題を与え,その解決する様子を見ると,つい,子どもがみんな同じ問題に取り組んでいると思ってしまう.実際には,一人ひとりに異なったつまずきがあり,学習者の経験としては,異なる問題解決過程となっている.それを一人で解くのではなく,自分の思考を外化し,他者と互いに解法を吟味し合うことで,よりよい問題解決の方法が生まれてくる.

問題解決と一口にいっても,どういう問題なのか,問題を解く人の目にはどう映っているのか,どういう解決が望ましいのか,望ましい解決に至るにはどうすればいいのか,実際の授業ではどうなのかなど,さまざまな切り口で考えることができる.一方,授業で子どもはどう学ぶのか,学校教育を終えるまでにどのような力を養うとよいのかについて,問題解決の研究は光を当ててくれ

る．本章では，問題解決に関わる知見の一端を示したにすぎない．興味のある読者は「問題解決とは何か？」という問いを自分なりに立て，追究していってほしい．

- 「問題という言葉を，あなた自身の言葉で説明しなさい」という問題は，どういう「問題」だろうか？
- 何か問題を解決する際に，自分の思考をメモ用紙に記録し，どのように問題を解決しているか，検証してみよう．また，それを二人以上での問題解決でも同様にやってみよう．

8 仲間との協働学習と学習活動

　本章では，協働学習に関する理論や実践を広く紹介するよりも，なるべく具体的な協働学習の様子や方法を紹介したい．教育心理学では，協働学習に関する理論を検証し，実験や，授業での実施とその検討を積み重ねてきた．今なおさまざまな研究プロジェクトが進行し，人間の学習について知見を深めている．基本的な考えや事例，方法を示すことで，今後の学習を深めていくための一助としたい．

[キーワード]
▼

協働学習
アプロプリエーション
知識構成型ジグソー法
リヴォイシング

8-1 仲間と一緒に学ぶ，ということ

　勉強は一人でするもの，授業中は人と話してはいけない，人の力を借りると自分の身にならない——そういうことを学校で言われたことはないだろうか．また，人に教えるとき，自分でそう言ったことはないだろうか．多くの人にとって，学ぶということは，個人の話だと考えられる．なぜなら，日本の授業は明治期以来，一斉授業を基本としており，授業では，教師が話すことを聞き，板書をノートに写し，テストに向けて覚える，という学習活動が多かったからだ．もちろん，一部の意欲ある教師たちは，授業を子どもたちとの相互作用を通した創造的な学習として展開していた．

　しかし現在では，授業で協働的に学ぶことが求められている．経済協力開発機構(OECD)は，これからの世界に向けて，学校教育で育てるべき鍵となる基本的能力(キーコンピテンシー)の一つとして，他者と協働する力を挙げている(1-1節(b)参照)．教師が話し，子どもは聞いてノートに書くだけという今までの一斉授業では，他者と協働する力は育たない．授業の中で，他者と協力して何かをつくり上げたり，他者と課題を共有して解決に向けて役割分担をしたり，互いの意見をすり合わせたりする必要がある．他者と協働する力は，実際に他者と交流し，互いの異なる意見を交流させる中で育てなければならない．

　授業の中で協働させるといっても，簡単ではない．子どもたち相互の意見を交流させるとなると，人間関係も関わってくる．また，いわゆる学力の高い子どもは，ある課題を与えても，人と交流せずに自分一人でやった方が早いと感じるかもしれない．他愛ないおしゃべりをするのであれば維持できる人間関係も，いざ真剣な議論となると，互いの力の差も明確になる．また，たとえ話し合ったとしても，教師が最後に答えを提示するのであれば，子どもたちは話し合って考える意義を感じないのではないだろうか．授業の中で協働させるには，さまざまな配慮が必要になる．教師は子どもたちが協働して解決するに見合う課題を用意しなければならない．また，子どもたちの協働を尊重するのであれ

ば，授業が教師の計画した通りに進まないこともあるだろう．授業中の対応や単元の構成も，授業の進行に応じて，その都度考えていく必要がある．

　学習者にとっても，授業の中で仲間と一緒に学ぶことは想像がつかないかもしれない．大学生になるまでに12000時間以上の授業を受ける．その中には，協働的に学ぶ時間もあったかもしれない．しかし，受験に向けた授業の多くは，教師の一方的な話を聞くことが中心だったのではないか．そのためどうしても，授業とは，教師の話を聞き，覚える活動である，という意識が学習者につきまとう．

　協働学習を導入すると，「先生，早く正解教えてよ」「なんで話し合わないといけないの？」などと子どもから言われるかもしれない．子どもにとっては，教師が正解を示してくれて，試験対策が楽になる方が安心できる面もある．しかしそれでは，協働して未知の問題に取り組む力は身につかず，学校を出た後に活用できる力となりにくい．

　あえて単純化すると，協働学習とは，誰かと一緒に学ぶ，ということだ．それは，学習効果において1＋1が2という単純な加算になるのではなく，3にも4にもなっていくという相乗効果をもたらす学習である．しかし，一緒に学べば必ず相乗効果がもたらされるわけではない．何も知らないまま，協働学習がよいと考えて実施してもうまくいかない．そもそも，協働学習はなぜ，相乗効果をもたらすのか？　その理解なくして協働学習の成功はのぞめない．

8-2　協働学習の理論

　協働学習(collaborative learning)の理論的背景の一つに，ロシアの心理学者ヴィゴツキーの考え方がある(1章参照)．ヴィゴツキーは，人は社会的相互作用を通して学ぶ，と考えた．ヴィゴツキーが注目したのは，人の言語的思考である．人は，言語によって思考する．ヴィゴツキーは，子どもの「ひとりごと」に着目し，これを内言(頭の中で言葉を使って考えること)の前段階と見なした．「ひとりごと」は自己中心的な言葉ではなく，いわば自分で考えるた

に言葉を表に出したものであり，この「ひとりごと」が黙ってなされるようになることで，言語的思考が発達するのである．

　では，実際の協働学習ではどのようなことが起きるだろうか．村瀬(2005)はアプロプリエーションという概念を使って，理科での話し合いで子どもが協働的に学ぶ姿を検討している．この授業では，心臓と呼吸の関係を，議論を通して学んでいる．心臓の機能は，実物を目にして学習することが難しく，議論を通して学ぶことになる．これに際して，心臓について「中継基地」という言葉を互いに共有し使用することによって，探究を深めている様子が示されている．ある子どもが用いた「中継基地」というメタファーを用い，その言葉によって，子どもどうしが話し合うことができ，心臓と呼吸の関係に関する議論を深めていた．アプロプリエーション(appropriation)とは，このように集団で共有された言葉を，自分が思考するための言葉として取り込むことを指す．

　協働学習でとくに大事なのは，発言することではなく聞くことである(一柳, 2012)．授業の中で発言することも重要であるが，他者の発言を聞き，自分の考えとすり合わせることで，自分の考えが深まっていく，という学習過程が基本となる(3章参照)．協働学習では，聞くことによって学ぶ経験を大事にしなければならない．したがって，協働学習は話し合いで進むように見えるが，学習としては，実際のところ，聞き合うことで進んでいくのである．

8-3　グループ学習の方法

　協働学習をうながす方法の一つとして，ジグソー法(jigsaw method)をベースとした，知識構成型ジグソー法がある(東京大学大学発教育支援コンソーシアム推進機構, 2014)．知識構成型ジグソー法とは，グループの各自が持ち寄った知識を組み合わせて，問いに対する答えをつくり上げるという形式の学習方法である．協調学習の原理に基づき，学習者どうしの学び合いが起こりやすいようにしている．

　通例では，二段階のグループ活動が行われる．最初はエキスパート活動であ

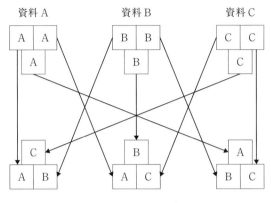

図 8-1　二段階のグループ活動

る．各グループが割り当てられた資料や教材に取り組み，いわばその内容のエキスパートとなる活動である．しかし，エキスパートグループごとに割り当てられた資料や教材は異なる．次のジグソー活動でグループを組み替え，各エキスパートグループから一人ずつ集まり，各自がエキスパートとなった内容を相互に説明する．それにより，たとえばエキスパートグループを三つに分けていたとしたら，ジグソー活動で三つの内容が統合されることになる（図 8-1）．

　知識構成型ジグソー法で重要なのは，まず，身につけてほしい知識を教師が定めることである．協働学習では，子どもの多様な見方が重視される．しかし，それだけでは，「話し合ったけれど，結局，今日学んだことって何だったの？」という結果になりかねない．また，学校の授業では，当然，指導計画が策定されており，この時間で学んでほしいことが明確な場合が多い．よって，身につけてほしい知識を明確にしたうえで，その知識の身につけ方は子どもによって多様，という状況にする必要がある．

　身につけてほしい知識を設定したら，その知識を身につけるための問いを設定する．問いを設定したら，その問いに答えるための資料や教材を用意する．この資料や教材を分割して，エキスパート活動用の資料をつくる．45 分ない

しは 50 分という授業時間でおさめる場合，三種類ぐらいに分割するのがよさそうである．このように，ある程度のゴールを定めたうえでエキスパート用の資料をつくっておくと，ジグソーグループで組み合わせたときに，教師が期待する知識を身につけ，問いに答えやすくなる．

エキスパートグループとジグソーグループでの協働学習の過程は，見かけ上異なる．エキスパートグループでは，同じ資料をもった数人が集まるので，話し合いが活発になるまでに時間がかかる．しかし，次のグループでは一人になるのだから，きちんと説明できるようになっておかないといけない，という社会的なプレッシャーを与えることができる．また，エキスパート資料に学習者の理解を導くための課題をつけることで，話し合いのきっかけをつくることもできる．

一方，ジグソーグループは，各自がもってきた資料が異なり，互いに関連するが新しい情報を伝え合うことになるので，話し合いが活発になる．しかし，大事なのは，それらの知識を統合して，課題に取り組むことである．また，互いに説明する内容があるので，説明者によって説明時間が長くなったり，短くなったりする．課題に取り組む時間の確保に配慮しなければならない．

最後にクロストークとよばれる教室全体での話し合いを行う．通例では，一つのジグソーグループから一人ずつ発表するが，補足があれば，グループの何人かで発表することになる場合もある．ここで議論が起こる場合も，一通り発表する場合もある．重要なのは，ほかのグループの発表を聞くことである．前に発表したグループの意見を聞いて，それをうまく取り入れて，あとのグループが発表する．それは，教室全体での協働学習となる．

知識構成型ジグソー法では，同じ教材を前にしても一人ひとりのわかり方が違う，という前提を重視し，ジグソーグループでは互いの資料を説明する活動を行うため，「話し合えと言われても何を話していいかわからない」という状況を回避することができる．ジグソー法は，もともと，人種融和のための方法としてアメリカで開発された（三宅・白水，2003）．互いに知識の程度が異なっていたとしても，それぞれが互いの資料を知らなければ，知識の高い人も，低

い人から話を聞かなければならなくなる．

8-4 協働学習をうながす教師の支援

協働学習の手法を知っていても，実際に授業で実践する際には，さまざまな手立てが必要となる．本節ではそれらを具体的に見ていく．

(a) 子どもの言葉を受容する

教師は，全体での話し合いにおいて，協働を促すような支援をする必要がある．ここでは，ある熟練教師 H 教諭の事例から見ていこう．表 8-1 の授業記録は，2003 年に実施された，小学校三年生国語「モチモチの木」の授業のビデオ記録から筆者が文字起こしをしたものである．子どもたちが互いの考えを話し合い，学び合っている．子どもたちの話し合いをうながすために，教師はどのような応答をしているだろうか．なお，T は教師である．どの子どもが発言したかが不明な場合は C とする．

この授業の中で，子どもたちは聞き合うことで学習を深めている．教材文の言葉に基づいて，互いのイメージを出し合うことで，作品世界をありありと思い描こうとしている．具体的には，No.2 で「ニシムラ」さんが「ねまきのまんま」と「半道もある麓の村まで」という本文の言葉に基づいて発言したのを受けて，同じく No.8 で「ナカヤマ」さんが，「ねまきのまんま」と「はだしで」という本文の言葉から，登場人物の「豆太」が急いでいる様子を描き出している．さらに，No.33 や 34 では，子どもが前の発言に対し「つながる」と言っていることから，他者の発言を聞いていること，さらに，他者の発言と自分の考えを結びつけていることがわかる．そして，ときには，No.44 のように，他者の発言と自分の考えが異なる場合には，「違う」と声に出し，自分の考えと何が違うのかを明確にしようとしている．発言を重ねていく過程で，物語を読み深めていく様子が授業記録からわかる．

表 8-1 「モチモチの木」を教材とした授業記録 1

No.	発言者	発 言 内 容
1	T	いいたいことありそうだなぁ……誰がいいかな……じゃ，ニシムラ君．
2	ニシムラ	ねまきのまんま．半道もある麓の村まで，ていうところが半道もあるのに疲れないのかな，て思う．
3	T	どのくらいだろう，半道，て．
4	C	（口々に「2キロ！」「約2キロ！」「2000メートル」と言う．）
5	T	すごいよね．半道，も，あるって書いてあるよ，ね．うん，うん，それにつながるようなことありますか．
6	C	ない……．
7	T	（挙手を見て）ある，ある．はい，ナカヤマ君．
8	ナカヤマ	ねまきのまんま．はだしで．て，とても，すごい急いでる．
9	T	あ，ここね．ねまきのまんま．はだしで．急いでるねぇ！
10	C	（つぶやき「ねまきのまんまっていうところが……」）
11	T	ねまきのまんま，がある．はい，イケヤマ君．
12	イケヤマ	この山を……（聞き取り不能）……どれくらいかかったんだろう……？
13	T	ね……そのところで？
14	C	じさまのために走ってる．
15	T	じさまのために走ってる！　……うん．じさまのために走ってる．
16	C	（つぶやき「大好きなじさま……」）
17	T	はい，サワヤマ君．
18	サワヤマ	こわかった．
19	T	こわかった？
20	サワヤマ	じさまが死んだら．
21	T	あ，じさまが死んだらこわかった．「こわかった」ていくつ出てる？　このお話……この中で．
22	C	あ，あの……
23	T	ここ，ここの中で．
24	C	（つぶやき「この中で……？」）
25	ナカガワ	はい．
26	T	はい，ナカガワ君．
27	ナカガワ	「大好きなじさまが死んじまうほうが，もっとこわかった」
28	T	そう，そこんとこなんだな．きっとな．ここだ．サワヤマ君が言っているのはこっちの「こわかった」なのかな？　違うの？　こっちの「こわかった」？
29	C	いたくて，寒くて，こわかった．
30	T	うん，えーと……どこだ？

31	C	こわくてびっくりした.
32	T	どこだっけ？ あ，ここだ．二つ出てますよ！
33	C	つながる，それに．
34	C	それにつながる．
35	T	つながる．うん，はい，カトウ君．
36	カトウ	あのさ，なんだっけ．豆太のさぁ，お父がさぁ，なんか死ぬときもさぁ，なんかこわかった．
37	T	うん，なるほどねぇ……そういうこわさか，うん，わかるよね．うん，この二つ「こわかった」てあるけど，同じなのかな．
38	C	(声をそろえて)ちがーう．
39	T	ちがうの？
40	C	もっとこわかった．
41	T	もっとこわかった……あ，そうか，こっちは，もっとこわい．うん，はい，そのじゃ，こわかった，こわかった，てあります．こっちね．ここにこわかったから……もっとこわかった．そこのあたりの違いでちょっと何かあったら出して下さい．はい，ハナザワさん．
42	ハナザワ	あの……大好きなじさまが死んじまうほうがもっとこわかったから，のところでは，じさまが死んじゃうことがこわくて，でも，え～……いたくて寒くてこわかったからなぁ，とかっていうところは，自分の体が傷ついたりしたことを，こわく……そうやって痛くてこわかったからなぁ，て．
43	T	あ，なるほどね．これは，豆太の足から血が出た，なきなき走った，いたくて，寒くってのこわかった．
44	C	(つぶやき「違う……」)
45	T	あ，違うと思う？ 違うと思う？
46	C	夜，なんかがでてこないかな．
47	T	あ，なるほどね．いたくて，さむくて，もあるけど，何か……何かってなんだと思う？
48	C	(つぶやき「熊……」「夜とか……」)
49	T	あ，夜
50	C	お化け
51	T	お化け
52	C	(声をそろえて)熊
53	T	熊
54	ハナザワ	霜
55	T	霜(笑)
56	C	(教室内に笑い)
57	サワヤマ	霜が出てくるのかよ．こんにちは，て．
58	イケヤマ	先生，霜って何？

ところで，H教諭の発言から気づいた点はあるだろうか．たとえば，H教諭は，「なるほどね」という言葉で応じている場面がある（No. 43, 47）．この「なるほどね」は，発言した子どもに，「理解したよ」というメッセージを伝えるとともに，発言した子への共感が含まれている．教師がこのように子どもの発言に対応することで，子どもは発言し，間違えることへの恐怖を軽減することができる．

　子どもが発言するためには，教師が評価的な応答を抑える必要がある．多くの授業では，教師が尋ね，子どもが答えたあとに，求める答えに合っていれば，「正解！」や「すごいねー！」などの言葉で応え，また，合っていない場合は，「残念」や「ほかわかる人？」などの言葉で応え，もう少しで合う場合は，「惜しい」という言葉やヒントを出して，正解の言葉を出させるように誘導する．こうした教師の応答により，子どもは教師の意図を読み，教師の想定する正解に一致するように発言をしようと考えるようになる．とすれば，子どもが自分の考えを出そうとすることがなくなり，また，間違いを恐れて発言をしたがらなくなる．

　H教諭は，そのことをよく理解しているために，子どもの発言を否定的に受け止めることはしない．一方で，子どもの発言をより明確にするような応答も見られる．たとえば，No. 23や28の言葉である．子どもの発言が教材文のどこに触発されて発せられたものなのか，確認をとっている．これにより，子どもの発言内容が明確で，具体的になり，他の子どもにきちんと受け止められるようになる．それゆえ，H教諭の授業では，子どもの発言がつながっていくのだ．

　また，H教諭は，子どもたちの発言に対し，問いを投げ返している．たとえばNo. 3では，子どもの「半道も」という発言に対応して，「どのくらいだろう」と，半道の距離の長さをより具体的にしている．また，No. 21では，子どもが「こわかった」という言葉に触れたのを見て，「こわかった」という言葉の比較という，「モチモチの木」のこの場面を読み解くうえで重要な問いを返している．教師が最初から「こわかった」の比較をもち出すと，子どもにと

って必然性がなくなる．子どもが「こわかった」という表現に着目して考えはじめたところで問いを出すことにより，子どもの学習過程に即した問いかけとなっている．

ところで，表8-1の最後で，「先生，霜って何？」という問いが子どもから出されている．みなさんだったら，この発言に対し，どう応じるだろうか．霜について説明するだろうか，辞書で調べるように言うだろうか．宿題にして調べるように言うだろうか，「なんだと思う？」と問い返すだろうか．それとも，「わかる人いる？」と教室内で答えられる人に尋ねるだろうか．

実際の続きは，表8-2の通りである．

表8-2 「モチモチの木」を教材とした授業記録2

T	霜って何，て出てきましたけど……
C	(口々に「霜柱の霜」「氷みたいなの」「畑とかにあるじゃん……」「地面とかに……」)
T	……(聞き取り不能)……限らず教えてくれている．どう，わかる？(イケヤマ君は首を傾げる)どういうとき出てくる？
C	(口々に「雪」「雪が降っているとき」「寒いとき」「雨降ったあとに寒い……」)
T	それで地面に水が染みこんで……
C	それが固まると……
T	次の日の朝固まると……できるんだよね．ということは，地面の……
C	中．
T	中にできる．どうですかイケヤマ君，なんとなく，いい……？
イケヤマ	じゃ，それ，校庭みたいな土だから……
T	あ，校庭みたいな土なわけか……
C	畑によくできる．
T	日陰によくできる，ね．それが霜．
C	(つぶやき「畑じゃない？」)
T	畑！　ああ……
C	それで葉っぱによくくっついてる．

（b）リヴォイシング

　実際のH教諭の応答は，「霜って何，て出てきましたけど」であった．この応答は，教室内の誰かわかる人に聞いているのと同じに見える．しかし，よく見てみると，H教諭は単に，イケヤマ君の疑問をそのまま繰り返しているだけである．それにより，H教諭は，先生に宛てられた質問の宛先を教室全体に切り替えている．わからないことは先生に聞く，という流れを避け，霜について知らない子に霜を説明する役割を，教室内全員の責任としたのである．

　表8-1・8-2の記録を見ても，H教諭は子どもの発言を繰り返す，という対応を重ねていることがわかる．これはリヴォイシング（revoicing）とよばれる．「リヴォイシング」とは，教師が子どもの発言を，その子自身の言葉を大切にしながら，場合によっては言い換えつつ繰り返すことである（3章参照）．リヴォイシングによって，子どもの発言は教師に受容されると同時に，子どもたち全員に受容されることになる．まず，教師が繰り返すことによって，発言した子は，自分の言葉が教師に受け入れられたことを確認する．また，教師が子どもたち全員に向けてリヴォイシングすることで，発言した子の言葉が，子どもたち全員にちゃんと聞こえることになる．H教諭の授業では，とくに声の小さい子の発言や，聞き取りづらかった発言が，よくリヴォイシングされる．表8-3は，物語文の「青銅のライオン」についての同じくH教諭による授業における，「ふっと」という言葉をめぐる話し合いの一場面である．この場面では，難聴の子ども（カワシマ君）が一生懸命に自分の言葉を紡ごうとしている．

表8-3　「青銅のライオン」を教材とした授業記録

カワシマ	なんかが……ん……なんかが……とって，んと，ふっととか，なんか，なんか，なんかが，……（やや強く）なんてたときのことかなぁ……うん……
T	てことね．
カワシマ	ふっと……
T	ふっと．わかった？　カワシマ君の．いきなり何かがあらわれる，てときにこういう使い方をするんじゃない？　て．だから，ここでも，そうじゃないか，て．どうですか．ふっと，という……

カワシマ君の言葉はたどたどしく，こうして文字に起こしても何を言っているかは非常にわかりづらい．しかし，H教諭はカワシマ君の言いたいことを丁寧に聞いて受けとめ，全員に伝わるよう言い換えながらリヴォイシングすることで，正確に全体につながっていくのである．もちろん，子どもの中にはちゃんと聞き取れる子もいる．しかし，聞き取れない子どももいることを考えて，先生はリヴォイシングを行っているのである．このようにリヴォシングを行うことで，子どもたちは安心して発言できるのである．

(c) 投げ返し

また別の授業では，子どもの発言をリヴォイシングしたあと，それを教室全体に「わかる？」や「どうですか？」と言うことがみられた．このようなH教諭の言葉かけを，ここでは「投げ返し」とよぶことにする．

「投げ返し」は，ある子どもが教師に対して投げかけた言葉を，そのまま子どもたち全員に返し，その子の発言の理解によってさらに授業を深めていく作用をもつと考えられる．詩の教材「はじめて小鳥が飛んだとき」の授業での一場面に，その典型例がある(表8-4)．小鳥がはじめて空を飛ぼうとするところで，母鳥が励ますところについて話し合っている．

表8-4 「はじめて小鳥が飛んだとき」を教材とした授業記録

カワモト	心配しないで，とお母さん鳥が優しく肩を抱いて言いました，てところで，お母さんが心配しちゃうと，子どもも心配しちゃう……
T	わかる？　今言われたこと
カトウ	わかる．
T	うん．お母さんが心配しちゃうと……(子どもの言葉を待つ)
カトウ	小鳥も心配になっちゃう．
T	ということは，お母さんは小鳥に……(子どもの言葉を待つ)
エガワ	心配して……
T	心配……？
カトリ	しないで．

ここでは，カワモトさんの言葉を子どもたちに「投げ返し」，それをそれぞれの子どもたち自身の言葉で語ることをうながしている．そして，そこから母鳥が子どもに心配させないようにしていることを読みとっていく．そして，続く場面では，母鳥の優しさにつながっていくのである．

H教諭の子どもの発言への対応にみられるこれらの技法は，H教諭の教師としての信念に支えられていることが推察される．そして，H教諭がこれらの技法を繰り返し用いることによって，子どもたちの言葉で協働学習が進んでいるのだ．つまり，H教諭の授業は，教師の意図や指導案で進むのではなく，子どもの発言を何よりも大事にする信念に支えられて，子どもたちの言葉に即して進行するのである．

8-5 グループ学習に対する教師の認識

最後に，教師の協働学習について述べよう．子どものみならず，教師においても協働的な学習が必要であることが指摘されている(姫野，2002)．協働学習の効果を実感するにも，教師自身が協働的に学ぶ経験を重ねることが大事であろう．筆者(坂本)は授業研究の事後協議会を，教師の協働的な学習場面として検討してきた．研究授業後の授業を観察した教師たちによる意見交換では，教師どうしの視点の違いが露わになる．子どものつまずきに関する教師の視点の違いが明確になる場面もある．

次の事例は，小学三年生の国語の「三年とうげ」を用いた研究授業後の協議会である．子どもたちがグループ学習のあと，全体の話し合いで，あまり意見を言えなかったことの原因を，複数の教師が指摘していた．

I教諭は，自身の見ていたグループの様子を丁寧に語ったうえで，子どもたちがグループの中での話し合いで満足をしていたから，全体の話し合いでは意見があまり出なかったのではないかと問題提起した．この授業では，教材の本文を読んで「おもしろい」と感じた点を挙げるのが課題であった．つまり，そのような課題であると，グループの中で話し合いがあまり深まらず，結果とし

て，教室のみんなに聞いてもらおうとする意欲が子どもの中から出なかったのではないか，ということである．

I教諭の意見に対してF教諭から意見が出た．F教諭は，研究授業前の検討会で，子どもが他者の話を集中して聞けない，という問題があったために，話し合い活動の第一歩として，話しやすい課題にしていたという点をまず語った．そして，グループの話し合いで「言ってしまったから満足して言わなかったのではないと思う」と明言し，「みんなの前でこれって言ってもいいのかな」という「不安が残っている」のではないかと語る．つまり，F教諭は，子どもどうしの間の信頼関係に着目し，全体の中で子どもの意見が出なかったのは，他者に自分の意見を否定されることを恐れる子どもの心情が残っていることを，問題点として指摘したのである．

F教諭は，子どもたちが満足したのではなくて，全体での子どもたちの関係が深まっていない点を指摘した．I教諭が課題の質と子どもたちの個々の感情に着目したのに対し，F教諭は，子どもたちの関係性に着目している．I教諭は，理科を中心に研究しており，探究的な学習を展開している教師である．よって，子どもたちが「「おもしろい」と感じた点を挙げる」ことを課題とした交流では教材への深まりが出ず，グループで発言することと全体で発言することが，子どもにとって同じであったと判断したのかもしれない．

その後の協議会の議論では，F教諭寄りの考え方が多く出されたが，I教諭は，後日のインタビューでも考えを保持していた．F教諭の意見を聞いて，I先生は，子どもどうしの信頼関係をしっかりと構築していたF教諭の授業実践を思い出して，F教諭の意見に対し「それも確かにあるんだろうな」と述べた．一方でI教諭自身は，「ここがこういうふうにおもしろかった，ていうのを並べていくだけ」の課題では，子どもたちが「積極的にみんなの中に，自分の思いを出していかないんじゃないかな」と述べている．

つまり，F教諭の意見がどちらかといえば，発言を受け入れる側の問題を指摘したのに対し，I教諭は，子どもにとっての課題の質を問題にしている．このことは，必ずしもグループ活動にとどまる問題ではなく，授業における人間

関係と，課題との問題の違いを指摘していると考えられる．協議会の中では，グループ活動の問題として話されていたことが，意見の対立を通して，より授業の本質的な問題について考える流れを生み出している．

　以上，協働学習に関して，理論的な解説よりも，個々の手法や事例を詳細に述べてきた．協働学習に関する知見は，今では数多くあり，学習に関する科学的な研究では，情報技術を効果的に用いたものや，教室空間の工夫，また，より練られた理論に基づいた実践と研究が繰り広げられている（たとえば，ナレッジ・フォーラムなどがある．具体的な取組みは，ソーヤー（2009）などを参照のこと）．

　さまざまな手法を知る一方で重要なのは，子どもたちが話し合いを通してどのように学んでいるか，そのなかで，子どもが確かに深く学んでいることを，自分の目で見て，耳で聞き，記録から分析し，解釈し，確かめていくことだろう．多くの人たちは，勉強は個人で行うもの，という考えに慣らされてきた．その考えから脱却するためにもぜひ，協働学習の中での子どもの学びを実感してほしい．

- 他者と話し合うとなぜ学ぶことができるのかについて，人と話し合ってみよう．
- 協働学習で授業を進める場合のテスト問題は，どのようなものがよいかを考えてみよう．

9 学習方略と学習習慣の形成

　本章では，まず，学習方略の考え方やどのような学習方略があるかを紹介し，具体的な例を示す．次に，学習方略が学習習慣の形成とどのような関係にあるかを，具体的な研究を紹介しながら述べる．最後に，教師自身が授業力量を向上させるための学習方略や学習習慣に触れる．

［キーワード］
▼
学習方略
知識の剥落現象
メタ認知
学習習慣
学習観
省　察
授業記録

9-1 学習方略とは

　何かを学ぶとき，どのようにしてその学習の効率や効果を高めようとするだろうか．たとえば，定期試験や資格試験に臨む時の状況を思い浮かべてほしい．出題範囲をノートにまとめることで頭に入れようとしたり，教科書や参考書を繰り返し読んでみたり，マーカーとシートを使って穴埋め問題を自作したり，試験に出そうなところを見定め重点的に勉強したりするなど，実際に行うかどうかはともかく，さまざまな勉強の方法が想像できるだろう．

　人が何かを学ぶ場面を実際に観察すると，独自の勉強法を駆使して学んでいることがわかる．たとえば，あるひとまとまりの文章を覚えなければいけないとき，何回も繰り返して音読してみたり，途中まで読んだところで頭の中で要約してみたり，文章中のある事項について自分が理解しているかどうかを確かめるために他者に説明してみたり，自分の学んだことを定着させるためにノートを整理したりする．これらの勉強法は，教育心理学の知見に学ばなくても，経験的に発見してきたと考えられる．

　それに対して，人が何かを学ぶときに意識的に用いる手法を，教育心理学では**学習方略**とよび，実証的に研究してきた．学習方略とは，もともと英語で"learning strategy"という．"strategy"とは，日本語で「戦略」とも訳される．つまり，学習方略とは，何かを学習する際に，闇雲に勉強するのではなく，「記憶」や「学習」の仕組みを理解したうえで効果的になるよう手立てを講じるということである．学習方略について学ぶことは，さまざまな学習方略があることを意識化し，目的によって使い分けたり，自分にとっては何が有効なのかについて考えたりすることともいえる．

　ただし，学習方略の考え方は，頭の中で起こっている認知過程に着目するため，具体的な勉強法よりは抽象的である．一見，異なる勉強法をしているように見えて，頭の中の認知過程では同一のことが生じている可能性もある．学習方略の研究には，さまざまな勉強法によって，要するに頭の中で何が起きてい

るから，記憶に定着しやすくなったり，理解が深まったりするか，という認知や学習に関する理論的な裏付けが背景にある．よって，学習方略とその背景にある理論について学ぶことで，自分なりにさまざまな勉強法を分類整理したり，その学習法がなぜ有効なのかを理解したり，あるいは，複数の勉強法を組み合わせることができるようになるだろう．そして，こうした考え方を身に付けることで，教師自身の授業力量を向上させることができる．

9-2 学習方略の具体

学習方略については，大きく認知的方略，メタ認知的方略，リソース管理方略に整理することができる（瀬尾・植阪・市川，2008）．本節では，それぞれに分けて述べる．

（a）認知的方略

認知的方略(cognitive strategy)とは，たとえば，ある内容をきちんと記憶し理解するための方略である．その中には，ある内容を繰り返し反復する**リハーサル方略**(rehearsal strategy)や，学習内容をさまざまなほかの知識と関連づけてまとまりとして覚える**体制化方略**(organizational strategy)，イメージ化したり情報を付加したりしてより覚えやすくする**精緻化方略**(elaboration strategy)がある．

これらの認知的方略は，記憶に関する研究と密接に関わっている．人間の記憶は，大きく短期記憶と長期記憶に分けられる（1章参照）．短期記憶は，いわば思考する場であり，長期記憶は貯蔵庫である．たとえば，ある英単語を見た後，目をつぶって心の中でもう一度その単語を繰り返すことができたが，数分後には忘れてしまうことがある．このとき，その英単語は短期記憶に入ったが，長期記憶には入らなかったことを意味する．英単語をしっかりと記憶したければ，短期記憶においてさまざまな方略を用いて，長期記憶に入れる必要がある．その方略を認知的方略とよぶ．なお，記憶に関する理論や方法に関して興味が

あれば，心理学入門シリーズ『認知と感情の心理学』(高橋, 2008)の第3章が参考になる．

リハーサル方略

まず，リハーサル方略という学習方略について具体的に見ていこう．「リハーサル」とは繰り返すことである．たとえば，漢字を覚えるために，漢字ドリルを使って，何度も繰り返し書いたことはないだろうか．また，英語の単語を覚えるときに，何度も繰り返して音読したことはないだろうか．頭の中で何度も繰り返されることで，記憶に定着しやすくなる．書くことや声に出すことの動作自体にも意味はあるが，頭の中で繰り返されることが大事である．

しかし，学習とは単に，一定期間記憶できていればよいというものではない．たとえば，英単語テストを思い浮かべてほしい．英単語テストの時には必死で覚えても，そのテストが終わって一定期間が過ぎると忘れるという現象が生じる．このことは，知識の剝落現象とよばれる．

知識の剝落が生じる学習の特徴とは何だろうか．藤澤(2002)はテストが終わってすぐに忘れていくタイプの学習のあり方を，「ごまかし勉強」とよんでいる．学ぶことは本来，自分の人生を豊かにしていくものである．しかし，「ごまかし勉強」は，テストをクリアするためだけの，言うなればアリバイづくりとしての勉強である．その意味で「ごまかし」とよばれる．

「ごまかし勉強」の事例として，たとえば，次のようなものがある．

> 授業中に試験に出そうなところを聞き取り，教科書にチェックペンでマークします．試験前にはこれに遮蔽板(「色シート」という人もいます)をのせ，空所補充問題集として，用語を暗記します．意味がよくわからない場合でも，できるだけ疑問はもたないようにして，機械的暗記に努めます．記述式問題が試験に出る場合には予想問題を入手し，模範解答を記入して暗記します．
>
> (藤澤, 2002, p.112)

これは，社会科における「ごまかし勉強」の事例である．このような勉強法は，ごく一般的に見ることができる．たとえば，試験期間になると，電車内で

ノートと色シートを使って勉強している中高生がいる．「ごまかし勉強」をすれば，確かに一時的には対応できるのだろう．テストが子どもたちにとって一発勝負であり，それをクリアしなければさまざまなリスクを背負うことを考えると，「ごまかし勉強」が「ごまかし」だとわかっていても，なかなか抜け出せないかもしれない．そこで，より効果的な学習方略について学ぶことが重要になる．

体制化方略と精緻化方略

学習方略としてほかには，**体制化方略**や**精緻化方略**がある．これらは，リハーサル方略よりも学習内容に対して複雑な認知的処理を加える．たとえば，歴史の学習で，ある歴史的事件を学習する場合を考えよう．「体制化方略」では，学習内容である個々の歴史的事件を，大きな歴史の流れに位置づけることで，整理された状態で記憶できる．また，「精緻化方略」では，歴史的事件を具体的にイメージしたり，年号を語呂合わせしたり，それに関わる人物や事件など他の知識と結びつけてより明確に把握することで，記憶しやすくする．

実際に，平成25年度の全国学力・学習状況調査では，算数の問題を解く際に，式の意味を考える児童の方が平均正答率が高い傾向にある(図9-1)．単に式ややり方を丸暗記するのではなく，その意味を考えることで，ほかの知識と

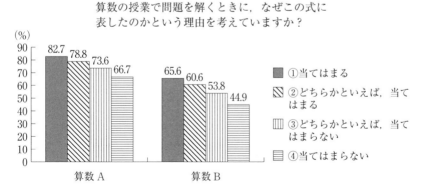

図9-1 学習方略と算数の正答率(国立教育政策研究所，2013)

関連づけられ,精緻化されると考えられる.

このように,体制化や精緻化を行うことによって長期的な記憶を形成できることがわかっている.さらにいえば,「リハーサル方略」を用いる際に,繰り返すなかでより精緻化していくと効果的になる.さまざまな学習方略があるが,学習内容を長期記憶に保持するためにはそれらを組み合わせることも重要となる.

(b) メタ認知的方略

まず,メタ認知(metacognition)とは,人間の認知に関する認知である.具体的に言うと,「この学習方略が有効である」という知識と,実際に自分の認知過程を自分で把握して調整することを含む.このようなメタ認知を発達させておくと,自分の認知をある程度調整し,自分の認知に即した学習を行うことができる(4章参照).

メタ認知的方略(metacognitive strategy)とは,自分自身の記憶し理解する過程をチェックしたり,調整したりする方略である.たとえば,学習目標を設定し,その達成度を自問自答して確認したり,目標達成のために認知的方略の使い方を修正したりする理解モニタリング方略がある.

メタ認知的方略が重要になる理由の一つは,いくつかの認知的学習方略を示されても,実際に使うかどうかとは別の問題になるからである.最近の教育心理学の研究では,研究者が有効だと考える学習方略と,学校の生徒が有効だと考える学習方略には,かなりの相違があることが示されている(吉田・村山,2013).学習方略の研究自体は,実験的な環境下で行われるが,実際の生徒は,試験をいかに効率よく乗り越えるか,また,今までどのように乗り越えてきたかなど,さまざまな環境的な要因によって,学習方略の有効性を判断していると考えられる.よって,生徒が自分にとって有効な学習方略を使用できるように,自分自身の理解の思考の癖,思考スタイルをチェックできるようになることが重要になる.

（c）リソース管理方略

リソース管理方略（resource management strategy）とは，学習のための資料や環境を整える方略である．自らに集中をうながしたり，不安を取り除いたりする情緒・動機づけ方略もここに位置づけられる．

学習環境を広くとらえれば，他者も含まれる．たとえば，一緒に学ぶ他者が近くにいることで，わからないところを尋ねたり，作業を分担したりして協力して学ぶことができる．ブラウンらによる「互恵的教授法」の研究は，ある説明的文章の読解を，ペアで質問したり，要約したり，言い換えたりする活動を20日間させることで，1年後でも読解成績が向上したことを示した（Brown, 1997）．また，平成25年度の学力・学習状況調査においても，学級やグループでの話し合い活動でしっかりと考えを伝え，また，相手の話を最後まで聞く児童の方が平均正答率が高い傾向にあることが示された（国立教育政策研究所, 2013）．よって，他者の考えを聞き，また自分の考えを伝えることも，重要な学習方略の一つであるといえる．

9-3　学習習慣の形成

では，子どもたちは，実際にどのようにして学習方略を使用しているのだろうか．学習方略は個々人が生きている現実の中で形成していくものである．つまり，前提条件となるものが何もない「真空状態」ではなく，ある具体的な状況の中で，個々人がつくり上げる．したがって，学習方略の形成を，具体的な状況において考える必要が出てくる．

（a）学習習慣と学習観

学習方略を具体的な状況において考えることは，子どもたちが普段どのような学習をしているか，すなわち，**学習習慣**と関係する．子どもたちは，学校の中で，さまざまな教科における授業を通して，また，家庭での宿題などを通して学んでいく．その際に，自分なりの学習方略を使い続けることで，定着化さ

せていく．子どもの学習の実際を考えるならば，一つの授業における学習の様子だけでなく，日常的にどのような学習習慣を形成しているかが重要になる．

　このような学習習慣は，一見すると，個人の努力の問題として考えられる．しかし，必ずしもそうとはいえない．さまざまな環境的要因が作用していることがわかっている．

　秋田・村瀬・市川(2003)は，ある中学校に入学した生徒たちが，どのように学習習慣を形成していくかを調べた．その結果，朝のテストや宿題，授業のあり方を通して，生徒たちが，学校に適応し，学習習慣を形成する様子が示された．

　中学校入学時から，学校に適応するように学習習慣が形成される．中学校という新たな環境に適応するために，子どもたちは自分なりの勉強の仕方をつくり上げていく．たとえば，小学校と違い，中学校では，定期試験が新たに加わる．また，教科内容も抽象度が上がり，量が増え，講義形式の授業も多くなってくる．さらに，教科担当制のため，小学校のように特定の教師が管理をするわけではない．各教師の授業の都合により，宿題等が出されることになる．多様な教師との出会いがある一方で，多様な授業のあり方に適応する必要がある．

　中学生になると，新たな仲間との出会いもある．その仲間たちとどのようなつながりを築くかによって，学習にも影響が出る．単純に，放課後に遊びに行くかどうか，普段教室でどのような話題をするか，たとえば，授業内容のことなどで支援し合えるかどうかで，学習習慣が形成されるかどうかが変わってくる．ついつい友達と遊んでいるうちに帰りが遅くなり，家での宿題が追いつかなくなる経験はなかっただろうか．また，部活動がはじまると，放課後に多くの時間を費やすことになる．中学校に入ると勉強のほかに興味関心がたくさん出てくるので，効率的な学習習慣を身につける必要が出てくる．

　このように学校の中で，子どもたちは必ずしも個人だけで勉強しているわけではない．学校内で目指される授業や学習のあり方，テストのあり方，宿題，または，学力向上などを目指す中で取り組まれるさまざまな課題といった，周囲の学習環境(状況)に合わせて，子どもたちは自らの学習方略や学習習慣を適

応させていく．

　一方で，子どもたちは，ほかの子どもとの関わりの中で，自分なりの勉強の仕方を形成していく．秋田・村瀬・市川（2003）では，成績のよい子の方が，勉強について相談できる友達が多いことが示されている．どのような勉強をしているかを友達と話すことで，自分の学習方略を意識化するとともに，他者の学習方略を知ることができると考えられる．つまり，学習方略に関するメタ認知を育てることができるのである．

　このように，小学校から中学校にかけて子どもたちの学習観が変化する．**学習観**とは，学習に対して人々がもっている信念である．たとえば，「理解して暗記することが大事」と考えている人もいれば，「ともかく暗記することからはじまる」と考えている人もいる．鈴木（2013）によれば，小学校では意味理解を大事にする学習観をもっていた子どもが，中学校に入ると，暗記を重視する学習観に変わっていく．また，意味理解を志向する生徒の方が，多様な学習方略を意識的に用いていることも示された．よって，暗記よりも意味理解を大事にする学習観の形成が，とくに小学校高学年から中学校にかけて重要になるといえる．

　学習習慣を育てるといっても，そこで子どもがどのような学習観に基づくかによって，学習の効果に違いが出てくる．効果的に学び続ける子どもを育てるために，教師には，子どもたちの学習観に働きかけつつ，子どもたちの学習習慣を育てることが求められる．では，実際にどのような手立てが考えられるか．次項では，その一例を紹介したい．

（b）学習習慣を育てる実践

　教師側の目線で，子どもたちにどのような学習習慣を身につけさせ，学習観を育てていくかを考えてみよう．小学校教師である古屋和久は，学習習慣の形成に関する取り組みとして，「算数日記」や「国語日記」といった日記を活用している．古屋（2014）によれば，古屋教諭の算数日記，国語日記は，授業で何を行ったかを振り返って書くものである．授業で自分がどのように学んだかを

家に帰ってから振り返り記述する．それは，授業の振り返りを習慣づけることにつながる．学習内容をその過程も含めて振り返ることは，学んだ内容の意味理解をうながす行為であるとともに，自らの学習過程そのものへの理解を育てることになる．つまり，自分がどれだけ理解しているか，何が理解できていないかを明確化する行為を習慣化しているのである．

　古屋教諭は，この日記を書くのに最初は数時間かかる場合もあるが，子どもたちが習慣づけられるにしたがって，だんだんと早くなるという．単発ではなく，日常化していくことが子どもたちの学習観に変化を与え，学習の質を上げていくことになる．

　この日記は，古屋教諭の授業のあり方とも関連する．古屋教諭は，授業時にグループで学び合う活動を頻繁に取り入れている．日常的に他者と関わり学ぶ習慣をつけさせる．一人ではわからないときに行き詰まるが，他者に尋ねることを習慣づけることで，子どもたちは，自分から学ぶようになる．

　先の日記も，グループでの学び合いに活用される．授業前にそれぞれの子どもの学びについて子どもどうしで述べ合い，考え合うのである．それにより，子どもの既有知識が活性化され，授業に向けての準備が整うとともに，子どもどうしでお互いの思考過程から学ぶことができる．

　日記の活動で，さらに重要なのは，授業の中でもある種の学習活動を習慣づけるとともに，家庭生活にもつなげるということである．授業を子どもの学習過程としてとらえると，学習習慣は，授業から生活に一貫しているものである．

　もちろん，このような日記をつけさせるためには，保護者とのやり取りが必要になる．保護者に日記の意義を伝えるためには，教師として，子どもの学習について深く理解している必要がある．また，信念としての学習観が必要になる．

　つまり，教師として，授業の中で子どもの学習習慣を身につけさせ，学習観を育てていくためには，教師自身がよき学び手になる必要がある．

コラム 9-1　古屋教諭の実践

　古屋教諭は子どもの学習の記録を残すとともに，学習習慣をつけるため，教科の「日記」をつけさせている．ここでは，算数を例に述べる．

　算数の授業後の宿題として，子どもたちは，わかったこと，学んだことを，そのプロセスも含めて振り返って，家でノートに書く．このノートは言葉だけではなく，図や表も書いてよいことになっている．そして，次の算数の授業に入る際，そのノートをグループで回して読み合う．慣れてくると，子どもたちには算数の授業前から自主的に読み合う様子が見られる．子どもたちは他者のノート記述に対して，読みづらいところやわかりづらいところを尋ね合い，よりよい記述に向けてブラッシュアップする．その際，教師が作成した日記の書き方のプリントを参照する．そこには，タイトルの工夫や，明確な文章で書くことなどが記されている(河野，2010)．このように書き溜められていくノートは，教室の後方の棚に置かれ，算数の授業時に参照できるようになり，実際に子どもたちは，前に習った内容と関連があることに気づくと，教室後方に行き，自分たちの算数日記を取り出して，該当箇所を探しはじめる．

　古屋(2014)によれば，古屋教諭は，「話を聞く」ことの指導を通して，単に黙って聞くのではなく，わからなければリアクションをしたり，わかった内容について自分なりの言葉で表現することも含めて指導し，子どもたちがお互いから学び合うための学習習慣づくりを行っている．

　グループで学び合う習慣に関しても，学び方を具体的に指導している．テキストを読み合うこと，問題を出し合うこと，前の時間でわからなかったことや，家でわからなかった問題などをみんなで考えることなど，具体的に指導する．

　また，家庭生活の記録をつけさせることで，家庭での学習も習慣づけている．たとえば，家庭学習時間と内容，読書時間と内容，スポーツ時間と内容，芸術時間と内容である．この記録をつけることで，子どもは自分の生活を振り返るとともに，他者と話し合う資料ができる．これにより，家庭生活を質の高いものにしようとする習慣が育つと考えられる．

9-4 子どもの学習観を育てるために

　授業の中で，子どもに適切な学習方略の使用や学習習慣の形成をうながすためには子どもの学習観に働きかける必要があるが，そのためには，教師自身が明確な学習観をもつ必要がある．前述したように，教師の宿題の出し方やテストの形式，授業のあり方によって，子どもの学習方略や学習習慣に影響を与えることになる．したがって，教師自身が子どもたちに，どのように学んでほしいかを明示していくことが重要となる．

　子どもが自分で学ぶことについて，著名な授業実践家であった有田和正は「追究の鬼」という言葉で表現した(有田, 1995)．教師は授業を通して，子どもたちにわからないことを自覚させることで疑問を喚起し，子ども自身が自分で追究をはじめることをうながす．教師には，子どもがある物事にこだわって追究することが，学習の理想型であるとする信念がある．一方で，試験のために暗記をしたりすることは，排除されている．子どもの自発的な追究こそが，子どもにとって意味のある学習になる，という学習観である．

　さらに詳細に見れば，ここには学習内容と学習方略とのつながりがある．子どもにとって意味ある学習とは何なのか，ということは，学習内容と学習方略との関連性を意味している．たとえば，受験予備校であれば，受験に合格することが求められるため，試験の過去問題集を用いることがある．これは，試験のためには，条件をつけて過去問を解くことと同時に，過去問の内容を頭に入れることが大事ということを意味する．子どもが自分の身の回りに疑問をもち追究していくこととは内容も方略も異なる．学習方略と学習内容は密接に関連している．

　また前節で述べたように，学習内容と学習時の状況は関連している．学習時の状況の一つとして，学習方略がある．たとえば，歴史的な事件にしても，テストに出そうな年号や単語を丸暗記することと，その年号や単語の意味について，他者と議論したときとでは，表面的には学習内容が同じに見えるかもしれ

ないが，理解のあり方に相違がある．前者は，テストが終われば剥落していく傾向にあるが，後者は，議論の中でさまざまな文脈に関連づけられるため，多面的に深く意味理解をすることになる．

　したがって，教師として，実践経験と理論に裏打ちされた学習観を明確にもち，子どもたちに理想の学習過程をたどってもらうために，授業実践の力量を高めていく必要がある．

9-5　教師自身が学ぶために

　教師自身の学習方略，学習習慣も重要になってきた．平成24年に中央教育審議会より，「学び続ける教員像」が提案された．知識基盤社会へと移行し，グローバル化が進展し，複雑化した社会の早い変化に対応するためには，教師自身がさまざまな他者や媒体から学び続けていく必要がある．教員養成課程で学びが終わるのではなく，採用以降も自分自身で学んでいかねばならない．したがって，教師という専門職としての学びを自分自身でいかに遂行していくかが課題となる．

　教師として学ぶためには，さまざまな書籍や研修機会等から具体的な授業方法や多様な子どもへの具体的な対応方法をピンポイントで学ぶことは重要である．また，自分では解決策が見出せないとき，先輩教師に相談して，「そういうときは，このようにするといい」という具体的なアドバイスをもらうことも重要である．それにより，日常の仕事を安定的に進めることができる．多忙をきわめる教師の仕事においては，効率的に仕事を進めることが求められる．だが，学習方略について述べてきたように，単にマニュアルとして暗記するのではなく，具体的な状況と結びつけて，各手法の意味を理解しておくことが重要になる．

　その意味も含め，教師の学びとして，**省察**(reflection)の重要性が指摘されている(佐藤，1997)．なぜなら，特定の方法に依存しているだけでは不十分だからである．教師の働きかけの対象である子どもは生きた存在である．たとえ

ば，子どもの背後の家庭も多様であり，社会の変化による家庭への影響は，子どもの日常生活を左右する．また，転勤により，多様な地域の子どもを受け持つことになる．日々変化する多様な子どもたちを前にして，的確に対応するためには，教師は多様な方法を身につけておかねばならない．

教師には，さまざまな状況に適応しながら，自分自身の教師としてのあり方を創造していくことが求められる(Darling-Hammond & Bransford, 2005)．そのときに教師としての成長を駆動していくのが省察である．たとえば，ある二人の子どもの間でケンカが起きた際，即座に間に入って止めさせ，ひとまずの解決を得たとしよう．その時，教師としては，自分が関わったことによる意味を考える必要がある．すなわち，即座に間に入ったことが適切だったのかどうか，ケンカの原因はどこにあったのか，二人の人間関係は今後どうなるのか，二人の問題ととらえてよかったのかどうか，自分の対応は果たして子どもの成長に寄与したのかどうかなどを考えるということである．このように自らの行為を省察しながら，日々めまぐるしく動く職場において，動きながら考えることが求められる．特定の問題への対策をいくつも知っていることは重要であるが，それらを生きた現場で活かすためには，突発的なできごとに対して，何が問題なのかを状況の変化を見ながら適切に洞察する力量が必要となる．動く現場での状況判断をするときに，自分の考えを過信することなく，問題の背景を読み取り，最も的確に動くために，知的に省察する必要がある．

知的に省察するために，教師自身がある程度抽象的な思考を身につけることも重要だろう．つまり，アカデミックな文章をある程度読みこなす力をつけることは重要である．学習方略などの先端的な研究は，学術書などで公表される．単なる方法の善し悪しだけではなく，なぜその方略が重要なのかが示されているだろう．教師が省察によって自身の学習観をつくり磨いていくためには，抽象的な議論を読み解き，自身の学習観を省察し，再構築する営みも重要になる．しかし，抽象的な知識を身につけても，教師の仕事の中心は常に具体的な子どもを前にして行われるため，具体に引きつけて考える必要がある．

授業の具体的事実から教師が学ぶ機会として，研究授業参観と授業研究協議

会がある(坂本, 2013). 研究授業を複数の教師で観察し，授業後にその授業の具体的事実に基づいて協議し，授業におけるポイントや授業のもつ新たな可能性を見出す営みである．教師は，多忙な仕事であり，日常の中ではじっくり振り返る機会はもてない．一定の時間をとった機会を準備することで，他者と協議し，他者の視点から学ぶことができる．

　たとえば，次のような事例がある．ある教師が，子どもどうしの話し合いを中心とした授業を実現しようとし，子どもがほかの子どもの発言を聞くように指導していた．授業中に，ある子どもが発言しているとき，全体の子どもに向けて「聞けてないよ．ちゃんと聞いてね」と指導していた．この授業者は，子どもどうしがお互いの発言を聞き合う関係をつくり出そうとしていた．そのこと自体に問題はない．しかし，この授業を見ていたほかの教師は，次のように語った．「子どもの発言を聞いていると，前の子どもの発言を受けて話していることがわかる．子どもたちは聞いてないわけではない．注意をしている先生自身が，話している子どもの方を見ていないから，子どもの発言のつながりを聞けないのではないだろうか」．

　このように，授業者は，授業中の状況に応じてさまざまな判断をし，行為するため，子どもの様子や自分自身の姿が見えなくなることがある．そのときに，他の教師に授業を見てもらうことが重要になる．他者の視点からの言葉によって，自らの授業のあり方を問い直すことができる．

　このように，教師の省察で重要なのは，他者に授業を見てもらったり，他者と一緒に考えることである．子どもは複雑な存在である．複数の子どもがいれば，子どもどうしの人間関係も複雑である．ある子どもにとっては有効な関わり方が，別の子どもにとっては有効でないこともある．教師は，自分の考えだけに囚われるのではなく，柔軟に多様な子どもに対応する必要がある．その柔軟性を保持するために，ほかの教師と話し，異なる視点に触れることが重要になる．

9-6 教師の学習方略と学習習慣

　教師として学び続けるためには，自分自身の課題をもつことが重要である．一つの方向性としては，「あの先生のような授業がしたい」など，憧れやヴィジョンをもつことである（石井，1996；Hammerness, 2006）．目指す授業のあり方を自分の中で定め，それに向かって力量を高めていくことは，多様な価値観が混在する教師の仕事において，一つの指針となり，学習の効果や動機づけを高めるものである．

　教師として自律的に学んでいくため，個人で省察を深める方法として，自分の授業をビデオカメラ等で録画録音し，文字に起こすことが有効とされている．たとえば，次のような事例がある．授業中にある子どもが突然立ち上がって歩き出し，他の子どものところに行って話をしていた際，「席に戻って！」と叱ったとする．授業者は，その子どもが普段からあまり集中力がなく，ふらふらする傾向にあるととらえていたため，その子の今後の成長を願って叱ったのである．しかし，授業者が後で録画したビデオを見返し，文字に起こすと，立ち歩いた子どもは授業の中身についての話をしていたことがわかった．つまり，その子が立ち歩いたことは，授業についていけなくなったことを示していた．授業者は，子どもたちが何をしていたかが見えていなかったことを，授業記録を起こすことで省察した．

　子どもによって多様な学習のあり方がある．子どもが用いている学習方略や学習習慣を教師が知るためには，授業の内側を丁寧に読み解いていくことも有効である．そのために，授業研究ではさまざまな分析手法が開発されてきた（的場・柴田，2013）．重要なのは，授業を表面的にとらえて良いか悪いかを評価するのではなく，子どもの内側，子どもどうしの関係を丁寧にとらえていくことである．それにより，子どもそれぞれの具体的な学習のあり方について，理解を深めることが重要となる．

　そのように教師が学ぶことによって，子どもの学習習慣を育てていくことが

できる．前出の古屋教諭も，自身の授業をビデオカメラでよく撮影し，振り返っている．子どもの学習習慣を育てることは，学び続ける子どもを育てることである．学び続ける子どもを育てるために，教師は子どもの学びの事実を見出し，そこから丁寧に学ぶ必要がある．

　子どもに学習方略の使用や学習習慣の形成をうながすためには，子どもの学習観に働きかける意識を教師がもつことが重要である．単発の授業ではなく，日常の授業での工夫や課題の出し方などを通して，長期的に働きかけていくためには，教師として，一貫した学習観をもつことが必要だろう．なぜなら，教師自身の学習観が，明示的にも暗黙的にも，授業や課題の出し方に反映されるからである．子どもたちは，教師の学習観に適応する傾向にある．

　子どもが想定通りの学習の仕方をしなければ，教師自身の授業や課題の出し方を振り返り，自分自身の学習観を問い直す必要も出てくる．授業研究はそのためにも行うことが重要である．ビデオで振り返ったり，記録を文字起こししたり，同僚に授業を見てもらったりすることで，自分自身を「鏡」に映して見直す．そのような手立てを教師自身がもつことが，専門家としての教師に求められるだろう．

- あなた自身が勉強する上で，どのような学習方略を用いているか，書き出してみよう．そして，それがどの程度有効であるかを考えよう．
- 子どもたちが学習習慣をつくるためには，どのような授業を行うとよいか，自分の考えをまとめてみよう．

10 学習過程と学力の評価と支援

　教育心理学では，学習をいかに評価するかについて，多くの知見を蓄積してきた．本章では，そのような教育評価とその方法に関して簡潔にふれるとともに，授業等の具体的な事例に即して，教師がどのように子どもを評価し，子どもへの支援につなげているかについて見ていく．

［キーワード］
▼
評価規準・基準
総括的評価
診断的評価
形成的評価
パフォーマンス評価
ルーブリック
ポートフォリオ評価

10-1 評価とは？

　評価をされるときに，人はどのような感情を抱くだろうか．認められようと奮い立つだろうか．良い評価を得るための方法について思考を巡らせるだろうか．はたまた，全身に緊張が走るだろうか．評価の結果を気にするあまり，やる前からどきどきするだろうか．

　評価をされる側からみると，評価にはいろいろな感情が伴うものであるようだ．しかし，評価する側からとらえると，感情とは無縁の，きわめて客観的で機械的で無感情的なものが目指されることが多い．なぜなら，評価の目的は，学習者の状態の正確で客観的な把握だからである．正確に把握するためには，できるかぎり，ノイズを排除しないといけない．また，客観的に把握するためには，評価対象の属する集団の特性や評価者の趣向によらず，同一の評価が下されるように評価方法を明確にしなければならない．評価は，誰もが納得する方法で，学習者の実態をきちんと把握するために行う．一般に，評価は，テストの点数やアンケートでの評価など，手順が簡単で，誰が見てもわかりやすいものに限定する傾向があるように感じられる．

　また評価をすることには，特有の難しさがある．一般に，自由競争と評価を組み合わせれば，学習者は自然に成長すると考えられがちである．しかし，何をどのように評価するかによって，事情はまったく変わってくる．評価する側の視点からは，評価はテストのように，ある一定の基準に従った単純作業ととらえられがちである．確かに評価で大事なのは，異なる人間や集団を比較可能にする，客観的，かつ包括的な指標である．だが，その客観性はどのように保証されるのか，その評価はどれだけ信頼できるのか，評価の対象にとって妥当か，なぜ包括的といえるのかについて，非常に複雑で専門的な議論も生じる．

　評価の信頼性のためには，とくに選抜などの場合に評価者により異なることは避けねばならない．評価をするためには複雑な価値判断をし，明確な教育目標を定める必要がある．

（a）絶対評価と相対評価，規準と基準

　教育目標への到達度を評価することを**絶対評価**(absolute evaluation)とよぶ．一方，成績表に5段階でつけられるように，ある一定の集団の中の相対的な位置によって，個人の能力や学力を判断する評価方法を**相対評価**(relative evaluation)とよぶ．

　そして，目標に準拠した評価を行うためには，二つの「キジュン」が必要である．一つは，「規準」であり，もう一つが「基準」である．**評価規準**(criterion)とは，いわば，学習の評価として何を見るか，ということである．たとえば，理科なら「自分の仮説を記入し，実験結果の予想までできているか」という記述が評価規準にあたる．もう一つの**評価基準**(standard)は，規準をもっと具体化したものである．具体的に学習者のどういう点から，規準に書いた事柄が達成できたとするか，あるいは達成できなかったとするか，というものである．たとえばテストで測るのか，測るとしたら，何点以上で規準を達成したと見なすのか，また，別の評価方法と組み合わせるのかなどが基準である．基準を考えると，評価の議論はもっと複雑に，具体的になっていく(田中，2008)．

（b）評価と学習者の支援

　実際，評価によって，学習者の実態を適切にとらえることは難しい．コラム7-1に登場した真理子さんはどうだっただろうか．真理子さんは算数の文章題を解く以前に，漢字が読めていなかった．彼女は，算数の学力を評価するための，計算問題や文章題を解かせるテストを受けてきた．しかし，文章題が読めない真理子さんはそれまで，そこに書いてある数字をいじることによって，なんとか答えを出していたのだろう．しかし，そのようにして出てきた真理子さんのテストの点数は，真理子さんの算数の学力を適切に評価したといえるのだろうか．また，そのテスト結果を見ても，真理子さんがどこでつまずいているかはわからない．ましてや「○にん」と聞いて「人」という漢字が思いつかないとは想像もつかないだろう．真理子さんの学力をテストで評価しようにも，その後の適切な支援に結びつきにくい．その意味では，テスト結果より教師が

真理子さんと直接話し，彼女の学習の様子からとらえた姿の方が，よほど適切に実態をとらえ，かつ真理子さんへの支援になっているだろう．実際に，筆者は真理子さんの様子を見て，文章題を読めていない可能性に気づいていた．真理子さんの実態にとって，テストという評価基準の限界がここに示されている．

原理的に考えると，評価というのは「諸刃の剣」かもしれない．評価することによって，客観的に見えてくる実態はある．しかし，評価方法によっては，とらえるべき学習者の実態を隠してしまうこともある．ましてや，それで順位づけするとなると，評価される課題にしか取り組まれなくなる可能性がある．藤澤(2002)は，テストのためだけに勉強することを「ごまかし勉強」と名づけている(9章を参照)．なぜなら，テストで見かけ上良い点が取れても，テストが終わればすべて忘れてしまう，という形で，学ぶことそのものをごまかしているからだ．学校教育を受けてきた者であれば誰しも，いかに努力せずに高評価を得られるかについて，チラッとでも考えた記憶があるのではないか．テストの点数だけを評価と認識していると，思わぬ落とし穴にはまることになる．

そのため現場の教師たちは，さまざまな機会を通して，子どもの実態を把握することに努力している．みなさんのなかには，教師が自分のことをきちんと見てくれなかった，という思いをもったことがある人がいるかもしれない．しかし，視点を変えて教師側から見ると，子どもの学習を支援するためには，子どもの実態を把握する必要があるため，子どもによって濃淡あれど，必ずどこかでは見ている．さらに，全国学力・学習状況調査やPISA調査など，学力テストによる評価が重視される昨今においては，むしろ，学力テストでは表面上見えてこないところをいかに見ていくかが，教師に求められる．

10-2 代表的な評価活動

ここでは，代表的な評価活動として，二つの考え方を紹介する．一つは，評価の目的に関わるものであり，もう一つは，評価のタイミングに関わるものである．

(a) 指導と評価の一体化

評価方法として最も広く知られているのは,ペーパーテストだろう.小学校では,一つの単元が終わるごとに行ったかもしれないし,また多くの読者は中学校や高校で,中間考査や期末考査などのテストを受けた経験があるだろう.よく知られているように,テストを受ける人は,学習した(はずの)内容に関して,その知識が身についているかどうかを調べるための質問項目を読み,一定時間内に,ほかに何も見ずに,筆記で回答する.その結果から自分の成績が判定される.教師側からすると,テストは学習者の知識を判定するものであるが,学習者の視点からは,自分の学力を目に見えるものにし,つまり,他者との比較を可能にするものである.

テスト返却後の教室で,仲のよい友達と互いの点数を見せ合ったことや,逆にもしかしたら「あいつだけには絶対に見せたくない」と思ったことがあるかもしれない.試験結果が公表されれば学習者の成績の序列がわかる.そのため,学習者にとって,評価は緊張を伴うものであろう.しかし,評価は本来,序列づけのためではなく,学習の成果を正確に客観的にとらえることで,今までの指導を振り返り,次の指導を考えていくためのものでもある.このような**指導と評価の一体化**が,最近,ますます求められてきている(田中,2008).学習者の成績が芳しくなければ,教師側の指導のあり方を見直す必要がある.

(b) 総括的評価・診断的評価・形成的評価

ところで,テストのような評価は行う時期によってねらいが異なる.一つの単元の修了や学期末など,節目ごとの大きなテストは**総括的評価**(summative evaluation)とよばれる.一定の内容を教えるための指導計画が終了した段階で,ねらい通りに学習者が学習したかどうかを最後に判定するテストである.つまり,教師の用意した授業計画で目標とする学習が達成できたのかどうかを確かめる評価である.

別のタイミングで行うものに,診断的評価がある.**診断的評価**(diagnostic evaluation)は,学習活動を行う前に,学習者がどのような知識をどれだけも

っているか，学習に対してどのような姿勢でのぞんでいるかなどを測定する．学習者が何を知っていて，何を知らないのか，これからの授業について，どの点に興味をもっているのかなどをあらかじめつかんでおくことにより，その実態に即して授業計画を練るのである．

そのようにして授業計画を立てても，実際は予想通りに進まないことが多い．そのために，形成的評価を行う．形成的評価(formative evaluation)は，計画を途中で変更するために必要な情報を得るための評価である．予定通りに学習が進んでいるか，違う方向に行っていないか，思わぬところで学習者がつまずいていないか，想定外の方向に向かっている可能性はないかなどを判断するための評価であり，それに基づいて，計画を修正し，必要な手を打つ．そして，それに対してさらに形成的評価を行う．

診断的評価にはじまって，授業計画を立て，形成的評価により計画を修正し，最後に総括的評価を行う．この一連の流れについて，通常，教師たちは必ずしもすべてをペーパーテストにより実施するわけではない．学校現場は多忙であり，子どもたちの実態を逐一テストによりとらえることは難しい．テストを行えば，その結果の検討にも時間と労力がかかる．そこで，教師たちは，自分たちの授業経験や学習に関する見識に基づいて，子どもたちの実態をとらえている．次は，それを事例で見ていこう．

10-3　授業進行中の評価(即興的な形成的評価)

コラム 7-2 で紹介した社会科の授業記録では，教師が授業中に何を考えていたかについても記載した．ここでは，授業中に教師が行う即興的な評価のあり方について具体的に見ていこう．

(a) 授業中に子どもの何を見るか

コラム 7-2 で，教師は「満員の劇場で「火事だ！」と，うその発言をすることは自由か」という課題に対して，個別の子どもの反応を予想していた．たと

えば，社本さんについては，日頃の言動から「自由だ」と言うだろうと予想していた．しかしコラム7-2では述べていなかったが，話し合いの前に社本さんが書いた意見を見て，予想と違うことに気がついた．そこで，社本さんの意見とぶつける計画だった川口さんと永田さんのメモを見に行く．すると，社本さんと同じ結論だった．教師は授業冒頭にして，「困った」と計画の修正を余儀なくされていた．

　このことは，二つのことを意味している．一つは，教師が子どもの個人作業の機会を利用して，子どもの考えを事前に把握することにより，子どもに対する形成的評価を行っている点である．もう一つは，教師自身が自分のとらえ方，予想を自分で評価している点である．子どもの学習を評価することは，とりもなおさず，教師自身の自己評価となるのだ．

　また，評価に際しては，授業の課題をそのまま子どもに書かせる，という方法をとっている．これは授業の目的に密接に結びついているため，評価として正当である．

　コラム7-2にあるように，冒頭で社本さんが法律を基準にして「自由でない」と発言したあと，梶田さんが挙手をしていた．教師は「梶田が挙手をしている．しかし，出方がまったくつかめない．ひとつ間違うと，方向が変わってしまう気がするが……，彼には鋭い切り込みもあるし……」と思っていた．このあと結局，教師は，梶田さんを指名する．梶田さんは，法律の中でやれば自由ということは，時速40 km制限の道を時速1 kmで走ってもいいのか，と社本さんに尋ねた．教師は，「しまった！」と心の中で思い，「何とか早く切り上げないと……」と考えた．

　ここで，梶田さんを指名しない選択もあり得た．しかし，教師が指名したことは重要である．その時，その場で子どもが何を考えるかは，子どもから発言が出ないことにはとらえがたい．結果として，意図した授業の流れを乱す可能性はある．ここでも実際に，教師は話を切り上げて，社本さんへの対立意見を求めていく．それは，子どもたちの学習を焦点化するための支援である．教師の専門性として，即興的な形成的評価と支援の実践があるといえよう．

蓮見さんは,「発言自体は自由」と言う．そのあと教師は次のように考えている．「植田と梶野がさかんに話し合っている．今までにはないことだ．どうも蓮見に反論らしい．よし指名してみよう」．
　植田さんと梶野さんが話し合っている姿をとらえた教師は,「今までにない」と評する．「さかんに話し合っている」ということは，課題に積極的に取り組んでいることを示し，かつ自分たちなりの考えを形成しようとしているわけであるから，教師は指名する．このように，子どもの考えを直接聞くのでなくても，子どもの活動の様子を評価し，判断することもある．そのためには，継続して，子どもの様子をとらえる必要のあることが,「今までにはない」という言葉からうかがえる．
　そして，梶野さんが指名されたあと，石川さんが挙手をする．それに対して，教師は「4月から二度目の挙手」ととらえ，指名する．ここでも，教師が今までの子どもたちの様子をとらえており，それに基づいて支援していることがわかる．
　教師は，松本さんが社本さんの意見に対して，罪になることと自由かどうかの間には「まだ（議論の余地が）ある」と言った場面については次のように考えていた．「うーん．同じ問題でも違った次元でとらえているようだな．しかし，社本らを揺さぶる要素はあるな」．
　教師は，松本さんも社本さんと同じく自由でないと考えながら,「違った次元」で考えていることに気づいている．その違いを認識しながら，あえてその意見を活かすことで，社本さんたちの考えを揺さぶる，という授業過程を考えている．これは，授業過程の評価でもある．
　その後，竹内さんが,「他人に迷惑をかけることは，自由でないと思う」という意見を出したとき，教師は,「結論めいたところが出てきた」と授業過程をとらえる．続いて，中山さんが「他人に迷惑をかけたなら自由というものの意味はなくなっちゃう」と言うと，教師は,「どうだい？」と全体に問いかけていた．しかし，反応はなく,「急に静かになった．行きづまったのか．それとも，問題をそれぞれの次元で展開しはじめたのか．眼だけは全部こちらを向

いている」と状況について推論し，「しばらく放置しよう」と行動を決めた．

　沈黙のあと，社本さんが発言した．しかし，教師は深まらないと思ったため，周囲と意見交換するように指示した．そして，その間に教師は次の授業展開を考えていた．「これからどう展開しよう．川口の読みも甘かったしな．川口を蓮見たちにぶつけて，それを社本にはねかえす方法にしようか．永田は？」

　教師は，このあと，川口さんを指名する．いったん結論に近いところにきたが，迷惑の基準がないという川口さんの意見で，教師は内心「どうなってるんだ？」と思う．これは，先ほどからの展開で，一歩深めるための意見交換を教師は想定していたが，予想していなかった意見が出たためだと考えられる．

　しばらく子どもたちの議論が進み，永田さんも何度か発言した．それに対して教師は，次のように考えている．「うん．永田にしてはよくがんばったなあ．竹内にも，川口にも反論したことは，十分認めてやりたいな．それにしても，永田を応援する生徒の出ないことは，彼のクラスにおける現在の位置を示しているのだろうか？」

　ここで教師は，永田さんの発言内容だけでなく，その発言の様子から，永田さんを取り巻く周囲の状況に関してもとらえている．ただし，断定はしておらず，今後の様子を見て判断するようである．

（b）授業後

　授業終了後，教師は，「社本に対して，把握の甘さがあったと思う」と自省した．これは，ある意味で，評価者自身の目線の確かさをとらえ直す営みである．つまり，社本さん本人の傾向ではなく，教師自身が，いわば評価のツールとしている視点を，より正確に子どもをとらえられるように修正する，という営みである．

　続いて，全体として，自己の経験で考えている子ども，法律で考えている子ども，両方を考えている子どもがいるとみたうえで，「法の中で自由か」という問いで，次の授業を構想した．

以上のようにして，教師は，子どもたちの学習状況を，発言や姿勢から読み取るとともに，自身の視点そのものを振り返りながら授業を進行している．テストやほかのツールを使って子どもの学習の実態をとらえることも重要であるが，子どもの発言や，授業中の様子，また，子どものワークシートへの記述などから総合して，子どもの実態をとらえていくことが大事だといえる．それにより，次の学習への支援につなげることができる．

　「自由とは何か」を問う一連の授業の最後には，教師と子どもに興味深いやり取りがあった．コラム 10-1 がその記録である．

コラム 10-1　「テストに出たら，えらいこっちゃ」

　授業後に，松本が教室を出て行ったが，10 分の休み時間が終わり戻ってきた．教師と顔を合わせると，「先生！　自由には困っちゃった」ともらして，教室へ入って行った．さらに，竹内と川口も教師のところにやって来た．そこで，次のようなやり取りがあった．

　竹内　今日はとにかく疲れたよ．
　教師　ようがんばったもんな．
　竹内　とにかく難しいことはわかった．でも，松ちゃん（松本さん）の言うこと，おれ，わからんな．お前わかるか．
　川口　わからん．どうしてわからんのだろうな．
　　そこへ松本と梶田が現れる．
　松本　やっぱり来とるな．
　竹内　お前，おれの言うことわからんか？　松ちゃん，絶対おかしいて．
　梶田　おかしいかもしれんけど，おかしくないみたいだよ．ところでさ，先生，これテストに出るの？
　教師　そりゃ出るさ．
　川口　どんなふうに出るんだろうな．「大きい自由・小さい自由があるか？」なんて出たら，えらいこっちゃ．

子どもたちがテストを気にしている姿は微笑ましいが，テストの問題を自分なりに想定して，それに対して「えらいこっちゃ」と自己判断している点が興味深い．子どもたちが，自分なりの考えを学級で出し合い，相互に検討してきたことによって，自分に何がわかっていて，何が難しいかを，自分でとらえることができていたのだろう．

10-4　評価される側にとっての評価

　ここでは，評価される側の目線で評価を考えよう．おそらく学習者であれば，自分たちが目標としたことからはずれずに，教師がきちんと評価してくれることを望むだろう．ペーパーテストによる評価では，たとえば，歴史的な事柄に関する知識の量や質を測れても，実際の生活や仕事などで歴史的な考え方や見方ができるかどうかは測れない．歴史を学習する本当の目的が，そのように実生活に活かせることであれば，ペーパーテストによる評価のみでは一面的になってしまうだろう．きちんと評価するためには，実際に実生活に活かせたかどうかで評価する必要がある．そのような評価を**真正な評価**(authentic assessment)という．

(a) パフォーマンス評価

　「真正な評価」の一例として，ここではパフォーマンス評価について考えよう．10-3節でみたように，ペーパーテストだけでなく，学習者の感じていること，考えていることを，学習者のさまざまな活動からとらえる評価を，パフォーマンス評価とよぶ．テストでは，学習者が本当のところ，きちんと理解しているかどうかがわからない部分がある．読者には，コラム7-1の真理子さんの事例を想起してもらいたい．一方，パフォーマンス評価では，学習者に教育目標に即したさまざまな課題，すなわち「パフォーマンス・タスク」を設定し，その取組みや成果から評価することになる．たとえば，歴史的な考え方や見方が身についているかどうかを評価するために，現在進行形の社会的な出来事や

事件を実際に解釈させる，などが「パフォーマンス・タスク」として考えられる．

ペーパーテストであれば，一律に点数化されるので，客観的に検討ができる．しかし，パフォーマンス評価では，評価の客観性に問題のあるときがある．パフォーマンス評価での客観性を保証するためには，ルーブリックという評価方法を用いる．ルーブリックでは，評価者を複数設け，それぞれが実際に評価を行った結果をすり合わせたうえで，具体的にABCなどと判定できるように，評価項目と評価基準を定める．作成に手間はかかるものの，ペーパーテストに比べてより多面的で本質的な評価が可能になる（田中，2008）．

（b）授業研究

授業においては，授業研究という営みにより，多様な視点から，子どもの学習過程が評価されることがある．授業研究では，まず，学習者の実態に即して，授業者が授業を計画する．そして，授業を実際にやってみて，それを複数の教師で観察し，授業後に，その授業について検討会を実施する．検討会では，授業の計画と，子どもたちの実際の動きを見ていくことで，子どもたちが実際はどのようなことを学んでいたか，どこにつまずいていたか，では，今後の授業をどのようにしていけばよいか，そのために授業者は何を学ぶ必要があるか，などを多様な観点から検討する．

授業研究を行うことで，評価する側，すなわち教師の評価に関する力を高める効果もある．授業研究には，ルーブリックのような明確で具体的な評価項目や評価基準を定める手続きはない．しかし，教師どうしで子どもの様子をとらえる視点から交流し互いの視点から学び合うことで，子どものパフォーマンスをより深く，正確に，即興的にとらえる力が教師の側に育つという効果も考えられる．そのような教師の力が重要なのは，実際の授業において，子どもの理解状況を流れの中で即興的にとらえ，時には授業計画を修正する必要が出てくるからである．いわば，授業中の即興的な形成的評価である．授業研究という営みを重ねることで，そのような子どもをとらえる教師の力を高めることが期

待できる．

（ｃ）ポートフォリオ評価

　さらに，学習者と話し合ったうえで評価することで，より学習者の主体性を養う方法もある．ポートフォリオ評価である．小学生の時，理科の観察日記をすべてファイルした経験はないだろうか．学習者が学習の過程で書いたものやつくったものなどを，すべてファイルなどに納め，記録・保存したものをポートフォリオとよぶ．ポートフォリオ評価では，その学習過程の記録を元に，教師と学習者で話し合い，学習者が今後進むべき方向性を自分自身で決めていくのである．それにより，学習者はより主体的に学習に取り組むようになり，また，評価する側も，学習者の学習過程に寄り添い，適切な評価と，それに基づく支援を行うことができる．

　ポートフォリオ評価の弱点は，資料が膨大になる点である．その欠点を補うために，**１枚ポートフォリオ評価**（OPPA：One Page Portfolio）が開発された．OPPAとは，「教師がねらいとする学習の成果を，学習者が１枚のシートの中に学習前・中・後の学習履歴として記録し，それを自己評価させる方法」である．ポイントは，まず，１枚のシートの中に，学習前，学習中，学習後の学習者の情報が入ることである．従来のポートフォリオ評価では，膨大な資料を収集し検討する必要があったため，多忙をきわめる学校現場では使いにくかった．しかし，１枚にまとめることで，授業への形成的評価方法としても使えるようになった．また，１枚であるために，学習目標との関連が子どもに見出しやすい点がある．それにより，学習目標に即して，一貫した評価が可能になる．評価に基づいて支援することを考えると，このような工夫が重要になってくる（堀・進藤・山梨県上野原市立巌中学校，2006）．

（ｄ）評価方法と学習

　学習者にとっての評価という点でさらに重要なのは，評価方法によって，学習者の学習が変わることである．学校の中で，テストがどんな形式で出るかを

教師に尋ねたり，尋ねている場面を目撃したりしたことはないだろうか．学習者にとって，自分がどの方法で評価されるかは気がかりである．なぜなら，テストの形式によって，テスト前の学習方法を変えなければいけないからである．村山(2006)は，テストの形式によって，学習者が学習方法を変えていることに着目した．そして，実際に授業を行った実験によると，空所補充型のテストでは学習が浅くなることを見出した．空所補充型のテスト問題では，習ったことの意味を理解するよりも，単語の暗記の方に向かいやすい，ということであろう．これは，テストで評価する側から見ると，厄介な問題であるが，評価される側からすると，共感するかもしれない．

教師は評価される側の気持ちにも配慮する必要がある．多くの子どもは，教師からの評価を悪くしたいと思わないだろう．コラム 10-2 は，授業研究に取り組む教師たちによる，授業中の子どもに対する何気ない教師の反応と，それによる子どもの行動の変化に関する語りである．子どもの発言に対する教師の反応が，子どもの発言の評価につながる，という感覚を，いずれの教師ももっていることがわかる．

小学校や中学校で，自分が発言した際に，教師の反応によって，嬉しかったり，がっかりしたりしたことはないだろうか．子どもは教師の意図を読みたがる．教師に評価されたがる．それは，教師にとって，子どもを動かしやすい反面，子どもの自律性を損なうことにもなることに，注意が必要である．

コラム 10-2 子どもの発言と教師の評価

ある小学校で A 教諭が社会科の研究授業を行った．研究授業後の協議会において，授業を参観していた H 教諭から，教師が自分の反応を抑えることで，子どもが発言しやすくなることを学んだ，という発言が出た．この H 教諭の発言についてどう感じていたかを，協議会後に別の三人の教師にインタビューすると，教師の反応に対する見解は「教師の反応が子どもの発言を価値づけてしまう」と共通していた．それぞれの教師が語った内容を以下に挙げる．

> A教諭(授業者)　良い意見に「すごく良い」と，私が反応してしまうと，児童みんなをそこへ向かおうとさせてしまうと思ってそうならないようにしたんです．
> K教諭　H教諭は，教師は過剰な反応をしない方がいいということを学んだとおっしゃった．確かにそういう部分はあると感じながら，(協議会でのH教諭の発言を)聞きました．反応するということは，その反応に，その教師の評価が自然と入っちゃうわけですよね．
> F教諭　無反応，というか，オーバーアクションで聞かない，ということですね．つまり，一人ひとりの子どもの考えや意見を，同じように聞いてあげるのが大切だということだと思います．

10-5　評価から支援につなげる

　教師は，評価を支援につなげなければならない．コラム10-3は，小学4年生の「ごんぎつね」の授業の一場面である．一見すると，教師の発問がなく，子どもが好き勝手に話をしているように見える．しかし，よく見ると，この授業場面で，二回発言している子どもたちがいる．この子どもたちの発言は，どのように変化しているだろうか．

> **コラム 10-3　授業中に変化する子どもの発言への注目**
>
> 以下は，秋田(1997)からの引用で，小学4年生の「ごんぎつね」の授業の一場面である．
>
> 教師　今日は三の場面ですね．まず読んでもらいましょう．
> 由紀　(本文を音読)
> 敏和　「おれと同じひとりぼっちの兵十か」というところで，兵十はごんと同じになったと思いました．
> 千春　自分と比べている．

しのぶ　ごんと同じひとりぼっちの兵十だから，よく気持ちが通じるんだなあ．

秀克　ごんは兵十がひとりぼっちになっているのを見て，自分もひとりぼっちだから，友だちになりたいなぁと思った．

重樹　ぼくもね，ごんがひとりぼっちやしね，兵十のおっかあが死んだからね，ごんは，ひとりぼっちどうしだから友だちになりたいと思った．

貴司　ぼくも，自分がひとりぼっちだから，友だちになりたいとよく似てるんだけど，ごんもひとりぼっちで，兵十もひとりぼっちになってしまったから，自分も寂しいから，寂しい気持ちがよくわかっているんだと思います．

明香　ごんは，自分がひとりぼっちで寂しい思いをしているから，兵十の寂しい気持ちがわかっている．

由紀　兵十もひとりぼっちになったから，何かしてあげたいと思ったかもしれない．

景子　だれかが出した「気持ちが通じる」というのはおかしいと思います．ごんは，いたずらばっかりしているのに，気持ちが通じるのはおかしいと思います．

宏美　今はいたずらをやめているんだから，気持ちが通じることがあると思います．

美貴子　私も宏美さんと同じで，今はいたずらをしていないから，気持ちが通じると思います．

秀克　ごんの気持ちのどこかにはやさしい気持ちがある．

由紀　私も，今は通じるかもしれないと思います．

重樹　ぼくもね，気持ちが今だけは通じると思います．ごんの気持ちの中にはね，意地悪の気持ちとやさしい気持ちがあるでね，ちょっとはやさしい．

教師　景子さんの言っている「通じない」ということ，……もうちょっと景子さん説明してくれる？

景子　ごんは気持ちが通じると思っていても，兵十はいたずらばっかりされているから，ごんのことはいたずらぎつねと思っている．

教師　言いたいことがわかる？

子ども　ああ，わかる．

教師　都さん，もう一遍言ってみて．

ここで二回発言しているのは秀克，重樹，由紀，景子の四人である．秀克には，ごんが，兵十が自分と同じくひとりぽっちになったから「友だちになりたいなぁ」と思っている，という一回目の発言に対し，「ごんの気持ちのどこかにはやさしい気持ちがある」という二回目の発言がある．ごんの兵十への共感の読み取りから，「どこかには」という留保がつき，さらに，「ひとりぽっち」という寂しいイメージから「やさしい」というイメージに変化している．重樹もまた「ひとりぽっちどうしだから友だちになりたい」というごんの気持ちの読み取りから「今だけは通じる」という留保がつき「意地悪の気持ちとやさしい気持ちがある」というごんの気持ちの複雑さに気づいている．由紀の発言にもまた「今は通じるかもしれない」という留保が加わっている．「景子」の二回目の発言は教師にうながされてのものであるが，最初の「気持ちが通じるのはおかしい」という発言が，二回目には「ごんは気持ちが通じると思っていても」兵十からはその気持ちがわからないという内容の発言に変化している．

　これらの変化は，他者の発言を聞くことによってもたらされている．児童が何を聞いているか，授業中に学習状況を形成的に評価するためには，そのような「見えないもの」を把握する力が必要となる．そのためには，特定の子どもが，何に対してどういう反応をするだろうか，という認識をもつ必要がある．

　さて，この授業中に教師は，冒頭の子どもたちの発言を聞きながら，下のようなことを考えていた(石井・牛山・前島，1996)．

> ここには前述したようにわたしからの問いはない．子どもたちは自らの読みを語っているのだ．しかし，脈絡もなくそれぞれが勝手に話しているのではない．互いの読みを確認し合いその共通性を探りながら語っている．

　教師は子どもの発言から，子どもどうしのつながりと差異を聞き取っている．そして，子どもたちが教材のどこに触発されているかを聞き，同時に楽しんでいる．評価というと，子どもたちを上から目線で順位づけるような垂直的な意味合いが強いが，子どもの読みを楽しむ場合の教師の形成的評価は水平的で，解釈的な評価となっているように見える．教材について，子どもがどこまで読めたか，という次元ではなく，子どもたちの読みの中に，教材の深い読みを感

じ取る評価である．これは，既存の評価尺度への当てはめではなく，教師の気づきと教材解釈に基づく評価である．

では，このような背景に何があるのか．

> わたしは，何もかも子どもに任せて，傍観的に授業に参加していたわけではない．わたしも，子どもとともに作品を読み味わおうとしていたのである．子どもたちと同じ読み手として，子どもの読みを聞き，共感したり，疑問をもったり，新しい読みを発見したりしようとしていたのである．　（石井・牛山・前島，1996）

この言葉からは，教師が評価者として子どもたちを上から見るのではなく，子どもたちと同じ立場に立って，熟練者として，子どもを見守る目線が読み取れる．評価と支援をつなぐためには，評価対象の学習者の目線をも持つことが求められる．

そして，この教師が実際に行った支援は「景子さんの言っている「通じない」ということ，……もうちょっと景子さん説明してくれる？」という一言である．教師は景子さんの表情から，まだ言いたいことがありそうだということをとらえていた．そしてまた，教師自身も，今までの発言の流れとまったく異なる点を出した景子さんの言葉を聞きたがっていた．その目的は，景子さんが何を考えているのかをきちんととらえるためでもあるが，そこには従来の評価的な目線はない．そして，景子さんの発言によって，子どもたちは，新たな視点で物語を読むようになっていく．教師が「評価」しようとする行為そのものが，子どもたちへの「支援」になっているのである．

本章では，いくつかの教育評価の手法について述べるとともに，教師が授業の中でどのように評価し，支援につなげているかを中心に述べてきた．また，学習者の視点にも触れた．教師は，学習者の実態をとらえるために，評価手法の工夫が必要であり，また，最終的には評価の主体が判断する必要がある．評価に基づいて支援を行い，その結果をまた評価する，という評価と支援のサイクルを授業の中で回すことが，学習者の実態に即した授業を可能にするのでは

なかろうか．そのためにも，教師は，評価とは何で，評価方法として何があるのかについて知識をもち，学習者の実態を適切にとらえる目線を養わなければならない．

- 今まで受けてきた評価の中で，自分が納得できた評価と納得できなかった評価を挙げて，何が違うのかを比べてみよう．
- 自分自身で学習していく場合，どのようにして評価を受けることが，自身の学習を進めるためによいだろうか．

11 授業と学習環境のデザイン

　授業を教師が何かを教える活動ととらえるかぎりにおいて，学習環境は二の次のことと考えられるかもしれない．しかし，学習者を中心に授業を考えれば，学習者本人が学習を進めていくために関わる周囲の環境を学習環境ととらえることができる．その学習環境には教師すら含まれる．教師が学習環境を効果的にデザインすることで，学習者の主体的な学びをうながすことができる．本章では，授業における学習環境のデザインについて述べる．

[キーワード]
▼
学習環境のデザイン
ナレッジ・フォーラム
ラーニング・コモンズ
授業研究会

11-1 学習環境

「学習環境」という言葉を聞いて，まず何を思うだろうか．机や椅子のこと，また，机の上が片づいているかどうか，ということも思い浮かべるかもしれない．はたまた，自分の家だと集中できないので，図書館で勉強することを思い浮かべるかもしれない．学習するためには，一人で，静かに集中できる環境がある方がよい，と考えるかもしれない．学生の身からすれば，たとえば，周囲に私語が多いために授業に集中できない，授業を聞かずに別のことをしている学生が多いので授業を受ける雰囲気になっていない，教室が広すぎて教師の声が聞こえにくい，などが思い当たるかもしれない．また，教師の目からすると，机の上に，きちんと筆記用具が用意されているか，ノートは開かれているか，教科書も用意しているか，聞く姿勢をきちんとつくっているか，などが気になるかもしれない．

この背景にあるのは，学習環境を，勉強するための環境としてとらえる考え方である．つまり，一人で，静かに，教科書や参考書を見て，鉛筆やペン，紙で作業し，知識を頭に入れる，という活動のための環境である．

しかし，**学習環境のデザイン**という視点の場合，「学習」は従来の勉強のみにとどまらない．「学習環境」というときの「学習」は，文脈つきで意味のある能動的な学習を指す．

たとえば，あなたが道を歩いていると，突如，外国人に英語で道を尋ねられたとする．道はわかるけれど，それを英語でどう表現すればよいかわからない．このとき，簡単に調べられる英語の辞書や文例集が手元にあったとする．そして，答えられるように調べてみて，なんとか道を伝えることができたとする．尋ねた外国人は感謝の意を述べ，嬉しそうに案内された道を歩いて行き，あなたは安心する．普段の英語の授業で習ったはずのことがすぐには出てこないのに，そのときに調べたことは，長く頭に残るのではないだろうか．そこには，学習者の強い動機があり，そして，調べる活動の意味が学習者にきちんと認識

されていて，誰かに答えを示されるのではなく，自分で調べたことが妥当であったかどうかが判断されている，という状況がある．ある状況の中での活動に即して意味あることを能動的に学ぶことこそが学習であると見なす考え方を，状況論とよぶ．学習環境のデザインは，この状況論の考え方に則っている．

　そもそも人は，勉強しているという意識がなくても，何かを学んでいるときがある．たとえば，鬼ごっこやかくれんぼのルールは勉強して学んだことだろうか．鬼ごっこやかくれんぼでは，最初はきちんとルールを把握していなくても，遊んでいるうちにいつの間にかルールや遊び方を学んでいったのではないだろうか．

　学習者に能動的な学習をうながすことを，環境を通して仕掛けていくことが，学習環境のデザインである．「環境」という言葉には，たとえば，自然環境，社会環境などさまざまあるが，ここでは学習者を中心とした，学習に関係する環境のことを指す．学習環境には，教室の設計から，ワークシートなどのモノ，さらには人まで含まれる．学習者を中心に見ているので，教師も環境の一つと見なすのである．

　学習環境のデザインとは，いわば，学習者が自然と主体的に学べるように，教師側が環境を構築，再構築することをいう．学校の中ではたとえば，授業内容に関係のある本を学級文庫に用意したり，話し合いを行うときに机の向きをコの字型に配置したり，調べ学習をうながすために，インターネットに接続したパソコンやタブレットを用意したりと，いろいろな創意工夫が教師によってなされてきた．それは，学習者の主体的な学習をうながすために，学習者を中心として，その環境としての授業をとらえ直す試みといえる．

11-2　学習環境のデザインをとらえる視点

　学習環境のデザインをとらえる視点には，「空間」「活動」「共同体」の三つがある（美馬・山内，2005）．

(a) 空　間

　「空間」とは，物理的なものである．学校では主に教室を使うだろう．しかし，教科や授業によっては，理科室を使ったり，音楽室を使ったりするだろう．体育では，競技によってグラウンド，もしくは体育館を使い，視聴覚教材ではメディア環境を備えた教室を使ったりするだろう．大学では，多人数の大講義室と演習やゼミ用の教室では，たいてい，机やイスの配置が異なる．大講義室は固定式で，すべての席が教室前方に向いており，教師の話を必ず正面で聞けるようになっている．一方，演習室やゼミ室は，互いが向かい合うように机が配置されていたり，グループが組めるように「島」がいくつもあったりする．机とイスは可動式で，授業の形態によって，柔軟に変更することができる．このように，教室をあらためて振り返ると，何をどのように学ぶかに合わせて，環境が構築されていることに気づく．

　机の配置を変えることで，空間を柔軟に利用することとなる．たとえば，教師の話を聞くときは，一斉に前に向け，グループをつくるときは数人で互いの机をつけ，また，全体で話し合うときには，コの字の形に机を配置する．逆にいえば，大講義室で机・イスの移動ができないということは，グループでの話し合いがしづらくなる，ということである．また，グループ活動を主体としたとき，教師が黒板で説明しようとしたときには背を向けている子が出てしまうことがある．つまり，「空間」は，学習の形態によってそれをうながす側面もあれば，制約する場合もある．

(b) 活　動

　学習環境のデザインをとらえる視点としての「活動」とは，その空間内で実際に何が行われるかである．活動の形態もまた，学習環境ととらえられる．

　たとえば，教室全体で話し合いを行うのか，グループで話し合うのか，教師の話を聞くのか．それによって，学習のあり方は大きく変わってくる．また，図画工作や美術，技術などの授業では，作品や道具をつくる．それもまた，学習者の学習を取り巻く環境と見なせる．

(c) 共同体

「共同体」という視点は，学習を一人のものとしてとらえず，実践共同体への参加としてとらえる状況的学習論に由来する．他者や，広く社会の中の共同体も，学習環境である．

このように，学習環境のデザインは，単なる物理的環境だけでなく，社会的環境，教材にも関わる考え方である．また，以上の三つは単独ではなく，それぞれ関連してとらえる必要がある．その基底にあるのは，学習者が主体的に環境に働きかけて，自分なりに学べる仕組みをデザインする，ということである．教師が教え，学習者がそれを聞いて学ぶ，という考え方とは一線を画する．

11-3 ある教室の風景から

「学習環境のデザイン」という言葉が出てきたのは最近のことであるが，以前から日本の教師には，それに相当する工夫があった．1981(昭和56)年のある教室の風景からそのことを描こう．中学校一年生の社会科で，戦国時代について，地域の教材を活かして探究的に学んでいく授業である．

教室の壁には，模造紙に書かれた掲示物が大量に貼られている．そこには，この社会科の授業で子どもたちが学んできた内容が書かれている．授業中に，前の授業の内容を参考にしたいときに，ぐるっと見回せば，それをすぐに見ることができる．しかも，個人ではなく，全員で確認することができる．

また，その教室では，廊下側の子どもたちが，黒板ではなく窓側の方を向いている．議論をしやすくするためである．教室の中には，40人もの子どもが所狭しと座っている．グループ学習をする際に，子どもたちは，好き勝手に移動を始める．自分が話したい相手のところに移動する．1人で考えたい子もいれば，10人ぐらいが集まって話し合っているグループもある．

授業の冒頭で教師は，偶然，一つ前の同じ社会科の授業から残っていた板書を，すべては消さず，これから行おうとする授業と関係の深い部分だけ残した．そして，子どもたちの日記の中から，戦国時代について調べてきた子どもの記

述の全員分を，プリントにして配る．これを読んで，すぐに意見交換をするか，その前にグループで相談をするかを，教師は子どもたちに尋ねる．学習活動の順序を子どもたちに委ねているのである．

　授業は，子どもたちの話し合いで進む．教師は，子どもたちの発言を短くまとめて板書する．そのとき，ただ順番に書くのではなく，論点ごとに書く場所を分け，発言どうしの関係がわかるように矢印などの記号を用いてまとめる．ここにも教師のデザインがある．黒板に書かれたものですら，子どもにとっての学習環境となる．

　子どもたちの議題も，子どもたち自身が決めている．「Aさんの意見に反対なんだけど……」．この一言が，子どもたちの間に意見の対立を生み，子どもたち自身で探究を深めていく材料になる．

　このような授業が展開されるときの教室の学習環境は，子どもたちが学習を重ねれば重ねるほど豊かになり，刷新されていく．あくまでも，学習環境を豊かにしていく主体は子どもたちである．しかし，そこには教師の意図がきちんと働いている．子どもたちの探究が堂々めぐりになったり，本質的な点からずれていったりしたときに，教師が声をかけて軌道修正をする．そのためには，教師自身が，子どもたちの話し合いを見通し，教材の本質を見抜く目をもっていなければならない．そのような教師自身も，子どもにとって学習環境なのである．

　この教師は，子どもとともにつくる授業を目指している．そのため，子どもたちの学習を中心に考え，子どもたちがなるべく考えやすいように熟慮し，考えるための素材を適切に用意することが，豊かな教室をつくり上げている．

　一方，学習環境は学習者の営みによって刷新されていくこともある．ある小学校の教室では，国語の授業のときに，黒板に本時で学習する場面の教材文を拡大した模造紙が貼ってあり，その模造紙に子どもの話し合いを教師が板書していた．その時間の授業が終わり，次の場面に進むときには，その模造紙を教室に貼り出していた．その取り組みを重ねると，子どもたちが話し合い学習した記録が，教室に次々と貼り出されることになる．このように授業の記録が残

ると同時に，子どもたちの中には，「誰々さんがあのときこう言ってた」「誰々さんの発言から気づいた」というように，他者と協働して学んだことの記憶が残っていく．このような学びの記録の掲示は，学習環境をさまざまな面で豊かにしていくだろう．

11-4 テクノロジーと学習環境のデザイン

　最新の授業実践には，新しいテクノロジーを利用したものも含まれる．たとえばパソコンが一台あれば，その中にたくさんの資料のデータを入れておくことで，子どもたちが自分で調べ学習をする際に有用であろう．また，インターネットに接続されていれば，さまざまなサイトに自分でアクセスして調べていくことも可能になる．パソコン内のデータやインターネット上のサイトは，モノとして目に見え触れることができるわけではないが，学習のための環境として考えることができる．

　学習環境としてのテクノロジーとしては，くわしくは13章で紹介するナレッジ・フォーラム(Knowledge Forum)が例に挙げられる．紙のノートと鉛筆ではなく，オンラインのノートを用いることによって，そのノートを他者が見たいときに見えるようにするのだ．通常の教室では，自分のノートは自分だけのものであり，自分用につくられることが一般的だろう．しかし，それを他者に公開することによって，自分と違う考えがあることを知ったり，他者の考えに学んだりすることができる．

　また，建物の設計そのものによって，主体的な学習環境を整える場合もある．最近の大学図書館にラーニング・コモンズ(Learning Commons)という，机と椅子がさまざまな形で配置された場所を見ることがある．「ラーニング・コモンズ」では，学生どうしが一人で調べ学習を進めることもできるが，ほかの学生に気づいたことを話したり，協同で探究を行ったりするためのスペースも用意されている．図書館の，一人静かに本を読む場所から，協働して知を創発する空間への転換がそこにある(山内，2010)．

11-5 教育実習生と教師の学習環境

教師についても,学習環境を考えることが有効である.

(a) 教育実習生の学習環境

まず,教師を目指す学生にとっての学習環境を見てみよう.教員養成課程にいる学生にとっては,どのような環境下で教育実習を行うかが重要になる.教育実習は,教員免許を取得するために必要な単位であるのみならず,実際に子どもと触れ合い,授業の難しさと楽しさを知り,教師への意識を高める機会でもある.大学の講義と比較して,自らの力で学んでいく側面が強い.そのために,大学生が教師へと成長するための環境が重要になる(コラム 11-1).

コラム 11-1 を見ると,学習環境としては,評価規準や,課題,コミュニケーション・ツール,教材,人など,さまざまなものが考えられていることがわかる.その中で,デザイン側が意図して用意するものもあれば,実習生の活動の中で意図していないことも起こる.このようなデザイン側の意図を超えた学習が起きるのも,学習環境をデザインすることの醍醐味である.なぜなら,そういう意図を超えた出来事から,次に新たに学習環境をデザインするうえでの参考になる知見が得られるからである.

コラム 11-1 | 教育実習の学習環境研究

森下・尾出・岡崎・有元(2010)は,ある教育実習の事例を学習環境の視点から検討した.この研究では,学習環境をフォーマルなデザインとインフォーマルなデザインとに分けている.フォーマルなデザインとは,実習生の所属する大学側が意図的に設定したものを指す.インフォーマルなデザインとは,大学側の意図の及ばないところで成立したものを指す.

大学側の意図がより強く反映されているフォーマルなデザインに,観点別達成目標がある.達成目標が観点別に明示されることにより,学生には自分の目

指すべきところが明確になる．また，目標にどのような観点があるかを知ることができる．このように，大学側により示される目標もまた，実習生に明示されていれば学習環境となるのである．

また，この事例で実習生は，大学側から課題が与えられ，そのレポートを，インターネット上の掲示板に書き込むことが求められた．課題は，自分の目標や自分自身を振り返るためのものであった．このような課題も，学生がそれを利用して自分の学習に役立てるという意味で，学習環境といえる．また，インターネット上に書き込むことにより，大学の教員からのフィードバックを得られる．さらに，実習生どうしが互いの考えや経験を共有できる．これは，課題を紙で提出するだけでは得られない状況である．インターネット上に書き込めば書き込むほど，実習生にとっては自分が参照できるものが増えることになる．つまり，学習環境自体が，学習環境を豊かにするようにできている．

さらに，実習生の実習の様子は記録され，15分程度の動画DVDとなって配布された．こうした動画が準備されることによって，実習生が自分を振り返りたいときに具体的な記録に基づいてできるようになる．同時にそこには，大学教員側として，実習生に自分の実習を振り返ることで学んでほしい，という意図が働いている．

実習を，大学教員や実習の指導教員等で振り返るミーティングなど，多様な視点で振り返る場も用意されている．このような場も学習環境といえる．こうした大学教員や指導教員も，実習生を中心に考えれば，学習環境の一部なのである．

一方で，実習生が実習を行う際には，大学側の意図の及ばない範囲でも，ほかのさまざまな，学習環境の要素やインフォーマルなデザインが関わっている．学習環境のデザインでは，学習者が周囲を主体的に利用して学習することを目指すので，ときには，大学教員というデザイン側の意図の範囲を超えた学習がなされる場合がある．たとえば，担当教員が実習生の指導案を検討する場面では，担当教員の授業に対する思いが作用する．

なお，この教育実習では研究授業後に指導教員が児童に補足の授業を行うことで，実習生が届けられなかった部分を支援していた．児童にとっては一つひとつが大事な授業であるためである．教育実習においては実習生の学習環境であると同時に，小学校現場であることを忘れてはならない．このように実際に児童に関わる中で教育実習生にも責任が求められるからこそ，学習環境として豊かであるともいえる．

(b) 現職教師の学習環境

　では，現職教師の学習環境はどうだろうか．たとえばアメリカでは，職員室がない学校が多くある．一方，日本の職員室では，教師どうしで子どもの話題が共有されたり，授業の悩みなどが交換されたりする．また北欧では，職員室はなくとも休憩所が用意されている場合があり，そこで教師たちが意見交換をすることができる．

　現職教師の学習環境として授業研究会が挙げられる．教師は，教職課程を通して免許を取れば一人前になるわけではない．校内研修としての授業研究会を公立学校で行うと，経験年数や教科などが多様な教師たちが，一つの授業について互いの考えを擦り合わせることになる．授業には，さまざまな要素がからみ合う．それを，複数の目線で交流するのが授業研究会であり，教師が学ぶための重要な機会である．授業研究は，まず，指導案や教材を検討することから始まり，このような場がもうけられることで教師の専門性を高めていくことができる．

　ある小学校の研究紀要から具体的に見ていこう．この小学校では，すべての教師が年におよそ三回の研究授業を実施している．しかし，すべての教師が参加する全体協議会は一人につき年一回である．ほかの二回の研究授業における協議会は，外部講師とのカウンセリングとして，または学年部会のなかで行われる．この学校では研究授業を三回実施する日もある．

　講師によるカウンセリングでは，外部講師の目線から授業の課題を深く探ることができる．また，学年部会では，子どもについての知識を多く共有していることや，同じような内容を授業で扱っているために，少人数でより深く授業を検討できる．全体協議会は，参加人数が多いため同じ教師が何度も発言できる状況ではないが，学校内での教師どうしのつながりをつくる意味がある．授業を公開した教師はもとより，授業についてコメントする教師たちの発言から，それぞれの教師が授業についてどのように考えているかがわかる．このように，授業研究を通して教師が力量を高める機会を多様に準備することで，豊かな教師の学びがうながされると考えられる．

この学校では，目指すべき子どもの学びのあり方を定め，「異質の他者から学ぶ力」を子どもたちに育てることを目標としている．そのような子どもの学びに対するヴィジョンを踏まえた上で，教師たちはそれぞれで個人研究テーマを定めている．各教師の個人研究テーマは，学級の状況を踏まえたものや，教師自身の課題意識に基づくものなど多様である．そのため，研究授業の指導案は，各教師が最終的に自分の考えで決めることになる．各教師が研究授業の目的を定めることで，一回一回の研究授業に意味が生まれる．

　また，頻繁にほかの教室の子どもを見るため，教師たちが学校全体の子どもの様子をある程度把握できる．すると，職員室で，子どもの話題が教師たちの間で共有できるようになる．通常，小学校は学級担任制なので，ほかのクラス，ましてやほかの学年の子どもについては，よく知らない．しかし，授業研究の機会に，ほかの教師に教室を開くことで，教師たちがほかのクラス，ほかの学年の子どもの様子を知ることができる．さらに，教師たちが授業を公開することへの抵抗感を減らしていけば，研究授業でなくとも互いの授業を見合うことが日常的に行われるようになる．他者の授業やほかの教室の子どもの様子から，教師たちが学べる機会が増大するのである．

　このように，教師のための学習環境が学校内に整えられることにより，教師たちは自身の授業力量を高めていくことができる．そして，ある教師がほかの教師の学びについて，授業研究協議会で語るときもある．

　コラム 11-2 に示すように，教師どうしが互いの授業や教室の状況について把握し合うことで，教師個人ではとらえきれない成長を周囲が見守ることとなり，教師どうしが学び合う関係が生まれる．これが，教師にとっての学習環境となる．

コラム 11-2　同僚教師の学びについての語り

ある教師は授業研究協議会で，ほかの教師の学びについて次のように語った．「ぱっと教室に入ったときに，僕が思ったのは，あれ，M 先生ってこういう先生だったっけっていうこと．去年の道徳の授業を見せていただいていて，これが二回目なんだけど，そのときからすると M 先生がすごく変わったなって，まず思いましたね．(M 先生は普段どのように授業をすればいいか)わからないって言っている割には，ちゃんと……(わかっているようでした)．それが最初に感じたところですね．最後の話し合いを見ていると，みんなで聞き合うことができているクラスだった．わからないっていうのは，僕みたいなのが本当にわからないのであって，先生の方がわかっているなぁ，と思いました．」

教師どうしだけではない．校長が研究授業を見て授業後の検討会に参加し続けることで，教師の学びや挑戦をとらえ，協議会で語ることもある．社会科の研究授業で，子どもたちが四人グループになって調べてきたことを発表していた．その後の協議会で，グループでの調べ学習が不十分なことや，発表も子どもたちにあまり伝わっていないのでは，という議論になったとき，この校長は，以前の研究授業で外部講師の A 先生からも同じことを指摘されたと述べた．そして，校長は，「この前(A 先生に指摘されたときの授業)と違った点というのは，発表する四人が自信をもっていたんです」と子どもたちの様子の変化から，授業者の努力と成果を語った．一般に，授業の目的は子どもたちの学びと成長である．よって，校長が子どもたちの変化から語ることで，ほかの教師たちにも理解できる語りとなっている．

まとめ

授業とは，教師が一方的に教えるものである，という考えから脱し，授業の本来の意味である学びをうながすための学習環境のあり方について述べてきた．子どもの主体的な学びをうながすための学習環境という視点自体は，日本においても長く実践が積み重ねられてきた．しかし，その意義が理論的に着眼されたのは近年になってからである．そして，近年ではテクノロジーが高度に発達

したことにより，新たな建築デザインや，ITを用いた学習環境がさまざまな場所で実践され，整備されつつある．

これからの教師は，学習環境のデザインに関するさまざまな知識を得ることで，より豊かな授業実践を展開できると考えられる．同時に，教師が教え，子どもが学ぶという単純な図式ではなく，子どもが周囲の環境と関わってどのように学んでいるかをとらえる視点をもつことも重要になってくるだろう．学校が子どもの学びにとってより豊かな環境になることを今後期待したい．

- 自分の周囲を学習環境ととらえ，どのような点に学習をうながすような特徴があるかを考えてみよう．
- 自分が主体的に学ぶためには，どのように学習環境を整えていくとよいだろうか．自分なりに実践しながら確かめてみよう．

12 教師の学習過程

よりよい教育を求めて,教師の力量に注目が集まっている.教室での子どもの学習を質の高いものにするためには,教師の力量が決定的に重要である.では,教師はどのようにして力量を高めていくのか.本章では,子どもではなく,教師の学習過程を扱う.

[キーワード]

観察による徒弟制
反省的実践家
授業を想定した教科内容知識
授業研究
協働的な省察

12-1 教師の力量

　教師の力量とは何か．教師の仕事は多岐にわたる．中心は授業であるが，校務分掌とよばれる学校全体に関わるさまざまな仕事，保護者への対応，行事の準備，部活指導などがある．加えて，学校内外でトラブルも突発的に起こり，即座に対応が求められることもある．昼食時でも，子どもが職員室に訪ねてくれば，対応しなければならない．このような多岐にわたる仕事をうまくこなせるようになることは，教師生活において重要であるが，ここでは授業についての力量を中心に述べたい．なぜなら，授業こそが学校における中核的な機能だからである．

　では，授業における教師の力量と聞いて，何を思い浮かべるだろうか．自分の知っていることをうまく説明する技量だろうか．声の大きさやイントネーションの使い方だろうか．はたまた，子どもの疑問に解答する豊かな教科内容知識だろうか．これらの力量はもちろん重要である．しかし，うまく説明するといっても，30人ほどの多様な子ども全員が，一通りの同じ説明を受けて納得する保証はない．声の大きさやイントネーションの強弱を使ってその場ではわかったつもりにさせても，あとで子ども自身が振り返ったときに，何を学んだのか思い出せないことがあることも度々指摘される．また，子どもの疑問に教師がすべて答えていては，子どもにとって授業は教師の取り合いになり，自分で考えることや友だちに相談することをしなくなる．

　教師の力量は，よりよい子どもたちの学びをうながす力量として考えなければならない．それは，状況依存的で，即興的であるが，思慮深さを兼ね備えた力量である．子どもが何をわかっていて何がわかっていないかを，授業の流れの中で的確にとらえ，子ども自身がわからないことや疑問を追究していくのを支援する力量である．当然，子ども一人ひとりで状況は異なるだろう．一人ひとりを丁寧にみる力量も必要である．

12-2 教師の学習

　一般的に考えて,「教師の学習」という言葉には違和感を覚える人もいるかもしれない.なぜなら,教師は学習を終えた存在であって,だからこそ教える権利があるとも考えられるからだ.だが,科学・技術の急速な発展や知識社会化によって,最先端の知識は急速に更新されていく.その過程で,学校で学ぶべき知識の内容や質が変化してきている.教師といえども,自分の持っている教科内容知識を更新していく必要がある.

　また,社会の急速な変化は,子どもを取り巻く状況の変化を意味する.子どもの日常生活や,子どもと親の関係性,友だちとの関係性も変化している.そのなかで,子どもをとらえる視点を絶えず更新することが求められる.

　さらにいえば,授業も一斉講義型からの転換が求められている.つまり,受動的に聞いた内容をノートに書き写すことを求める授業から,子どもたちが能動的に自分の疑問を協力して追究する授業への転換である.社会の変化は子どもたちに,多くの知識を暗記するよりも,知識を活用し他者と協力してさまざまな社会的問題を解決する力をつけることを求めている.よって,授業においても,子どもたちが他者と話し合い,協力して創造的に問題を解決していくことが大事になってきている.そのような授業を行うために,子どもの学習過程に関する知識を深くもつことが,教師に求められている.

(a) 観察による徒弟制

　このような教師の学習は,長期的であり,複雑である(坂本,2007).教師の学習に特徴的な難しさを,"Preparing Teachers for a Changing World"というアメリカの教師の学習研究をまとめた本から見ていこう(Darling-Hammond & Bransford, 2005).第一に,**観察による徒弟制**(apprenticeship of observation)という問題がある.前にも述べたが,日本で過ごせばほとんどの人が,小学校から高校までに12000時間以上もの授業を受けていることになる.子ど

もとして授業を受けることは，すなわち授業を観察することであり，それによって，徒弟制でそうであるように，長い時間をかけて授業を見ることで学ぶことになる．つまり，教師になる人は，教師になる以前から，ある意味で，授業のエキスパートといえる．

そのため，ほとんどの人が「授業とはこういうものだ」というイメージを強くもっていることだろう．ただし，授業を実践するエキスパートではなく，授業を受けるエキスパートであることに注意が必要である．つまり，その授業のイメージには偏りがある．なぜなら，授業を一人の子どもの視点からしか見ていないからである．教壇に立った経験があればわかると思うが，教室で座って教師や黒板等を見ているときの授業風景と，教師として子どもたちを見る授業風景とではまったく印象が異なる．子どもの側からすると，教師の振る舞いに注目すればよいので，授業は非常に単純に見える．しかし，教師の側から見ると，30人いれば30人の動きや考えがあり，それへの対応を常に考えている．となると，授業は非常に複雑な実践となる．教師になるために，まずは自分が強固にもつ授業のイメージに向き合い，時間をかけて変容させることに取り組まねばならない．

（b）複雑性の問題

教師の学習における難しさの第二は，複雑性の問題である．授業にはさまざまな価値が複雑にからみ合っている．ある中学校のHK教諭(理科)が実際に直面した困難を例に挙げよう．

HK教諭は，探究学習をテーマに授業研究に取り組み，子どもたちがグループで課題を追究する場面で，子どもたちの自主的な取組みを尊重していた．ある日の授業で，ある子どもたちが生き生きと追究をはじめる一方で，別の子どもたちは，授業とは直接関係のない話で盛り上がっていた．教室が騒がしくなり，教師は一喝することを考えるが，一喝することで，自主的に取り組んでいた子どもたちまでもが萎縮する可能性がある．また，教室内にグループがいくつもあるので，HK教諭は教室全体の状況をある程度はつかんでいても，完全

に把握することはできない．加えて，各グループできちんと作業が進んでいるかを個別に把握する必要や，子どもから出た質問などに応える必要がある．

このように複雑な状況下で，教師は状況を判断し，意思決定し，行動することになる．したがって，教師の行動の真意を外から観察するのは容易ではない．単に身体的に振る舞うだけでなく，頭の中での深い熟考に支えられているのである．このような熟考を行うためには，授業の複雑さに向き合い，授業の事実に基づいて省察する経験を重ねる必要がある（省察については，9章参照）．

(c) 実践化の問題

教師の学習における難しさの第三は，実践化の問題である．教師がある授業方法を習得しても，それを即座には，ねらい通りきちんと実践しがたい，という問題である．

上述の通り，授業はきわめて複雑である．また，ある授業方法を実践したつもりになっていても，自分の中の授業イメージに即して展開しているだけで，本来の意図と異なっている可能性もある．また授業では，子どもの状況に合わせて即興的に判断し展開する必要がある．授業中に，あるタイミングである方法を実践しようと計画していても，いざ授業がはじまれば，授業の複雑さを受けてさまざまな思考を働かせることになり，適切なタイミングを逃す可能性もある．よって，教師は新しい授業方法を実践するにあたっても，繰り返し実践し，さまざまな状況における結果を省察し，確かにそれが子どもの学習にとってよい方法であるという確信がもてなければ，自身のレパートリーに加えることはできないのである．

(d) 反省的実践家

以上に挙げた，観察による徒弟制，複雑性の問題，実践化の問題を乗り越えて教師が学んでいくためには，授業の事実を省察することが要になってくる．このような教師のあり方を「反省的実践家」（ショーン，2001）とよぶ．

反省的実践家（reflective practitioner）は「技術的熟達者」と対になる専門家

のイメージである．「技術的熟達者」は，解決すべき問題が与えられたときに適切な解決策を施すという専門家のイメージである．つまり専門家は，自分の専門領域について知識を豊富にもち，知識がない者に解決策を与えるというイメージである．それに対して「反省的実践家」は，専門家が，専門家に依頼する人と対等の立場に立つイメージである．与えられた問題に対して，本当にそれが問題なのかどうかを，依頼人との対話の中で検討する．教師の場合でいえば，子どもが抱えている問題を考えることからはじめるということである．

授業中に，教師は子どもたちの状況を即興的に判断する必要が生じる．子どもたちに発問したり，指示を出したりすることで，子どもに働きかけると同時に，その反応から，子どもたちがどのような状況にあるか，何がわかっていて，何がわかっていないかを把握する．そうしてとらえた状況に応じて，次の手だてを試みる．それはうまくいくかもしれないし，いかないかもしれない．うまくいかない場合は，自分のとらえた状況が本当に的を射ていたのかどうかを再検討する．したがって，教師は，授業の最中に即興的に状況をとらえる「目」や「耳」を養う必要がある．

創造的な授業実践を行う熟練教師と初任教師の授業中における思考を比較した研究（佐藤・岩川・秋田，1990）によると，熟練教師は，初任教師に比べて授業中の思考が豊かである．さらにこの研究では，初任教師が端的な事実をとらえるのにとどまりがちなのに対して，熟練教師は，授業中の出来事について事実から推論し，子どもたちの状況をより深く思考していることも示された．逆にいえば，熟練教師がとった授業中の何気ない行動に，きわめて高度な判断が秘められていることもある．

また，初任教師の行動にも，言葉にはできないが，何かしらの判断が働いているだろう．そして，それは同様に，授業中に子どもがとった行動にも，背景に子どもなりの思考があると考えられる．つまり，授業では，教師と子ども相互の行動による多様な出来事以上に，教師と子どもの内部の出来事とその相互作用の豊かな世界が広がっているのである．この豊かな世界に対する洞察力を養うことが，教師の学習として重要なのである．

(e) 授業を想定した教科内容知識

　一方で，教師が教科内容に対する本質的な理解をもつことが，子どもたちに質の高い学習をうながすために必要になる．教師は単に教科内容について豊富な知識をもっているだけで，それをうまく子どもに伝えられるわけではない．子どもの学習や授業方法のあり方に即して，教科内容を自身の中で再編する必要がある．そのような知識を，授業を想定した**教科内容知識**(Pedagogical Content Knowledge：PCK) とよぶ (Shulman, 1986)．たとえば歴史の授業であれば，さまざまな歴史的事件や人物名を教師が知っておくだけでなく，子どもにとって身近なことと関連がないか，子どもから出そうな疑問は何か，その疑問を追究していったときに，ほかのどの内容とつながってくるかなど，実際の授業の文脈で，歴史の教科内容をとらえる必要がある．このような PCK は，単に教科内容を学ぶだけでは身につかない．授業経験や授業事例を省察することで，教師自身が形成しなければならない．

12-3　授業研究による教師の学習

　では，どのようにしたら効果的な省察を行うことができるだろうか．多くの教師が授業を終えたあと，多少なりともその授業を振り返るだろう．しかし，それが必ずしも有効でないときもある．第一の原因は，省察するときの視点にある．授業の進度や時間配分のみを振り返るとなると，授業で子どもたちがどう学んでいたか，という学習過程に対する省察とならない．あくまで，教師自身の振舞いについての省察となる．第二に，自分自身を客観的に見ることが難しい点にある．授業者には授業意図がある．授業における子どもの学習を見ようとしても，どうしても，意図通りにいったかどうかを見がちである．第三に，個人的な視点から抜け出すことが難しい点にある．個人的な視点で振り返り続けることにより，自分の視点を唯一だと思い込みがちになる．

　したがって，教師が省察を通して力量を高めるためには，他者とともに同じ授業を事実に基づいて省察する必要がある．そのためのシステムとして，校内

研修としての授業研究が注目されている(秋田・ルイス, 2008；坂本, 2007). ここでの**授業研究**は, 学校現場の教師たちが, 教師としての力量を高め授業を改善するための授業研究を指す. まず, 授業者が同僚教師からアドバイスをもらい, 授業をデザインする. そして, 授業者は自らがデザインした研究授業を実施する. ほかの教師は研究授業を観察し, ビデオカメラで録画したり, 手元のメモに記録したりする. 研究授業後, 同日もしくは後日に, 研究授業について協議する. この研究授業後の協議会において, 教師たちが授業の事実をもとに, 互いの解釈を交流することで, 授業を協働的に省察することになる. 授業の事実をベースに, 他者の視点からの語りを聞くことによって, 自身の視点に対する省察もうながされる.

日本では, 明治時代から授業研究の伝統があったが, 時代の趨勢の中で, 一時はあまりさかんでなくなっていた. しかし, 1999年に出された"The Teaching Gap"(Stigler & Hiebert, 1999)という本の中で, 日本の授業の質の高さが授業研究に由来する, という指摘がなされ,「授業研究」がアメリカに"lesson study"と翻訳されて伝わり, 授業研究に取り組む学校を増やしてきた. そして近年, 東アジア, 学力テストで高得点を取る香港やシンガポール等でも積極的に取り入れられるようになり, 日本においても逆輸入するような形で, 授業研究があらためてさかんになってきた.

そして最近では, 授業研究における教師の学習を扱った研究がさかんになってきている. 授業研究で教師の専門的な力量が高まる, ということは従来も指摘されていたが, とくに, それがどのような仕組みでもたらされるのかが検討されている. ある研究では, 子どもの協働的な学習に関する理論を援用したモデルを構築している(秋田, 2009). またある研究は, 協議会での教師の発言内容の変化を追い, 教師が協議会に参加する中で徒弟的に学んでいることを示した(北田, 2007).

ただし, 授業研究における教師の学習過程研究は, まだまだ発展途上にある. 教師という複雑な職業の学習を的確に記述することは難しい. 一例として, 次に, 協議会の発言記録を分析することで教師の学習を示す試みを紹介する.

12-4 授業研究の事例

ある小学校において実施した協議会の事例が，コラム 12-1 である．ここで，教師たちが**協働的**な省察を通して，学ぶ様子を見ていこう．子どもたちの学習過程について，それぞれの教師が互いに観察した事実とその解釈を話し，共通点と差異を探り，互いの発見を交流することで，算数の学習過程についての知識を協働で構築する過程が見える．算数において，最初の定義や用いる言葉の大事さを，それぞれの教師なりに納得しているようである．この内容自体は，すぐに授業に反映させる，というタイプの学習ではないかもしれない．しかし，複雑な授業実践から協働的に抽出した知見であり，教師たちにとって，今後の授業を考える上で重要な知識を得たものと考えられる．

コラム 12-1 | 異なる分母の分数の足し算についての授業研究事例

研究授業は 6 年生の算数，異なる分母の分数の足し算を，時計図を使って解く授業であった．時計図とは，時計のように 12 等分の目盛りが振ってある白い円の図のことである．この授業では，時計図を使って分数を表現して，異なる分母だと円を異なる大きさで分ける必要があることに気づけるかどうかがポイントであった．1/2 であれば半円に，1/3 であれば円を三等分する必要がある．時計図を用いる利点は，半分や三等分の線が引きやすくなることにある．この授業で子どもたちは，最初に 1/2＋1/3 が 10/12 となることを計算で確認したあと，その意味を時計図を使って説明する課題に取り組んだ．流れとしては，自分一人で取り組む時間，グループで取り組む時間，最後に，教室全体で話し合う時間がもたれた．

この授業研究会に参加したのは，高学年部会の教師たちで，授業者は算数専科の教師である．各学年の担任 2 名ずつ (5 年生：S と N，6 年生：A と M) と，授業者の算数専科 1 名 (K) の計 5 名での協議会であった．表 12-1 は，協議会での発言記録の抜粋である．この場面ではとくに，授業の出来事に対する推論を重ねて，教師どうしが互いの視点で交流し，省察を深めていると考えられる．

表12-1　分数の足し算の研究授業後の発言記録(抜粋)

No.	発言者	発言内容
1	A	多分，子どもはあそこで先生が何をきいてるのか(わからなかったのでしょう)．一瞬，ポカンって……．
2	K	なってますよね．
3	A	あの瞬間にクエスチョンがドドドって頭に出たような……．
4	K	自分一人で解決に取り組んでいるときもまだ，ポカンとしてそのまま……．
5	S	でも，それが(そのあと)動き出したのはなぜかって思った．
6	NとA	そうそう．
7	K	最初は動いてなかったけれど，一生懸命考えて，それからグループで話しはじめましたよね．そして教室全体での話し合いになって，やっぱり少し動いたなって感じがしたんですね．
8	A	グループの中も，ポカンでしたよね．
9	N	うんうん．
10	M	全体の話し合いで黒板前に集まってから(動き出した)．
11	K	集まってから(動き出した)．
12	M	そう．
13	S	最初に説明してたのって，佐山君だよね．
14	N	佐山君が説明してたときも．
15	M	まだ，ポカンとした感じだったよね．
16	N	真田君辺りから．
17	A	動き出した感じがする．
18	N	真田君は自分がストンと落ちた，あの感動をもって……なんか，インパクトが……．
19	S	そうですね，真田君が等分した量の違いに気づいたところで，動き出した．
20	N	うん，動き出した．……真田君にはちょっと私が(時計図の描き方を)教えちゃったの，グループ活動の場面で．
21	K	小島君は，1/2の図と1/3の図をちゃんと分けて描いてたんですよね．

22	S	そうです，図は分かれてたんです．でも，彼はその意味が，飲み込めてないっていうか，意味を表現できなかった．
23	N	そうですね．使える言葉というのをもっている子は，たとえば，等分して，とか，いくつ分，とか，分数の基礎的なところで出てきた言葉をもう一度使っていける子は，説明ができるんだけど，等分の発想とか，いくつに分けたうちのいくつ分みたいな，言葉の使い……(聴取不能)……絵はかけているな，て．
24	A	説明はできない．
25	S	そうだね，今日の困ってたのって，絵はかけるけど，なんて言ってよいかわからない，てことだったんだね．

　記録では，A教諭が子どもたちの内面を語るところからはじまる．研究授業で，教師が子どもに「分数の計算式の結果を時計図で説明してください」と発問した場面を一つ取り上げ，子どもが教師の発問に「ポカン」とした様子を語っている．

　No.1～4までの発言で，A教諭の指摘に対し授業者のK教諭も納得し，子どもたちが「ポカン」としたことが共有されている．そこで，No.5でS教諭が「でも，動き出したのはなぜか」と，さらに授業についての推論を進める問いかけをしている．授業者と授業を見ていた教師たちには，子どもたちが最後には先生の発問をそれぞれなりに理解していた様子が共有されていた．「ポカン」としていた子どもが，授業の最後にはある程度の理解を示していたということは，その過程に子どもたちの学習があると考えられ，No.5のS教諭の問いかけから，教師たちは学習過程の推論を展開する．

　まず，No.7で授業者K教諭は，グループ活動を経て全体の話し合いに移行することで，「動き出した」と述べているが，すぐ次の発言で，グループでもまだ「ポカン」としていた，と否定されている．K教諭の発言は，子どもたちが考えを深めるためにグループを導入したという授業意図からのものだったかもしれない．しかし，ほかの教師の視点から冷静に問い直されている．その後，K教諭は，No.11で前の発言を繰り返し，どこで子どもたちが「動き出した」のかを自分自身でしっかりと認識しようとしている様子がわかる．

　教師たちは授業の流れをたどり，子どもたちがどこで気づいたかを明らかにしていく．No.16とNo.17で，A教諭とN教諭が「真田君」の発言から子どもたちが気づいたことが語られた．その点について，No.18でN教諭は，「真

田君」が納得をもって発言したことが，ほかの子どもの理解をうながす上で作用したのではないか，と語り，S教諭が，「等分した量の違い」に気づいたことが大事だったと語った．その後，K教諭が小島君の学習についてS教諭に確認し，それらのやり取りを受けて，N教諭が，最初に分数を習うところで学習した言葉を使えるかどうかが鍵であったと語っている．そして，S教諭が，子どもたちがつまずいていたのは，図を描くことはできても，説明する言葉が見つからなかったことだと語った．

　この一連の話し合いでは，子どもたちの学習過程を話し合いながら，他者の意見を取り入れ，さらに発展させて，より深く省察する流れができていた．その一つの契機として，S教諭が子どもたちの様子について「なぜ」を問うたことがあると考えられる．この「なぜ」は，教師の授業方法や教材論を問うのではなく，子どもたちの学習過程に焦点化した問いかけになっている．

まとめ

　子どもの学習はもちろん重要だが，教師も授業を通して学習することが今日では求められている．だが，教師の学習過程に関しては，未知なる部分も多い．ただし，その根幹は，授業実践から学習するということにあるだろう．授業を実践し，丁寧に振り返る活動を続けることで，教師自身が学び続けることができる．授業において学習するのは子どもたちだけではない．教師も子どもたちから学習するのである．

　さらに，授業以外に本などから得られる知識も必要である．だが，教師が授業に対する省察を深めるためには，授業についての理論的または実証的な知識をもつことも効果的であると考えられる．先の算数と同じように，授業について何か深く感じたことがあっても，それを語る言葉をもたなければ，他者とともに話し合って省察を深めることが難しい．

　これからの教師には，他者と協力して，生涯学び続けるあり方が求められるだろう．教師の学習と，教師の学習研究とを両輪にしてさらに発展させていく必要がある．

- よい意味で，とくに印象に残っている授業を思い出し，そのときに教師がしていたことや，教師にどのような力量があったかを考察してみよう．
- 教師として，または，これから教師になる身として，今後何をどのように学んでいくとよいか，考えてみよう．

13 学び合うコミュニティの形成

　コミュニティとは何か？　コミュニティが形成されているとはどのような状態か？——コミュニティは通常,「共同体」と訳される. ある教室に訪れた際, 子どもたちが互いによい関係を結んでおり, コミュニティが形成されているのを感じたことがある. しかし, 何が子どもたちを結びつけているのか, 子どもたちは何を共有しているのかを言葉にするのは難しい. 本章では, 教室の中で形成されるコミュニティのあり方について述べる.

[キーワード]
▼

学び合うコミュニティ
正統的周辺参加論
実践共同体
学び手のコミュニティ
ナレッジ・フォーラム

13-1 コミュニティと学び

　日本ではコミュニティが失われた，と指摘されて久しい．地域によって程度は異なるだろうが，たとえば都心の集合住宅にはお互いのことを知らない家族どうしが多く住んでいる．孤独死が問題になるように，人びとの社会的なつながりが衰退している一方で，携帯メールやSNSへの依存もある．このように人々の社会的なつながりのあり方が変わりつつある今，教室の中ではどのようなつながりを築くべきなのだろうか．それはおそらく，失われた村落共同体のようなつながりをノスタルジックに求めることではないだろう．

(a) 学び合うコミュニティ

　新たなコミュニティのヴィジョンとして学び合うコミュニティがある．コミュニティの成員が互いに学び合う関係が形成されているコミュニティである．では，そこでの学びとはどのようなものであろうか．
　ここで学習についての考えを整理しよう．スファードは，学習のとらえ方を，**獲得メタファ**(acquisition metaphor)と**参加メタファ**(participation metaphor)の二つに分けて指摘した(Sfard, 1998)．獲得メタファでは，学習を知識や技術の獲得と見なす．つまり，学習は個人の頭の中だけで完結するものであり，他者との関わりは重視されない．一方，参加メタファでは，学習をコミュニティへの参加と見なす．他者とともにコミュニティの活動に参加することが，すなわち学習であり，個人の頭の中で完結する獲得メタファとは大きく異なる．
　学習がコミュニティへの「参加」であるとはどういうことだろうか．1章でも述べたが，レイヴとウェンガーの正統的周辺参加論から説明しよう(レイヴ & ウェンガー, 1993)．レイヴらは，マヤ族の産婆や，西アフリカの仕立屋における徒弟制の研究を事例として，コミュニティに参加することが学習であることを説明している．これらのコミュニティにおける徒弟制では，最初のうち参加者は，端の方で先輩のやり方を見ていてわずかなことを手伝う程度だが，

次第に任される仕事が多くなり，コミュニティの中心となって働くようになるという．つまり，何かを学んでいくことは，学ぶ場を取り巻く状況（集団での地位や経済活動，場所など）と切り離せないということである．そして，参加により学習するということは，学習に伴って，周辺的な役割から中心的な役割へとアイデンティティが変わることを意味する．

このように人の学習をとらえることを，**正統的周辺参加論**（legitimate peripheral participation）という．正統的周辺参加論では，人の学習を，コミュニティへの周辺的な参加から十全な参加への移行と見なす．また，参加していくコミュニティのことを，実践を中心に結びついている集団なので，**実践共同体**（community of practice）とよぶ．

ただし，正統的周辺参加論や実践共同体の理論はあくまで学校外での学習を理論化したものであり，学校内での学習にそのまま当てはめることはできない．教室の子どもたちは，必ずしも共通の実践をもとに結びつけられた集団ではないからである．また，実践共同体が，実践の終わりとともに解散するのに対し，教室には，通常，子どもたちが時間割にしたがって集まったり解散したりする．だが，正統的周辺参加論や実践共同体の理論から，今までの教室における学習をとらえ直すことができる．

つまり，学校で獲得した知識が，社会に出て役に立たないといわれるのは，このように実践共同体への参加として学ばれていないからだ，ということである．たとえば，理科を学ぶということは科学者のコミュニティの実践に周辺的に参加することでもある．数学であれば，数学者のコミュニティに，国語なら言語学者や文学者のコミュニティに，想像の上で参加するということである．そのためには，授業においても，コミュニティの参加者，すなわち，科学者や文学者たちが実践するようなことを，子どもに合わせた形で子どもたち自身が実施するのがよい．それにより，教室の中には，小さな科学者のコミュニティ，文学者のコミュニティが形成されることになる．

(b)「学び手のコミュニティ」を形成するための原理

　「学び合うコミュニティ」の考え方の背景には，学習研究の中で学び手のコミュニティ(community of learners)を形成することが重要だといわれてきた経緯がある．ブラウンらは，「学び手のコミュニティ」を形成するための原理として次の五つを挙げている(Brown et al., 1996)．

　第一に，子どもを学びの主体とすることである．子どもが自分から説明をしてみたり，予想を立てて試してみたり，疑問をもったりする学習活動を行うことで，子ども自身に，自分で自分の学びをつくるようにうながす．子どもが自分自身の学びを振り返ったりして，よりよく理解するような活動をうながす．

　第二に，教室内の他者を自分の学びの協力者であるとし，かつ他者との差異を重視することである．学級内の一人ひとりが異なる考え，異なる経験，異なる知識をもっている．それを集めると同時に，自分との違いから学び，他者と知識を共有する．それにより，一人ひとりが多様な考え，知識に触れ，自分なりの進み方で学習を行うことができる．

　第三に，授業では基本的に，対話と協働を重視することである．教室で子どもどうしが話し合うことにより，さまざまな考え，知識，経験に触発され，また，話し合った内容を共有することになる．

　第四に，本物の文化的活動に参加することである．学校ではよく，授業のために設定された課題や活動に取り組む．たとえば，英語の授業で，コミュニケーション場面を使ったことがあるだろう．しかし，実際には，あまり使わない表現や言い回しだったりする．そうではなく，英語であれば，たとえば，実際に英語圏の人とメール交換をしたりして，相手の言うことをきちんと受け止めるためにはどうすればよいか，自分の伝えたいことを伝えるにはどうしたらよいかを考える．それにより，熟達者と自分たちの活動のつながりが見えてくる．理科でも同様に，科学者のように文献から仮説を立て，実験を行い，データを記録し，結果を考察する．その際，得られた知見を学級で話し合い，何が正しいのかを明らかにしていく．ほかの教科でも同様に，熟達者の発見したものを教師から一方的に学ぶのではなく，熟達者の行っていることを実際に自分たち

もやってみることで，本質的な理解を得るのである．子ども自身が，自分で探究したいものを熟達者のやり方で探究する．そうすることで，子どもは，科学者のコミュニティや，数学者のコミュニティなどに想像を通して参加していくことができる．もちろん，熟達者とは異なるので，子どもたちの探究活動を支えるために，教師が必要な資料を選定して用意したり，実験のアイデアを提供したり，さまざまな支援を行う必要がある．

第五に，学習の文脈，状況を大事にすることである．何のために行っているのかを明確にして，何度も挑戦することを認める．実際に行いながら考えることが重要である．

13-2　コミュニティへの参加としての学び

コミュニティへの参加としての学びについて，二つの例を述べる．一つは，学級における対面でのコミュニティであり，もう一つは，ウェブを活用したコミュニティである．

(a) 学び合うコミュニティ形成の例

コミュニティへの参加を通して学ぶという点で興味深い事例がある．第10章で「ごんぎつね」を用いた授業の事例を紹介したが，そのときの教師が跳び箱の授業を行ったときのことである（石井・牛山・前島，1996）．教師が一生懸命，あの手この手を尽くして教えても，跳び箱を跳べない子どもがいた．子どもたちからの要望により，教師は再挑戦のために放課後に体育館を確保したものの，都合により立ち会うことができず，ほかの教師に頼んだが不安であった．

しかし次の日，教師が教室に顔を出すと，子どもたちから拍手が起きた．子どもたちは，どうしても跳べなかった子が跳べるようになったと教師に報告した．教師は驚き，子どもたちにどういう方法で跳べるようになったのかを尋ねると，学級全員で一緒に並んで跳んだら，跳べない子も跳べた，ということである．跳び箱を跳ぶというきわめて身体的，技術的なつまずきが，学級のみな

と同じことを行うだけでできるようになった，という事実が重要である．

　通常であれば，跳び箱は，身体的なスキルの獲得なので，できていない点をチェックし，段階的に跳ぶイメージをつけたり，先生やほかの子どもが補助についたりして反復練習するのだろう．しかし，こうした一般的な方法とまったく異なる過程で跳び箱を跳べるようになった．それはどう説明できるだろうか．

　この事例が示しているものは，実践共同体への参加としての学習とも考えられる．跳べなかった子は，ほかの子の跳び箱を跳ぶという実践に参加することを通して，跳べるようになったと解釈すると，この事例での学びが読み取れる．ここには，子どもたちの社会関係も関わっていると考えられる．「跳べる／跳べない」という考え方だと，跳べない子はいつまでも練習しているため「跳べない子」というレッテルを貼られる．それがその子どものアイデンティティとなる．しかし，みんなで一斉に跳ぶときには，跳び箱を跳ぶという実践に新しく参加した者となる．つまり，跳べない子は，跳べるようになるという個人的な取組みではなく，子どもたち全員が一斉に跳ぶという目的を共有した実践への参加となったのである．跳び箱という「できる／できない」が明確に思われる活動においても，コミュニティへの参加による学習が成立することが示されている．

　また，このような事例が，子どもたちの発案で成立している点も興味深い．これは，子どもたちの間に，学ぶという実践へのコミュニティが成立していることを意味する．どういうことか．教師がいくら教えようとしても教えることができなかったことを，子どもたちが解決したということは，子どもたち自身が，跳び箱を跳ぶということを真剣に考え，取り組んだ結果だといえる．

　それは，子どもたち自身が，それぞれの個を尊重し，お互いから学び合おうとした結果だと考えられる．つまり，「学び合うコミュニティ」が形成されたのではないだろうか．このような学級コミュニティのあり方が求められるだろう．

(b) ナレッジ・フォーラム

　また，このようなコミュニティの形成に，顔を合わせてのコミュニケーションだけでなく，ウェブを介したコミュニケーションも有効である．スカルダマリアとベライターは，科学者の活動を模して，科学の議論が起きるようなコンピュータのシステムを導入した（スカルダマリア＆ベライター，2009）．このシステムをナレッジ・フォーラム（Knowledge Forum）とよぶ．ナレッジ・フォーラムでは，学習者はあるテーマについて追究する過程で得た情報をウェブ上のノートに記録する．すると，それに対してほかの参加者がコメントをつけられるようになっている．また，同じテーマで学習する他者のノートを関連づけ，そのノートを見ることができるようになっている．ノートでは見出しを選択できるようになっており，見出しを選択することで自分が得た情報が調べる対象に対してもつ意味が明確になる．このシステムを使って参加者は，他者の情報と自分の情報とを結びつけたり，自分の情報へのコメントをもらったりすることで，さらに調べ学習を深めていくことができる．

　ここで徹底されているのは，学習者が自分の得た情報を自分の内にしまい込むのではなく，積極的に仲間に開き，互いのコメントや他者のノートと関連づけることで，みんなで知識をつくり上げていく活動である．自分の得た情報は，コミュニティの情報となるのだ．このようにして，みんなで知識をつくり上げていくことを，ナレッジ・ビルディング（知識構築：knowledge building）とよぶ．ただし，こうしてつくり上げられた知識に対する各参加者個人の理解は多様である．

13-3　教師の学び合うコミュニティ

　「学び合うコミュニティ」は，学級だけではない．教師どうしの間にも，学び合う関係が求められている．教師はコミュニティの中で，「ヴィジョン」「知識理解」「ツール」「実践」「思考の傾向」の5領域を通して学び合う．目的をもって形成された教師という専門家のコミュニティは，規範と実践を共有し，

子どもの学習に強く影響を与えると考えられる．

(a) ヴィジョン

　ダーリング＝ハモンドとブランスフォードは，教師の学習に関する調査や研究をまとめ，授業のヴィジョンを中核としたモデルを提出している(Darling-Hammond & Bransford, 2005)．

　ヴィジョン(vision)とは，よい授業の強いイメージである．おそらく，誰もがよい授業について，何らかのイメージをもっているだろう．それは，授業を受けた経験や，見学した授業，自分の行った授業に基づくだろう．そうなると，ヴィジョンはきわめて具体的で，かつ，各個人の経験に依存するので，誰しも同じとはかぎらない．教師の学び合うコミュニティが成立するためには，各個人が互いのヴィジョンをすり合わせ，授業においてどこまで実現可能なのかについての考えを深める必要がある．それにより，授業のヴィジョンをコミュニティの中で共有することができる．

(b) 知識理解

　教師に求められる「知識理解」には，教科内容についての深い知識だけでなく，いかにして子どもたちを深い理解に到達させるかについての深い知識も含まれる．子ども一人ひとりや，子どもどうしの関係性への理解，子どもがどのような事前の知識や経験をもっているか，という具体的な子どもに関する理解だけでなく，子どもの学習過程についての知識も含まれる．また，教科内容知識には，学問の中で一貫した豊富な概念と関連する知識，その知識が学問のさまざまな場で議論されることによって発展し正当化されるかという学問の営み自体に関する知識，なぜその教科内容が重要なのかについての理解，そしていかにしてその教科の知識を他者に伝えることができるかについての理解の四つが含まれる．

　教師はコミュニティの中で，互いの教科内容や子どもの学習に関する知識を交換し，協同的に学ぶことで，より効率的に，より深く学ぶことができる．

(c) ツール

「ツール」とは，まず，教室で授業を実践する際に用いられる学習理論や教え方，学習についての枠組みや考え方である．たとえば，8章で紹介した，ヴィゴツキーの「ひとりごと」が黙ってなされるようになることで，言語的思考が発達するとする理論は，学習についての考え方の一つであり，ツールである．つまり，その理論を下敷きに，教師が授業を構想するのである．もっと実践的なものでは，たとえば，教科書や教材，提示資料，評価に用いるテストやポートフォリオなども含め，特定の授業方法とそれを行うための道具も，ツールである．こうした考え方や具体的な道具，授業方法のアイデアなどを，教師がコミュニティの中で共有することで，多様な子どもに対応することができる．

(d) 実　践

「実践」には，多様な活動が含まれる．ある概念を説明したり，話し合い活動を行ったり，ディベート活動や，実験のデザイン，ワークショップといった，子どもの学習を促進するための多様な授業実践の集合である．これらは，教師の授業のレパートリーとなる．また，単元の計画や日々の授業をデザイン・実行するための学習，形成的・総括的評価の開発と実施，構造的・特定的なフィードバックの提供といった活動も含む．授業実践の内容だけでなく，いつ，どこで，どのようにして，そして，なぜそれを用いるのか，といった背景も踏まえたものである．

教師の学び合うコミュニティにおいては，互いの授業実践を公開し，共有することが重要である．そして，授業を単に見るだけではなく，授業者から話を聞き，授業について検討することを通して，授業のレパートリーを広げることができる．

(e) 思考の傾向

授業についての「思考の傾向」とは，授業，子どもたち，教師の役割についての思考と行動の習慣を指す．さらに，実践から反省し，学ぶときの傾向も含

む．子どもに関する思考の傾向としては，子どもが成功するまで取り組むよううながすことや，子どもの学習に対して責任をとる傾向，よりよい授業を求めて，新しい授業の方法を追い求め続ける意志をも含む．子どもとのよい関係，強い関係の要求への評価，子どもを価値づけ，尊敬し，ケアすることに対する個人的な考え方も含む．教師の授業観，教師観，子ども観には，教師の個人的な人生経験が影響する．そのため，個人的な思考の傾向は，それぞれの教師で一致することはほとんどない．しかし，それを個人の内に閉ざすのと，コミュニティに開いて共有するのとではまったく異なる．それぞれの教師の思考特性を知ることで，それぞれの教師の持ち味や個性が，より発揮されるようになるのではないだろうか．

(f) 教師文化

教師のコミュニティには，授業に関する教師文化も関わってくる．ある小学校で，教師が互いの授業や，授業に対する考え方から学び合っている場面を検討すると，ある特定の教師の発言が，ほかの教師によく記憶され再生される傾向が見られることがわかった（坂本，2012，コラム 13-1）．その教師はベテランであるだけではなく，その学校に長く在籍していた．

コラム 13-1 | 協議会における多様な教師の聞き方

F 教諭　子どもたちが四人で共同研究するときには，先生が意識して入らないとダメだと思う．四人に人間関係ができあがっていて，自分たちで「もう一度言って，今の意味わかんない」って言える関係ができていれば，そんなに入らなくてもいいけれど．資料の見方もイマイチで，どういうふうに聞いたらいいかもわからないのであれば，そこに先生が入って，資料の見方や聞き方などを指導していって，子どもたちに力をつけていかないといけないかなって思う．

これは，ある社会科の研究授業に際しての協議会における発言である．授業

では，調べてきたことをグループごとに発表していたが，その発表がうまくできていない点が指摘されていた．このときに，学校在籍年数の長い教師の一人が上記の発言をした．

この学校では，子どもたちの学び合う関係を育てる実践をしていた．教師が教えるのではなく，子どもどうしが互いの発言を聞き合い，学ぶ授業を目指している．しかし，すべてを子どもに任せるのではなく，必要な場面で教師が関与しなければならない．そこにこの学校における授業実践のあり方を，授業研究を通して理解していくうえでの難しさがあったが，この発言によって子どもどうしの関係が十分にできていないときに教師がどうすればよいかが示された．

ただし，教師たちの受け取り方は多様である．下は，この協議会でほかの教師が印象に残ったとした発言である．

> W教諭　5年生に資料の読み取りを任せるのは難しい．教師はグループの話し合いに入っていって，資料の見方を教えていく必要がある．
> U教諭　子どもたちの研究は，資料の見方，話し合い方，人間関係がしっかりしていないと深まらない．
> A教諭　発表者の四人グループの中に入っていく．

この三人は，いずれもこの学校に転任したての教師である．授業が行われたのが5月末であり，授業を約2カ月行ったところだ．W教諭は，「5年生の資料の読み取り」の難しさを問題とし，資料の見方を教えるという教師の役割に着目している．U教諭は，子どもたちが研究を深めていくために，「資料の見方，話し合い方，人間関係」が大事である点に着目する．W教諭と違い，教師の役割は述べていない．A教諭は，「入っていく」というF教諭の使用したメタファをそのまま述べている．

このように，それぞれの教師の記憶の仕方は多様である．それは，教師が授業の中で大切にしている考えや，それぞれの考え方の癖が反映されているためと考えられる．

この小学校では，5年以上前から授業研究を開始していた．一人の教師が研究授業を行い，ほかの教師はその授業を観察し，授業後に検討会を開く．一人の教師がおよそ年に3回，研究授業を実施していた．以前から，互いの授業を

見て高め合うことや授業研究が日常化していた学校である．その学校で求める授業はある程度，決められているものの，教師たちが授業について話し合う場面も多いため，その学校独自の考え方や文化が共有されている．つまり，学校の中で教師たちが授業のヴィジョンを共有し，それを通して教師どうしの学び合うコミュニティが形成されていたのである．

　日本の公立小学校には転任制度がある．したがって，コミュニティの成員は数年で入れ替わっていく．そのため，コミュニティを維持するためには，新しく転任してきた教師たちに絶えず授業のヴィジョンを伝える必要がある．また，新たに転任してきた教師たちも，授業研究で目指しているものが何かを知るために，授業についてのほかの教師の考え方に耳を傾ける必要がある．

　その結果として，学校在籍年数の長い教師の発言が，よく記憶されることになると考えられる．そうした教師は，その学校で目指している授業，ヴィジョンを，研究授業の具体的事実に即して説明してくれる．

　また，海外では，インターネットを用いて，教師どうしが学び合うためのコミュニティをオンラインでつくり，現職教師だけでなく大学での教員養成に活用している例もある(Fishman & Davis, 2006)．具体的には，コラム13-2を参照されたい．

コラム13-2 オンラインでの教師コミュニティ

　たとえば，アメリカのTapped Inというオンラインによる教師支援のeラーニング(e-learning，パソコンやコンピュータネットワークなどを利用して教育を行うことをいう)は，教員研修用の施設を模したインターフェイスとなっており，オンライン上に多数ある会議室で他者と議論を行うことができる．議論の履歴は自由に見ることができる．また，多数のセミナーも開講されており，そのテーマは，教科内容もあれば，学校経営もある．Tapped In参加当初はセミナーを受講するだけだろうが，徐々に新たなセミナーを立ち上げTapped Inを運営する側にまわっていくようになる．日常業務が忙しい教師も，Tapped Inでは好きな時間に学ぶことができる．さらにいえば，普段会えない

ような人と，オンライン上で会うことができる．

　日本では伝統的に，教師たちが自主的に立ち上げた教育研究サークルで，力量を高める活動がなされていた．このような自主サークルをオンライン上に立ち上げやすくするのが Tapped In だといえる．しかし，オフラインでのコミュニケーションとオンラインでのコミュニケーションは，質的に異なる点に注意が必要だ．

　学び合うコミュニティとは，互いに学ぶことで成立しているコミュニティであり，そうしたコミュニティの営みに参加すること自体が学びにつながる．一方で重要なのは，コミュニティが何を対象として学び合っているかである．コミュニティにとって学ぶべき対象があり，みながその対象に向き合っていることで互いに学ぶことができる．したがって，授業実践のうえでは学ぶ対象の質の高さや学ぶ価値，学びたいと思えるような魅力が大事になってくる．コミュニティの関係性を形成するだけでなく，コミュニティの実践をどう定めるかにも，学び合うコミュニティを形成するための鍵があるだろう．

- 部活動やアルバイトなど，徒弟的に学ぶ経験や事例を思い出して，「参加」による学習を検証してみよう．
- コミュニティを形成，維持するための要素にはどのようなものがあるだろうか．自分の経験や文献をもとに考え，書き出してみよう．

14 授業における学習過程の研究方法

　授業の目的は，子どもの学びにある．では，その子どもの学びをどのようにしたら明確に把握できるだろうか．本章では，授業において子どもの学習過程を研究する方法について述べる．

［キーワード］

学習過程
データの質的分析
カテゴリ分類による分析
デザインベース研究

14-1　学習過程の研究

　授業による子どもの学習をとらえる一つの方法として，まずペーパーテストが思い浮かぶのではないだろうか．教育心理学では，従来，授業において新しい指導法の学習効果を測るために，それを試すクラス(実験群，教授介入群)と通常の指導法で行うクラス(統制群)に対して，それぞれに事前テストと事後テストを行い，両クラス間の差を見て，新しい指導法の有効性が検討されてきた．しかし，そうして開発された新しい指導法は一般に普及しない．この点について，「教育心理学の不毛性」として同時に議論されてきた．新しい指導法は，なぜ普及しないのだろうか．

　その理由の一つは，授業が，多様な価値と多様な要因を含む複雑な営みだからである．たとえば，中学校の理科教師 HK 教諭が，従来の講義型の授業から，子どもたちの探究活動を中心とした授業に変えようとしていたことを，12章で紹介した．子どもたちに発見的な学習をさせようと，ある課題に自分たちで取り組ませていたところ，同時に私語も多くなり，教室全体が騒然としたときに教師は叱りつけるかどうかに悩んだことを思い出してほしい．なぜなら，叱りつければ静かになる反面，子どもどうしの話し合いや主体的な追究を阻害する可能性があるからである．また，私語をする子どももいれば，課題に一生懸命取り組んでいる子どももいる．30人からなる教室全体に目配りをして，一人ひとりの状況を正確につかむことは容易ではない．また，30人いれば，30通りの事情がある．このような授業の複雑さを前にして，単純に新しい指導法を導入することはできない．教師が指導法の有効性を納得するためには，入口と出口のデータだけではなく，その過程で何が起こっているかのデータも必要なのである．

　さらに近年では，上記のように，二つのクラスを比較するアプローチ自体への批判もある．新しい指導法の有効性を確信しているのであれば，両方のクラスに実施すべきである，という倫理的な問題である．

そこで，あるクラスで新しい指導法を行う際に，その効果を検証するために，**学習過程**（learning process）を詳細に見ていく研究がなされるようになった．どのような子どもがいて，どのような状況で，どのように課題に取り組んでいったのか，そういう授業の文脈を丁寧に示し検討していくことで，その研究成果を見た教師が実際の授業をイメージしやすくなる．自分の教室に新しい指導法を導入したら何が起こりそうか，何に気をつける必要がありそうか，という点や，子どもたちが素晴らしい反応を見せてくれるのではないか，という期待などが生き生きとイメージできるのである．

だが，授業における子どもの学習過程をとらえるためには，きちんとした研究方法が必要となる．テストの点数によって数値化すれば，客観的な検討ができる．また，統計的な検定を行えば，より一般性の高い知見を生み出すことができる．しかし，学習過程を見るということは，授業で何が起きたか，という記述を分析することになる．量的な分析のみではなく，質的な分析が必要となる．

質的な分析は，単に事実を解釈すればよいのではない．分析である以上，そこには一定の客観性が必要になる．また，一つの事例を深く見ていくことになるので，絶えず一般性の問題が残る．単なる印象を分析結果として述べたとしても，有用な知見を得られたとはいいがたい．そのような知見を，教師たちも実践しようとは思わないだろう．

学習過程の研究では，多くの教室よりも少数の事例研究が主となる．知見の確かさを確認するために，必ず学習理論との結びつきが必要になる．ある理論を背景に学習過程を詳細に検討し，得られた結果から，理論の修正や発展を行うのである．そうして得られた新たな理論を用いて，異なる学習過程を検討する．このサイクルによって，優れた学習理論を構築する過程が，研究の蓄積となるのである．

そもそも，学習過程を検討するためには，何をもって学習と見なすかが重要になる．事前・事後のテストの差を見るのであれば，子どもに知識や技能等が身についたことを数字で見ることができる．そこには，知識や技能の獲得を学

習と見なす，という考え方がある．だが，実際の学習過程は，それほどきれいには進まない．たとえば，子どもどうしが話し合う中で，行きつもどりつしながら学んでいく．また，それぞれの子どもによっても学習過程は異なる．実際のところ，ただ授業を見るだけでは，学習過程をとらえることは難しいだろう．したがって，学習過程をとらえるための視点が必要になる．

たとえば，子どもたちがある対象について話し合って吟味し，知識を協働でつくり上げる過程を学習と見なす，社会構成主義の学習観がある．社会構成主義において「正しい知識」とは，ある共同体の中で検討され，多くの人が「正しい」と認める知識のことである．教科書に載っている知識も，歴史的には研究者の共同体の中で吟味されてきて，妥当とされた知識である．知識というものが，社会的につくり上げられることを前提とすると，子どもたちが話し合っている過程が学習過程として見えてくる．

では，実際，学習過程はどのような方法で研究することができるのだろうか．

14-2　学習過程のデータ収集の方法

学習過程を検討するためには，子どもたちの話し合いや課題に取り組んでいる様子，書いたものなどの記録（データ）の収集と整理が，前段階として必要になる．ここでは，データの収集方法や収集されたデータの特質について述べる．

(a) 映像データ

ビデオカメラなどの録画機器を用いると，教室の映像が録画できる．そのため，子どもたちの座席の配置や，教室の壁に貼られているもの，黒板の使い方など物理的環境のあり方に加え，子どもたちの身体的な様子，表情，教師の動きやジェスチャー，表情など，豊富なデータを集めることができる．

効率的にデータを集めるためには，カメラを置く位置も検討しなければならない．逆光の位置では，子どもたちや教師の表情が暗く映る．教室の後方に設置したのでは，教師の表情しか映すことができない．よって，教室の中央か前

に置き，撮影者が教室の状況に合わせて動かすことで，子どもの表情と教師の動きを，同時には無理だが撮ることができる．同時に撮りたい場合は，カメラを2台設置する方法もある．教室のすべての動きを撮りたい場合は，カメラを3台以上用意することもある．しかし，カメラが多くなればなるほど，子どもたちに与える圧迫感も大きくなる．カメラを向けられれば，人は撮られていることを意識するだろう．ビデオカメラを用いる場合は，撮影される側の心理にも配慮する必要がある．

また，デジタルカメラを用いて，授業の中でのある瞬間や，最終的な板書の様子のみを，画像データとして撮影することも有効である．動画データは容量が大きいため扱いに手間がかかるが，画像データであれば，扱いも容易であるし，プリントアウトすることもできる．

(b) 音声データ

ICレコーダなどの録音機器を用いると，音声データを収集することができる．ICレコーダの利点は多い．ビデオカメラに比べて教室内での圧迫感が少ないこと，グループ活動の音声が記録しやすいこと，データが軽いこと，容量が十分にあり電池が長持ちするので長時間の録音ができること，持ち運びやセッティングが容易であること，そのため十分な数があれば複数のグループの話し合いを録音できることのほか，データが軽いのでパソコン上でも扱いやすく，また，ビデオカメラに比べて音声がクリアに録れるので，文字起こしに用いやすいことなどがある．ビデオカメラと併用して，文字記録を作成するためにICレコーダを置いておく場合もある．また，教師にもたせて，机の間をめぐりながら見る間に，子どもと交わした会話を録音してもらう場合もある．記録装置が小型で設置場所を問わないことは，授業のような複雑な活動を伴う場面の記録に重宝する．

(c) テキストデータ

手書きでノートなどにメモを取ることも有用である．ビデオカメラでは撮り

きれない出来事をメモしておいたりするが，その日の天気，授業の時間，教室内に何人の子どもがいるか，その日に何か特別なことがあったかなどを，なるべく早くメモしておくことが重要である．また，気になったところをメモしておくと，その後の分析に役立つことがある．データの保存も容易になるので，可能な限り早く，手書きのメモをパソコンに打ち込んでおくのがよい．

ICレコーダやビデオカメラから文字起こしした記録は，その後の分析に役立つ．プリントアウトすることで，詳細な検討が可能になる．

(d) 質問紙のデータ

子どもに対して紙上で質問し，その回答をデータとして集める質問紙法は，ある一時点のデータにすぎないが，学習過程の検討をサポートするデータとしては役に立つ．ある子どもが気になるときに，その子どもが全体の中でどのような位置にいるかは，選択式の質問紙を用いると，数量的に明確化しやすい．子どもの個人的特性を知ることもできる．

(e) 子どもが書いたもの

授業中に子どもが書いたワークシートなども重要なデータである．発言していない子どもがどのようなことを考えていたかがわかるからである．

また，子どもに自分の書いたものと他者の話を聞いて考えたことを違う色で書き込みをさせると，その子どもが他者と話し合うことで考えたことがわかる．

(f) インタビューデータ

授業中の子どもの発言やワークシートに書いたことの解釈が定めにくい場合，授業後に子どもに対して短めのインタビューを行い記録することで，発言や書いたことの意図を確認することができる．同様に，教師の発問の意図や授業中に気になったこと，教師から子どもの様子をどうとらえたか，などを尋ねることで，学習過程を解釈するのに役立つデータとなる．

ほかにもパソコンを用いることで，どの情報を見たか，どこを見て，その後何を見たのかといった操作過程を記録したり，ワークシートやインタビュー方法を工夫することによって，より焦点化したデータを収集したりすることも可能である．要するに，その学習のねらいは何か，その効果を検証するために必要なデータは何かを，授業前にある程度定めておくことで，データ収集を工夫するのである．そして，できるかぎり多様な手法で豊富なデータを集めておくとよい．というのも，学習過程を分析する段になって，必要なデータが出てくることがあるからだ．人の学習過程は複雑なので，すべてを使わないかもしれないが，データはないよりはあった方がよい．また，複数のデータを用いることにより，解釈の恣意性を低減させることができる．

ただし，いくつかの点に気をつける必要がある．

(g) 個人情報への配慮

学習者個人のデータを扱うとなると，個人情報への配慮が必要になる．データ収集の際には許諾を得る必要がある．また，発表する際には仮名にするなど，個人の特定を避ける必要がある．研究の最後には，報告書の原案を研究協力者に見せ，公開してよいかどうかの判断を得ることも必要だろう．

最近では，研究計画書を作成する段階で，これらの手続きに関する明確な記述が求められている．研究する者としては，研究協力者に不利がないよう，個人情報に十分な配慮を行うことは肝に銘じておかねばならない．

(h) フィールド(現場)に関わることへの配慮

学習過程のデータを取る方法は，主にフィールドワークになる．フィールド(現場)とどう関わるべきか，フィールドの中で自分をどういう存在としておくかを自覚せざるを得なくなる．これには，研究協力者に何をどこまで話すか，という点も含まれる．

また，自分の参加が強くなるほど得られる情報は増えていくが，主観的な判断が働きやすくなる．それは，客観的な分析がしづらくなるということでもあ

る．結果として分析結果が書きづらくなる．
　研究結果とフィールドとが複雑な関係にある，ということである．したがって，研究をどのように進めるか，フィールドとの話をどう進めるか，そこから研究がはじまっていると考えた方がよい．

　以上，データ収集の方法と注意点について述べた．学習過程を検討する場合，なるべくさまざまなデータがあった方がよい．しかし，どのデータをどれほど取れるかは，データ収集先の現場との関係に依存する．学習過程を研究する場合には，現場との関係づくりも重要になってくる．

14-3　データ分析の基本

　学習過程に関するデータを収集したら分析を行う．授業を見てデータを集めると，子どもの学習過程について何らかの印象をもつだろう．しかし，分析にあたっては一度，丁寧にデータを見る必要がある．とくに質的分析(qualitative analysis)は難しい．それは，自分の印象も大事である一方で，データにしっかりと基づくことが求められるからである．データに基づかないと，自分が言いたいことのためだけに，データを恣意的に使用することになりかねない．
　学習過程の分析にはさまざまな方法論があるが，ここでは一般的に気をつけるべきことについて述べる(フリック，2011；佐藤，2008)．

(a) 恣意的なデータ解釈に気をつける
　自分に都合のよい事例だけを抜き出すことは，確証バイアス(confirmation bias)とよばれる．自分が正しいと思った仮説に一致するデータしか見えなくなることをいう．確証バイアスによって，自分の仮説に反証するようなデータを見落としがちになる．
　事例だけを並べて論文のストーリーを組み立てることは，方法によっては許容されるときもある．しかし，あまりに恣意的に論を展開すると，読者が批判

的な検討ができなくなるという欠点がある．ある事例に着目するにしても，自分がなぜ，どういった点で着目したのか，どういう基準で選出し，検討したのか，といった記述がなければ，読者に研究の具体的な手続きが伝わらない．ある一定の基準で事例を抜き出した場合，いくつの事例が該当し，そのうちのいくつを検討したのか，という点の吟味が必要である．

（b）拡大解釈に気をつける

　データを詳細に読み解いていくと，ある種の気づきを得られることがある．その気づきは，一般化できるかのように思えるときがある．しかし，あくまでも少ない事例から明らかになったことだという自覚をもつ必要がある．統計的検定ではないため，過度な一般化を避けることが重要である．

　それよりも，複雑な授業の文脈を読み解き，学習過程の豊かな世界を描き出す方が生産的である．早急な一般化を行うと，せっかくの豊かな文脈が台無しになってしまう．その事例からどこまでいえるのかを，慎重に検討し記述する必要がある．

（c）理論とデータとを対応させる

　事例研究の分析結果を先行研究から導き出される理論と結びつけることにより，抽象性を獲得することが重要である．一事例の検討だが，理論と結びつけることにより次の授業実践につなげることができる．

　研究どうしをつなげていくことで，学習理論が発展し，よりよい学習過程を生み出す知見が蓄積されていくことになる．大事なのは，事例研究の依拠する理論や手続き，得られた結果等が，他者の目線から再検討できるように，他者に開かれていることである．

（d）解釈の妥当性を高める

　一つの視点からでは，解釈が正しいかどうかわからない．たとえば，発言記録の解釈で，あることを学んでいるとしたならば，授業終了後の質問紙やイン

タビューで一致するかどうかを検討することで，より解釈の妥当性が高まる．

このように，一つの解釈を二種類のデータから見て検討することで妥当性を高めることを，トライアンギュレーション(triangulation)とよぶ．また，データをカテゴリで分類した際には，誰かと独立に作業を行い，分類の一致率を算出することで，カテゴリの妥当性を検討することができる．さらに，解釈した結果を，授業を行った教師に見てもらうことで，子どもたちの学習過程の解釈が妥当かどうかを判断してもらうことも有効である．

14-4 学習過程の分析

(a) カテゴリ分類による分析

学習過程のデータとして，授業での発言記録などを分析する際に，一定の単位でデータを区切ったとする．そして，たとえば100ぐらいに分かれたデータを「これとこれは〈主張〉しているな」「これとこれは前の発言に対する〈矛盾〉を指摘する発言だな」などのように意味づけしてまとめていく方法がある．すると，100あったものが，〈主張〉や〈矛盾〉など，いくつかの種類に分類できる．ここでいう〈主張〉や〈矛盾〉のことを，カテゴリとよぶ(ここのカテゴリは，高垣・中島(2004)を参照)．このように多数のデータを少数のカテゴリに分類しまとめていくことで，どのような種類の発言がどれぐらいあるか，ということが一覧できるようになる．たとえば，二つの授業の発言記録に対し，子どもの発言を同じカテゴリを用いて分類することで，子どもの発言の全体的な特徴を比較検討することができる．

カテゴリに分類する前に，まずデータを区切る必要がある．つまり，カテゴリで分類したときに，何を一つと見なすか，ということである．発言者が交代したところで区切る，という方法もあるが，それでは，長い発言も短い発言も同じ一つとして扱うことになる．そのため，先行研究では，発言者の交代に加えて，発言中の間や，発言の機能の変わり目で区切るなど，さまざまな工夫がなされている(たとえば，藤江，2000)．しかし，単に細かく区切ればよいとい

うものではない．あまり詳細に区切りすぎると，区切られた意味が取れなくなる場合がある．文脈情報の多い質的データのよさが失われる可能性もある．大事なのは，研究の目的に合わせて，区切り方を合理的に設定することである．

　カテゴリは先行研究で実際に使用されたものを用いる場合でも，自分の収集したデータに合わない部分があれば，自分で加工する必要が出てくる．学習過程のデータについては，学習者によって多様で複雑なデータが得られるので，既存のカテゴリに無理に合わせるよりも，データに即してカテゴリを修正した方がよい．また，場合によっては，自分でカテゴリをつくり出すことが必要かもしれない．その場合，ある程度の量のデータを取り上げ，研究の目的に合わせて，個別のデータを一つひとつ意味づけることにより，カテゴリをつくる．そして，いくつかのカテゴリがそろったところで残りのデータを分類し，分類している最中に合わなくなればカテゴリを再編し，再定義し，もう一度，最初からデータの分類を確認するという作業が必要になる．

　データを区切り，カテゴリを作成して分類が終わると，統計的な分析やカテゴリの流れの分析が可能になる．授業の発言記録をカテゴリで分類した場合，一定の時間や学習活動の種類で区切れば，どのタイミングでどのようなカテゴリが多く出現するかをとらえることができる．たとえば，子どもの〈主張〉が多い授業と，他者の〈矛盾〉を指摘する発言や自分の意見の〈精緻化〉などが多い授業では，子どもたちの話し合いの質が異なっていることを見出せるだろう．また，一つの授業の中でも，ある場面では，子どもたちが〈主張〉ばかりしていたのが，続く場面で他者の〈矛盾〉を指摘したり，自分の説明を〈精緻化〉したりすることが多くなれば，その場面で子どもたちどうしの発言がからみ合い出したことを意味するだろう．それにより，どのような発言によって，子どもどうしの発言がからみ出したのかを追究していくことができる．

　学習過程のデータは複雑で豊かな情報をもっている．その豊かさを生かしつつ，カテゴリによってある側面を際立たせて抽出することによって，データの奥にある学習過程を記述することが可能になる．

（b）デザインベース研究

　学習環境の改善を行う方法にデザインベース研究(design-based research)がある．デザインベース研究では，学習者の認知過程と学習環境(11章参照)が密接に関わると考える．特定の理論に基づいて学習環境をデザインし，授業を実践することを通して学習過程を検討し，さらに学習環境の改善を行う．特定の理論に基づいているため，学習過程をその理論に基づいて検討することができるという利点がある．理論を実際の授業の文脈に入れて確かめることで理論を文脈づけ，理論を修正し，さらに発展させるのである．そして，異なる場，異なる時間，異なる集団といった異なる文脈での学習環境のデザインにつなげていく．

　異なる文脈での学習環境のデザインにつなげていくために重要なのは，学習過程を実際のデータに基づいて詳細に検討し，実践の複雑さを十分に組み込んだうえでの知見を生み出すことである．そのため，一連の研究の結果の詳細を，具体的にイメージできるレベルで記述する必要がある．たとえば，授業の逐語記録もなるべくくわしく提示する必要があるかもしれない．その上で，どのような学習過程が生じたのかをモデル化して提示することで，他の文脈で使用可能な知見を生み出していく．

　バラブの論文(Barab, 2006)には，デザインベース研究の例として，教師向けのオンラインコミュニティサイト Inquiry Learning Forum の事例がある．このサイトは，インターネット上にシステムを設置すれば，自然と人が集まってきてコミュニティを形成するだろう，という想定からはじまっていた．教師の探究コミュニティをオンライン上につくり出すことで，空間を超えた教師の相互作用とそれによる学習をねらったものである．

　だが，実際に運用をはじめたところで，いくつかうまくいかないところが出てきた．そこで利用者からの声を聞き，使いにくいところ，ニーズとずれているところのデザインを修正した．この一連の修正の結果，コミュニティが成立するためには，教師にとってまず魅力的な要素が必要であり，参加者自身が目標を共有し，互いの実践を交流しようとしなければならないことを発見した．

このようにして，初期のデザインを決めた理論を修正している．

また，オンラインコミュニティでの教師の動向を観察した結果から，教師どうしの意見交換を活発にするためには，20名程度のメンバーのグループをつくれるようにすることが重要であることも発見した．つまり，コミュニティの規模の重要性である．さらに，対面相互作用の重要性を認識し，当初のオンラインでコミュニティをつくるという認識から，インターネットによってコミュニティづくりを支援するという認識へとデザイン側が変化していった．

このように，デザインベース研究は，理論を現実の文脈で実践してみることにより，実践場面での学習過程の複雑さを示すことができる．そのためには，デザインがどの点でうまくいき，どこでうまくいかないか，また予想外のことが起きていないかなどをとらえるために，ありとあらゆるデータを可能なかぎり，詳細に得る必要がある．上記はインターネットを利用することによって，参加者の動向のデータをくわしく取得することができていた．

授業における学習過程を正確にとらえることは，容易ではない．しかし，学習過程を研究する者の多くは，調べれば調べるほど，学習過程のおもしろさに触れることになるのではないだろうか．実際の教室でデータ収集をはじめると，理論的な知識だけからは得られない，きわめてリアルな学習者の様子を知ることができる．だが，研究する場合には，そのおもしろさを眺めているだけではなく，自分の目的に即して必要なデータをきちんと取っておかねばならない．授業における学習過程のデータは，その授業時間を過ぎてしまうと，得ることが極端に難しくなる．データを集める際は，しっかりと準備しておく必要がある．

そこで大事なのは，方法に依存しないことである．つまり，採用する方法が自分の研究目的に照らし合わせて本当に合理的なのかどうかを考えることが重要である．そのためには，単に，既存の方法をそのままもってくるのではなく，その方法の意味を学び，ほかの方法と比較検討する必要がある．そして，自分

が見てみたい学習過程の現実に即して妥当でなければ，新たな分析方法を探すことや，既存の方法を自分なりにアレンジすることが必要になるかもしれない．ただ，そのように学習過程のデータの複雑さに悩まされ振り回されながら，自分の研究目的に即して学習過程を最後に記述できたときは，このうえない発見の喜びが待っているだろう．

- グループで課題に取り組むときに，音声を録音し，文字起こしをしてみよう．そして，自分がどのように学んでいるかを振り返ってみよう．
- 授業の発言記録から，子どもたちがどのように学んでいるかを考えてみよう．その際，特定の子どもの発言に限定し，どのように発言内容が変化しているかを見てみよう．

あとがき

　シリーズ「心理学入門コース」が企画されてからかなりの年数が経ってようやく刊行の運びとなった．これはひとえに第一著者の原稿遅れによるものである．粘り強く筆者を支え励ましてくださった関係者の皆様にお詫びしたい．そして学校教育の変革期にこのテキストを刊行できることに御礼を申し上げたい．

　企画当初の単著案から共著案として助けていただき，共著者の坂本篤史さんは私が書きたいと考えていたことの意図を汲み取り，さらにそれ以上にわかりやすく良さを生かしてご執筆いただいた．協働だからこそたどりついた刊行と感じている．教壇にこれから立つ教職課程の学生や教育心理学を学ぼうとする方々，学校の先生方や，教育委員会はじめ学校教育に関わり教育心理学に関心をもっておられる方々に，これからの新たな学校の授業の姿として，学び合い，より深い理解にいたる授業のイメージがうかぶようなテキストをお届けできたらという思いを共有し，執筆したものである．

　扉の写真は，子ども写真を専門とされる写真家・児玉房子さんが，筆者らが校内研修に関わっていた小学校で撮影してくださったものである．撮影時に校長先生(当時)や教員の皆様に了解を得，掲載にあたっても校長先生のご了解を得た．また教室での会話や授業事例も，両著者が学ばせていただいてきた学校で出合った事例を紹介している．掲載に協力してくださった先生方と子どもたち，学びの機会をくださった多くの学校に感謝し，厚く御礼申し上げる．

　本書が，教育心理学をおもしろいと感じたり，授業をみる窓が広がるきっかけになったりすれば，この上ないよろこびである．どの子にも深い学びと理解を保障する授業変革への一歩になれば幸いである．

　　平成 27 年 1 月

秋田喜代美

読書案内──さらに学習するために

第1章
佐伯胖(2003)：『「学び」を問いつづけて──授業改革の原点』小学館.
　授業で学ぶ，わかるということについて考える際に，読みやすく，そして考えることができる一冊.
P. グリフィン・B. マクゴー・E. ケア(編)，三宅なほみ(監訳)(2014)：『21世紀型スキル──学びと評価の新しいかたち』北大路書房.
　21世紀型スキルとは何かを理解すると同時に，知識基盤社会の評価に何が必要かを具体的に知ることができる.
米国学術研究推進会議(編著)，森敏昭・秋田喜代美(監訳)(2002)：『授業を変える──認知心理学のさらなる挑戦』北大路書房.
　米国における認知心理学の最前線を知るための教師向けテキスト．専門的であるが，認知心理学について理解を深めたい人に最適.

第2章
中谷素之(編著)(2007)：『学ぶ意欲を育てる人間関係づくり──動機づけの教育心理学』金子書房.
　教室での人間関係づくりから学習意欲を育てるために読んでおきたい，わかりやすい一冊.
J. E. ブロフィ(著)，中谷素之(監訳)(2011)：『やる気をひきだす教師──学習動機づけの心理学』金子書房.
　学習意欲や動機づけの理論に基づきながら，教室で具体的に何をしたらよいのかというポイントが体系的に論じられている.
鹿毛雅治(2013)：『学習意欲の理論──動機づけの教育心理学』金子書房.
　学習意欲にはさまざまな理論がある．それらの理論をわかりやすく解説しており，理論をしっかり学びたい人におすすめの一冊.

第3章
石井順治(2010)：『教師の話し方・聴き方──ことばが届く，つながりが生まれる』ぎょうせい.
　教師や授業研究の指導経験者が，具体的な教室での言葉のやり取りを紹介しながら，何がコミュニケーションを豊かにするのかについて，わかりやすく解説している.

高垣マユミ（編著）(2005)：『授業デザインの最前線——理論と実践をつなぐ知のコラボレーション』北大路書房．
　授業における談話を含め，授業をどのようにデザインしとらえたらよいかがわかりやすく書かれている．続編の『授業デザインの最前線Ⅱ——理論と実践を創造する知のプロセス』とともに読むとよいだろう．

第4章

藤村宣之(2012)：『数学的・科学的リテラシーの心理学——子どもの学力はどう高まるか』有斐閣．
　数学および科学における学習や理解と学力との関係について，できる学力とわかる学力という観点から，わかりやすくかつ包括的に論じられている．

西林克彦(2005)：『わかったつもり——読解力がつかない本当の原因』光文社新書．
　なぜ理解したつもりでも深まっていないのかというメカニズムについて，人間の理解の過程を，具体的な事例を通して論じている．新書なので読みやすい．

G.ウィギンズ・J.マクタイ（著），西岡加名恵（訳）(2012)：『理解をもたらすカリキュラム設計——「逆向き設計の理論」と方法』日本標準．
　理解を深めるためには具体的にどのように授業を構成したらよいかというカリキュラムと評価に関する本であるが，実際に授業においてどのように包括的で本質的な問いによって重要な概念を学ぶことができるかについて，体系だてて論じられた専門書．

第5章

河村茂雄(2010)：『日本の学級集団と学級経営——集団の教育力を生かす学校システムの原理と展望』図書文化社．
　学級づくりに関して，著者自身の実証的な研究がわかりやすく解説・紹介されており，日本の学級づくりの特徴を知ることができる．

バーバラ・K・キーヨ（著），柘植雅義・秋田喜代美（訳）(2010)：『教室の中の気質と学級づくり——縦断研究から見てきた個の違いの理解と対応』金子書房．
　気質とは何か，子どもの特性と教師の特性に焦点を当てて，長期縦断研究の事例などをふまえて，特別支援教育を含めニーズに合った指導とは何かを考えることができる．

柘植雅義（編著）(2014)：『ユニバーサルデザインの視点を活かした指導と学級づくり』金子書房．
　特別支援教育の視点を入れながら，どの子にもわかる授業のための理念とデザイン等のエッセンスがコンパクトに書かれているので，入門書として最適．

第6章

三宅なほみ・白水始(2003):『学習科学とテクノロジ』放送大学教育振興会.
　学習科学という新しい学問と,それと密接に関連するテクノロジを用いた豊富な授業実践事例について,わかりやすく述べられている.

山内祐平(編)(2010):『デジタル教材の教育学』東京大学出版会.
　さまざまなメディアを用いた教材の思想や系譜が紹介されている.全体を一望できるとともに,先端事例も学べる好著.

第7章

安西祐一郎(1985):『問題解決の心理学——人間の時代への発想』中央公論社.
　人間が問題解決するときにはどのように思考するかに興味をもったら,手にとってほしい基本文献である.具体的で身近な事例が豊富であり,学術用語が少ないため読みやすい.

第8章

秋田喜代美(編)(2010):『教師の言葉とコミュニケーション——教室の言葉から授業の質を高めるために』教育開発研究所.
――――――(2014):『対話が生まれる教室——居場所感と夢中を保障する授業』教育開発研究所.
　子どもたちは授業中の対話を通していかに学ぶか,研究者による理論的解説とともに,実践者による豊富な授業事例が紹介されている.『教師の言葉とコミュニケーション』の続編として『対話が生まれる教室』があり,続けて読むとより一層の理解が期待できる.

R.K.ソーヤー(編),森敏昭・秋田喜代美・大島純・白水始(監訳),望月俊男・益川弘如(編訳)(2016-2018):『学習科学ハンドブック[第二版]』全3巻,北大路書房.
　協働学習に関しては,学習科学という学問で盛んに理論的かつ実践的な研究がなされており,本書はその広がりを知るハンドブックの第二版である.これからの授業に求められる新しい学習のあり方を学ぶことができる.

第9章

辰野千寿(1997):『学習方略の心理学——賢い学習者の育て方』図書文化社.
　教育心理学における学習方略に関する知見を体系的に学ぶことができる基本文献である.本書を読んでおくと,他の学習方略に関する文献が格段に読みやすくなるだろう.

市川伸一(2013):『勉強法の科学——心理学から学習を探る』岩波書店.
　具体的な勉強法がなぜ有効なのかについて,情報処理アプローチの視点から勉強法としての学習方略を考えることができる.

藤澤伸介(2002):『ごまかし勉強 上——学力低下を助長するシステム』新曜社.
　——(2002):『ごまかし勉強 下——ほんものの学力を求めて』新曜社.
　　認知心理学の知見や，筆者自身の経験に基づいて，ごまかし勉強と正統派の勉強について述べられている．受験勉強の経験者には，心当たりがある事例がいくつも出てくるだろう．

第10章

田中耕治(2008):『教育評価』岩波書店．
　　教育評価の理論的・歴史的背景やさまざまな概念について体系的に学ぶための好著．評価というありふれた言葉の広がりと深みを知ることができる．教育評価に関する基本文献であり，長く読むことができる一冊である．
三藤あさみ・西岡加名恵(2010):『パフォーマンス評価にどう取り組むか——中学校社会科のカリキュラムと授業づくり』日本標準．
　　具体的に，授業の中で形成的評価をどのように行ったらよいのかを知ることができる一冊．

第11章

美馬のゆり・山内祐平(2005):『「未来の学び」をデザインする——空間・活動・共同体』東京大学出版会．
　　学習環境のデザインという考え方について，先端事例とともにわかりやすく述べられている．未来の学校教育，授業のあり方について思いを馳せながら読んでみよう．
A. コリンズ・R. ハルバーソン(著)，稲垣忠(編訳)(2012):『デジタル社会の学びのかたち——教育とテクノロジの再考』北大路書房．
　　これからの社会の中でテクノロジがどのような役割を果たすかについて，米国の事例をもとに具体的に書かれている．

第12章

佐藤学(1997):『教師というアポリア——反省的実践へ』世織書房．
　　教師とはいかなる存在なのか，教師が学ぶとはどういうことか，教師論についての基本文献．理論的な記述であるが，私たちの被教育経験とリンクさせて読むことができる．教師という存在の奥深さを学ぶための必読書である．
秋田喜代美・C. ルイス(編著)(2008):『授業の研究・教師の学習——レッスンスタディへのいざない』明石書店．
　　日本の授業研究がアメリカにどのように広まり国際化していったか，授業研究とはどのような営みか，そして，授業研究によって教師はどのように学ぶのかについて，研究の広がりと深まりを知ることができる．

第13章

大瀬敏昭ほか(著),佐藤学(監修)(2003):『学校を変える――浜之郷小学校の5年間』小学館.
  現在では,学びの共同体のモデルスクールとして有名な浜之郷小学校であるが,最初からそうであったわけではない.新設された浜之郷小学校においてなされた教師たちのひたむきで真摯な努力についての貴重な記録集である.学校の実例から学ぶことができる.

J. レイヴ・E. ウェンガー(著),佐伯胖(訳)(1993):『状況に埋め込まれた学習――正統的周辺参加』産業図書.
  正統的周辺参加論を学ぶための基本文献である.従来の学校での学習に対して,文化人類学的視点から,共同体に参加することを学習ととらえる視点を具体例とともに提示した本である.人が学ぶとはどういうことかについて考える際に,未読者であれば,まず読んでほしい一冊である.

第14章

秋田喜代美・恒吉僚子・佐藤学(編)(2005):『教育研究のメソドロジー――学校参加型マインドへのいざない』東京大学出版会.
  教育に関する現象にいかにしてアプローチするかについて,方法論とそれを用いた実例が紹介されている.数量的手法も質的手法もカバーしている.本書を読んだ上で,個別の方法論についての専門書を読んでいくとよいだろう.

秋田喜代美・藤江康彦(編)(2007):『はじめての質的研究法――事例から学ぶ 教授・学習編』東京図書.
  はじめて研究をしてみたい人が,その方法について具体的な事例を通して知ることができる.初心者向け図書.

参 考 文 献

序章

Darling-Hammond, L. & Bransford, J.(Eds.)(2005): Preparing Teachers for a Changing World: What teachers Should Learn and Be Able to Do. Jossey-Bass.

松下佳代・京都大学高等教育研究開発推進センター(編著)(2015)：ディープ・アクティブラーニング――大学授業を深化させるために，勁草書房．

溝上慎一(2014)：アクティブラーニングと教授学習パラダイムの転換，東信堂．

第1章

秋田喜代美(1996)：教える経験に伴う授業イメージの変容：比喩生成課題による検討．教育心理学研究，44(2), 176-186．

バンデュラ，A.(著)，原野広太郎(監訳)(1979)：社会的学習理論――人間理解と教育の基礎，金子書房． Bandura, A.(1977): Social learning theory. Prentice-Hall.

Bower, G. H. & Hillgard, E. R.(1981): Theories of Leaning. 5th ed. Prentice-Hall.

Brown, A. L.(1997): Transforming schools into communities of thinking and learning about serious matters. *American Psychologist*, 52(4), 4, 399-413.

ブルーナー，J. S.(著)，岡本夏木・池上貴美子・岡村佳子(訳)(2004)：教育という文化，岩波書店． Bruner, J. S.(1996): The culture of education. Harvard University Press.

コール，M.(著)，天野清(訳)(2002)：文化心理学――発達・認知・活動への文化-歴史的アプローチ，新曜社． Cole, M.(1996): Cultural psychology: A Once and Future Discipline. Harvard University Press.

エンゲストローム，Y.(著)，山住勝広ほか(訳)(1999)：拡張による学習――活動理論からのアプローチ，新曜社． Engeström, Y.(1987): Learning by Expanding: An Activity-Theoretical Approach to Developmental Research. Orienta-Konsultit Oy.

Engeström, Y. & Sannino, A.(2010): Studies of expansive learning: Foundations, findings and future challenges. *Educational Research Review*, 5, 1-24.

Griffin, P., McGaw, B., Care, E.(Eds.)(2012): Assessment and teaching of 21st century skills. Springer. グリフィン，P.，マクゴー，B. & ケア，E.(編)，三宅なほみ(監訳)(2014)：21世紀型スキル――学びと評価の新たなかたち，北大路書房．

国立教育政策研究所(2013)：社会の変化に対応する資質や能力を育成する教育課程編成の基本原理．(代表)勝野頼彦：教育課程の編成に関する基礎的研究報告書5，平成24年度プロジェクト研究報告書．

レイヴ，J. & ウェンガー，E.(著)，佐伯胖(訳)(1993)：状況に埋め込まれた学習――正統的周辺参加，産業図書． Lave, J. & Wenger, E.(1991): Situated Learning: Legitimate Peripheral Participation. Cambridge University Press.

モンモラン，M.(著)，山内光哉・大村彰道(訳)(1974)：プログラム教授法――教授工学入門，白水社． Montmollin, M. de(1965): L'enseignement programmé. Presses universitaires de France.

森敏昭・秋田喜代美(編)(2006)：教育心理学キーワード，有斐閣．
Nathan, M. J. & Saywer, K.(2014): Foundations of the learning sciences. In Saywer, K.(Eds.), The Cambridge Handbook of the Learning Sciences. 2nd ed. Cambridge University Press, pp. 21-43.
ライチェン，D. & サルガニク，L.(編著)，立田慶裕(監訳)(2006)：キー・コンピテンシー：国際標準の学力をめざして：OECD DeSeCo：コンピテンシーの定義と選択，明石書店．Rychen, D. S. & Salganik, L. H.(Eds.)(2003), Key Competencies for a Successful Life and a Well-Functioning Society. Hogrefe & Huber Publishers.
Sfard, A.(1998): On two metaphors of learning and the dangers of choosing just one. *Educational Researcher*, 27(2), 4-13.
白水始(2014)：新たな学びと評価は日本で可能か．グリフィン，P.，マクゴー，B. & ケア，E.(編)，三宅なほみ(監訳)(2014)：21世紀型スキル――学びと評価の新たなかたち，北大路書房．
ヴィゴツキー，L. S.(著)，柴田義松(訳)(1968)：思考と言語(上・下)，明治図書出版，Vygotskiĭ, L. S.(1962): Thought and Language. The M. I. T. Press.

第2章

秋田喜代美(編)(2006)：授業研究と談話分析，放送大学教育振興会．
ブロフィ，J. E.(著)，中谷素之(監訳)(2011)：やる気をひきだす教師――学習動機づけの心理学，金子書房．Brophy, J. E.(2004): Motivating students to learn. 2nd ed. Erlbaum.
ド・シャーム，R.(著)，佐伯胖(翻訳)(1980)：やる気を育てる教室――内発的動機づけ理論の実践，金子書房．deCharms, R.(1976): Enhancing Motivation: Change in the Classroom. Irvington.
Deci, E. & Ryan, R.(Eds.)(2002): Handbook of self-determination research. University of Rochester Press.
Dweck, C.(1986): Motivational processes affecting learning. *American Psychologist*, 41, 1040-1048.
Eccles, J. S.(2005): Studying gender and ethnic differences in participation in math, physical science, and information technology. *New Directions for Child and Adolescent Development*, 110, 7-14.
遠藤由美，吉川左紀子，三宮真智子(1991)：親の叱りことばの表現に関する研究．教育心理学研究，39(1), 85-91.
Epstein, J. L.(1983): Longitudinal effects of family-school-person interaction on student outcomes. In A. C. Kercghoff (Ed.), Research on sociology of education and socialization personal change over the life course. Vol. 4. JAI Press, pp. 101-128.
Gettinger, M. & Walker, J. M.(2012): Classroom strategies to enhance academic engaged time. In S. Christenson, A. Reschly & C. Wylie(Eds.): handbook of Research on Student Engagement. Springer, pp. 653-673.
波多野誼余夫・稲垣佳世子(1971)：発達と教育における内発的動機づけ，明治図書．
Hattie, J., & Gan, M.(2011): Instruction based on feedback. In R. Mayer & P. Alexander(Eds.), Handbook of research on learning and instruction. Routledge, pp.

249-271.
Krapp, A.(2002): Structural and dynamic aspects of interest development: Theoretical considerations from an ontogenetic perspective. *Learning and Instruction*, **12**, 383-409.
Lepper, M. R., Greene, D. & Nisbett, R. E.(1973): Undermining Children's Intrinsic Interest with Extrinsic Reward: A Test of the "Overjustification" Hypothesis. *Journal of Personality and Social Psychology*, **28**(1), 129-137.
村山航(2005)：テスト形式の予期による方略――変容メカニズムの検討．教育心理学研究，**53**(2)，172-184.
中谷素之(2006)：社会的責任目標と学業達成過程，風間書房．
Nicholls, J. G.(1978). The development of the concepts of effort and ability, perception of academic attainment, and the understanding that difficult tasks require more ability. *Child Development*, **49**, 800-814.
Roeser, R. W., Peck, S. C., & Nasir, N. S.(2006): Self and identity processes in school motivation, learning, and achievement. In P. A. Alexander & P. H. Winne (Eds.), Handbook of educational psychology. Lawrence Erlbaum Associates, pp. 391-424.
Rosiek, J. & Beghetto, R. A.(2009): Emotional scaffolding: The emotional and imaginative dimensions of teaching and learning. In P. A. Schutz & M. Zembylas (Eds.), Advances in Teacher Emotion Research. Springer, pp. 175-194.
Ryan, R. M. & Deci, E. L.(2000): Self-determination theory and the facilitation of intrinsic motivation, social development, and well-being. *American Psychologist*, **55**, 68-78.
三宮真智子(1993)：子どもの認知・感情を考えたほめ方・叱り方：ほめことば・叱りことばにひそむ隠れたメッセージの影響．児童心理，**47**(3)，36-42.
Schunk, D. H. & Zimmerman, B. J.(2006): Competence and control beliefs: Distinguishing the means and ends. In P. A. Alexander & P. H. Winne(Eds.), Handbook of educational psychology 2nd ed. Lawrence Erlbaum Associates, pp. 349-367.
Seligman, M. E. P.(1975): Helplessness: On depression, development, and death. W. H. Freeman.
ワイナー，B. A.(著)，林保・宮本美沙子(監訳)(1989)：ヒューマン・モチベーション――動機づけの心理学，金子書房．Weiner, B. A.(1980): Human motivation. Holt, Rinehart & Winston.
Wentzel, K. R.(2006): A social motivation perspective for classroom management. In C. Evertson & C. Weinstein(Eds.), Handbook of Classroom Management - Research, Practice, and Contemporary Issues. Lawrence Erlbaum Associates, pp. 619-644.
ジマーマン，B. J.，ボナー，S. & コーバック，R.(著)，塚野州一・牧野美知子(訳)(2007)：自己調整学習の指導――学習スキルと自己効力感を高める，北大路書房．Zimmerman, B. J., Bonner, S. & Kovach, R.(1996): Developing Self-Regulated Learners: Beyond Achievement to Self-Efficacy. American Psychological Association(APA).

第3章

秋田喜代美(2007)：教室談話を通したメタ認知機能の育成．心理学評論，50(3)，285-296．

秋田喜代美・市川洋子・鈴木宏明(2002)：授業における話し合い場面の記憶——参加スタイルと記憶．東京大学大学院教育学研究科紀要，42，257-273．

Barnes, D.(1976): From communication to curriculum. Harmondsworth: Penguin Books.

Berkowitz, M. W., & Simmons, P.(2003): Integrating science education and character education: The role of peer discussion. In D. L. Zeidler(Ed.), The role of moral reasoning on socioscientific issues and discourse in science education. Kluwer, pp. 117-138.

Cazden, C.(1988): Classroom discourse: the language of teaching and learning. Heinemann.

Edwards, D. & Mercer, N.(1987): Common knowledge: The development of understanding in the classroom. Methuen/Routledge.

濱田秀行(2012)：物語の読みの交流過程における読み方の学習——"Appropriation" 概念を手がかりとした高等学校授業分析をもとに．読書科学，53(4)，95-105．

一柳智紀(2007)：「聴くことが苦手」な児童の一斉授業における聴くという行為——「対話」に関するバフチンの考察を手がかりに．教育方法学研究，33，1-12．

一柳智紀(2009)：児童による話し合いを中心とした授業における聴き方の特徴——学級と教科による相違の検討．教育心理学研究，57(3)，361-372．

一柳智紀(2014)：道徳授業を通した児童の道徳性の発達過程——社会文化的アプローチに基づくワークシートの記述の縦断的検討．発達心理学研究，25(4)，387-398．

Inagaki, K., Morita, E. & Hatano, G.(1999): Teaching-learning of evaluative criteria for mathematical arguments through classroom discourse: A cross-national study. *Mathematical Thinking and Learning*, 1(2), 93-111.

川島哲(2013)：小学校授業における活動移行時の教師の指示とフェイス配慮：ポライトネス理論の観点から．日本教育学会大會研究発表要項，72，140-141．

小林敬一(2000)：共同作成の場におけるノートテイキング・ノート見直し．教育心理学研究，48，154-164．

益川弘如(1999)：協調学習支援ノートシステム「ReCoNote」が持つ相互リンク機能の効果．日本教育工学雑誌，23(2)，89-98．

松尾剛・丸野俊一(2009)：学び合う授業を支える談話ルールをいかに共有するか．心理学評論，52(2)，245-264．

Mehan, H.(1979): Learning lessons: Social organization in the classroom. Harvard University Press.

三宅なほみ・益川弘如(2014)：インターネットを活用した協調学習の未来へ向けて．児童心理学の進歩，53，189-213．

Nussbaum, E. M. & Edwards, O. V.(2011): Critical questions and argument stratagems: A framework for enhancing and analyzing students' reasoning practices. *The Journal of the Learning Sciences*, 20, 443-488.

O'Conner, M. C. & Michaels, S.(1996): Shifting participant frameworks: Orchestrating thinking practices in group discussion. In D. Hicks(Ed.), Discourse, Learning and Schooling. Cambridge University Press, pp. 63-103.

小野田亮介(2014)：討論活動における児童の聴き方の偏りと発話傾向との関連──聴き方のマイサイドバイアスに着目して．日本教育心理学会第56回総会発表論文集，**69**，806．
Schultz, J., Florio, S. & Erickson, F.(1982): Where the floor?: Aspects of social relationship in the communities at home and at school. In P. Gilmorte & A. Glatthorn(Eds.), Children in and out of school. Center for Applied Linguistics.
田島充士(2008)：再声化介入が概念理解の達成を促進する効果──バフチン理論の視点から．教育心理学研究，**56**，318-329．
高垣マユミ・中島朋紀(2004)：理科授業の協同学習における発話事例の解釈的分析．教育心理学研究，**52**(4)，472-484．
山路茜(2013)：中学校数学科のグループ学習における課題の目的に応じた生徒のダイナミックな関係：N. ウェブの「援助要請」を手がかりとして．教育方法学研究，**39**，25-36．

第4章

Anderson et al.(2001): A Taxonomy for Learning, Teaching, and Assessing: A Revision of Bloom's Taxonomy of Educational Objectives, Longman.
米国学術研究推進会議(編著)，森敏昭・秋田喜代美(監訳)(2002)：授業を変える──認知心理学のさらなる挑戦．北大路書房．Bransford, J. D., Brown, A. L. & Cocking, R. R.(Eds.)(2000): How People Learn: Brain, Mind, Experience, and School: Expanded Edition. National Academy Press.
Bereiter, C.(2002): Education and mind in the knowledge age. Lawrence Erlbaum Associates.
Chi, M. T. H.(2013): Two kinds and four sub-types of misconceived knowledge, ways to change it, and the learning outcomes. In S. Vosniadou (Ed.), International Handbook of Research on Conceptual Change. Routledge, pp. 49-70.
Chi, M. T. H., Feltovich, P. J. & Glaser. R.(1981): Categorization and representation of physics problems by experts and novices. *Cognitive Sciences*, **5**, 121-152.
Chi, M. T. H., Glaser, R. & Rees, E.(1982): Expertise in problem solving. In R. J. Sternberg(Eds.), Advances in the Psychology of Human Intelligence. Vol. 1. Erlbaum.
Clement, J.(1993): Using bridging analogies and anchoring intuitions to deal with student's preconceptions in physics. *Journal of Research in Science Teaching*, **30**(10), 1241-1257.
Gadgil, S., Nokes-Malach, T. J. & Chi, M. T. H.(2011): Effectiveness of holistic mental model confrontation in driving conceptual change. *Learning and Instruction*, **22**, 47-61.
Gentner, D. & Gentner, D. R.(1983): Flowing waters or teeming crowds: Mental models of electricity. In D. Gentner & A. L. Stevens(Eds.), Mental Models. LEA.
深谷達史(2011)：科学的概念の学習における自己説明訓練の効果──SBF理論に基づく介入．教育心理学研究，**59**，342-354．
Kapur, M.(2012): Productive failure in learning the concept of variance. *Instructional Science*, **40**(4), 651-672.

Kapur, M.(2013): Designing for Productive Failure. 東京大学学校教育高度化センター公開講演会資料.
国立教育政策研究所(2013)：社会の変化に対応する資質や能力を育成する教育課程編成の基本原理．(代表)勝野頼彦：教育課程の編成に関する基礎的研究報告書 5, 平成 24 年度プロジェクト研究報告書.
マルザーノ, R. J. & ケンドール, J. S.(著), 黒上晴夫・泰山裕(訳)(2013)：教育目標をデザインする――授業設計のための新しい分類体系, 北大路書房. Marzano, R. J. & Kendall, J. S.(2007): The New Taxonomy of Educational Objectives. 2nd ed. Corwin.
Rosiek, J. & Beghetto, R. A.(2009): Emotional scaffolding: The emotional and imaginative dimensions of teaching and learning. In P. A. Schutz & M. Zembylas (Eds.), Advances in teacher emotion research. Springer Science Business Media, pp. 175-194.
タルヴィング, E.(著), 太田信夫(訳)(1985)：タルヴィングの記憶理論――エピソード記憶の要素, 教育出版. Tulving, E.(1983): Elements of episodic memory. Oxford University Press.
Vosniadou, S., Vamvakoussi, X. & Skopeliti, I.(2008): The framework theory approach to the problem of conceptual change. In S. Vosniadou(Ed.), International handbook of research on conceptual change. Routledge, pp. 3-34.
ウィギンズ, G. & マクタイ, J.(著), 西岡加名恵(訳)(2012)：理解をもたらすカリキュラム設計―「逆向き設計」の理論と方法, 日本標準. Wiggins, G. P. & McTighe, J.(2005): Understanding by Design, Expanded 2nd ed., Pearson.

第 5 章

蘭千壽・古城和敬(編)(1996)：教師と教育集団の心理, 誠信書房.
有馬道久(2000)：授業中に実践される暗黙の教室ルール(II). 日本教育心理学会総会発表論文集, 42, 472.
バーグマン, J. & サムズ, A.(著), 山内祐平・大浦弘樹(監修), 上原裕美子(訳)(2014)：反転授業, オデッセイコミュニケーションズ. Bergmann, J. & Sams, A.(2012): Flip Your Classroom: Reach Every Student in Every Class Every Day. ISTE and ASCD.
飯田都(2002)：教師の要請が児童の学級適応感に与える影響――児童個々の認知様式に着目して. 教育心理学研究, 50, 367-376.
伊藤亜矢子・松井仁(2001)：学級風土質問紙の作成. 教育心理学研究, 49(4), 449-457.
河村茂雄(2010)：日本の学級集団と学級経営――集団の教育力を生かす学校システムの原理と展望, 図書文化社.
河村茂雄・田上不二夫(1997)：教師の教育実践に関するビリーフの強迫性と児童のスクール・モラールとの関係. 教育心理学研究, 45(2), 213-219.
キーヨ, B. K.(著), 柏植雅義・秋田喜代美(訳)(2010)：教室の中の気質と学級づくり：縦断研究から見えてきた個の違いの理解と対応, 金子書房. Keogh, B. K. (2003): Temperament in the Classroom: Understanding Individual Differences. Baltimore. Paul H. Brookes.
近藤邦夫(1988)：教師児童関係と児童の適応. 東京大学教育学部紀要, 28, 103-142.

Laevers, F.(2005): SICS-Well-being and Involvement in Care A Process-oriented Self-evaluation Instrument for Care: Settings. Research Centre for Experiential Education, Leuven University.
松崎学(2006)：学級機能尺度の作成と3学期間の因子構造の変化．山形大学教職・教育実践研究，1，29-38.
三島美砂・宇野宏幸(2004)：学級雰囲気に及ぼす教師の影響力．教育心理学研究，52(4)，414-425.
Pianta, R. C., La Paro, K. M. & Hamre, B. K.(2008): Classroom Assessment Scoring System. Manual PRE-K, K-3. Paul H. Brookes.
Rosenthal, R. & Jacobson, L.(1968): Pygmalion in the Classroom. Holt, Rinehart & Winston.
笹屋孝允・川島哲・児玉佳一(2013)：教師と子どもの「授業ルール」認識のズレの特徴と，その解消──小学校高学年の学級における質問紙調査と授業観察から．東京大学学校教育高度化センター院生プロジェクト報告書平成25年度，109-138.
柘植雅義(編)(2014)：ユニバーサルデザインの視点を活かした指導と学級づくり，金子書房.
渡邉亜矢子・塩谷祥子・近藤邦夫(1993)：中学生のメンタルヘルスと学級風土．平成3，4年度科学研究費補助金(一般B)(課題番号03452001)報告書.
吉崎静夫(1978)：学級における教師のリーダーシップ行動の自己評定と児童評定の関連に関する研究．教育心理学研究，26(1)，32-40.

第6章

秋田喜代美(2012)：⑤校内研修での授業研究の充実を──専門家の知の共同構成のために．村川雅弘(編)：「ワークショップ型校内研修」充実化・活性化のための戦略＆プラン43，教育開発研究所，pp. 40-45.
稲垣忠彦(1995)：授業研究の歩み 1960-1995年，評論社.
益川弘如(2004)：ノート共有吟味システムReCoNoteを利用した大学生のための知識構成型協調学習活動支援．教育心理学研究，52(3)，331-343.
佐藤学(1997)：教師というアポリア──反省的実践へ，世織書房.
佐藤学・岩川直樹・秋田喜代美(1990)：教師の実践的思考様式に関する研究(1)──熟練教師と初任教師のモニタリングの比較を中心に．東京大学教育学部紀要，30，177-198.

第7章

Engle, R. A. & Conant, F. R.(2002): Guiding Principles for Fostering Productive Disciplinary Engagement: Explaining an Emergent Argument in a Community of Learners Classroom. *COGNITION AND INSTRUCTION*, 20(4), 399-483.
深谷孟延(2002)：個を育てる実践記録集──すべてが序，名古屋大学大学院教育発達科学研究科教育方法学研究室.
Hiebert, J., Carpenter, T. P., Fennema, E., Fuson, K., Human, P., Murray, H., Olivier, A. & Wearne, D.(1996): Problem Solving as a Basis for Reform in Curriculum and Instruction: The Case of Mathematics. *Educational Researcher*, 25(4), 12-21.
レイヴ，J.(著)，無藤隆・山下清美・中野茂・中村美代子(訳)(1995)：日常生活の認

知行動——ひとは日常生活でどう計算し，実践するか，新曜社．Lave, J.(1988): Cognition in Practice: Mind, Mathematics and Culture in Everyday Life. Cambridge University Press.
Reiser, B. J.(2004): Scaffolding Complex Learning: The Mechanisms of Structuring and Problematizing Student Work. *The Journal of the Learning Sciences*, **13**(3), 273-304.
坂本篤史(2010)：授業研究の事後協議会における教師の省察過程の検討——授業者と非授業者の省察過程の特徴に着目して．教師学研究，**8・9**, 27-37.
白水始(2006)：学びにおける協調の意味．大島純・野島久雄・波多野誼余夫(編)：新訂 教授・学習過程論——学習科学の展開，放送大学教育振興会，pp. 121-135.

第8章

姫野完治(2002)：協同学習を基盤とした教師教育の課題と展望——教師の成長に関する研究動向から．大阪大学教育学年報，**7**, 47-60.
一柳智紀(2012)：授業における児童の聴くという行為に関する研究——バフチンの対話論に基づく検討，風間書房．
三宅なほみ・白水始(2003)：学習科学とテクノロジ，放送大学教育振興会．
村瀬公胤(2005)：第3章 授業のディスコース分析．秋田喜代美・恒吉僚子・佐藤学(編)：教育研究のメソドロジー——学校参加型マインドへのいざない，東京大学出版会，pp. 115-137.
ソーヤー，R. K.(編)，森敏昭・秋田喜代美(監訳)(2009)：学習科学ハンドブック，培風館．Sawyer, R. K.(Ed.)(2006): The Cambridge handbook of the learning sciences. Cambledge University Press.
東京大学大学発教育支援コンソーシアム推進機構(2014)：自治体との連携による協調学習の授業づくりプロジェクト 平成25年度活動報告書，協調が生む学びの多様性，第4集——私たちの現在地とこれから．
大学発教育支援コンソーシアム推進機構(CoREF) http://coref.u-tokyo.ac.jp/
※「知識構成型ジグソー法」については，上記webサイトに詳しい．

第9章

秋田喜代美・村瀬公胤・市川洋子(2003)：中学校入学後の学習習慣の形成過程——基礎学力を支援する学校・家庭環境の検討．東京大学大学院教育学研究科紀要，**43**, 205-233.
有田和正(1995)：II 具体的手だて，霜田一敏・有田和正(編著)：人間回復をはかる授業，明治図書，pp. 41-65.
Brown, A. L.(1997): Transforming schools into communities of thinking and learning about serious matters. *American Psychologist*, **52**(4), 399-413.
Darling-Hammond, L. & Bransford, J.(Eds.)(2005): Preparing Teachers for a Changing World: What Teachers Should Learn and Be Able to Do. Jossey-Bass.
藤澤伸介(2002)：ごまかし勉強(上)——学力低下を助長するシステム，新曜社．
古屋和久(2014)：学び合うための学習習慣を創り出す教室，秋田喜代美(編)：対話が生まれる教室——居場所感と夢中を保障する授業，教育開発研究所，pp. 58-63.
Hammerness, K.(2006): Seeing Through Teachers' Eyes: Professional Ideals and Classroom Practices. Teachers College Press.

石井順治(1996)：II　ともに学べる場を創る，石井順治・牛山栄世・前島正俊：教師が壁を越えるとき——ベテラン教師からのアドバイス，岩波書店，pp. 53-119.
河野麻沙美(2010)：教室の学習環境を見直す——学びのコミュニケーションシステム，秋田喜代美(編)：教師の言葉とコミュニケーション——教室の言葉から授業の質を高めるために，教育開発研究所，pp. 102-105.
国立教育政策研究所(2013)：平成25年度全国学力・学習状況調査報告書クロス集計．http://www.nier.go.jp/13chousakekkahoukoku/data/research-report/crosstab_report.pdf
的場正美・柴田好章(編)(2013)：授業研究と授業の創造，渓水社．
坂本篤史(2013)：協同的な省察場面を通した教師の学習過程——小学校における授業研究事後協議会の検討，風間書房．
佐藤学(1997)：教師というアポリア——反省的実践へ，世織書房．
瀬尾美紀子・植阪友理・市川伸一(2008)：第4章　学習方略とメタ認知．三宮真智子(編著)：メタ認知——学習力を支える高次認知機能，北大路書房，pp. 55-73.
鈴木豪(2013)：小・中学生の学習観とその学年間の差異——学校移行期の変化および学習方略との関連．教育心理学研究，$61(1)$，17-31.
高橋雅延(2008)：感情と認知の心理学，岩波書店．
吉田寿夫・村山航(2013)：なぜ学習者は専門家が学習に有効だと考えている方略を必ずしも使用しないのか——各学習者内での方略間変動に着目した検討．教育心理学研究，$61(1)$，32-43.

第10章
秋田喜代美(1997)：熟練教師に学ぶ，発達を支える要因．児童心理，$51(8)$，117-125.
藤澤伸介(2002)：ごまかし勉強(上)——学力低下を助長するシステム，新曜社．
堀哲夫・進藤聡彦・山梨県上野原市立巌中学校(2006)：一枚ポートフォリオ評価　中学校編——子どもの成長が教師に見える，日本標準．
石井順治・牛山栄世・前島正俊(1996)：教師が壁を越えるとき——ベテラン教師からのアドバイス，岩波書店．
村山航(2006)：テストスキーマへの介入が空所補充型テストと学習方略との関係に及ぼす影響．教育心理学研究，54，63-74.
田中耕治(2008)：教育評価，岩波書店．

第11章
美馬のゆり・山内祐平(2005)：「未来の学び」をデザインする——空間・活動・共同体，東京大学出版会．
森下覚・尾出由佳・岡崎ちひろ・有元典文(2010)：教育実習における学習はどのように構成されているのか——教育的デザインと実践の保持のデザインとのダイナミクス．教育心理学研究，$58(1)$，69-79.
山内祐平(編)(2010)：デジタル教材の教育学，東京大学出版会．

第12章
秋田喜代美(2009)：教師教育から教師の学習過程研究への転回——ミクロ教育実践研究への変貌，矢野智司・今井康雄・秋田喜代美・佐藤学・広田照幸(編)：変貌する教育学，世織書房，pp. 45-76.

秋田喜代美・ルイス，C.(編著)(2008)：授業の研究・教師の学習　レッスンスタディへのいざない，明石書店．
Darling-Hammond, L. & Bransford, J.(Eds.)(2005): Preparing Teachers for a Changing World: What Teachers Should Learn and Be Able to Do. Jossey-Bass.
北田佳子(2007)：校内授業研究会における新任教師の学習過程——「認知的徒弟制」の概念を手がかりに．教育方法学研究，33，37-48．
坂本篤史(2007)：現職教師は授業経験から如何に学ぶか．教育心理学研究，55，584-596．
佐藤学・岩川直樹・秋田喜代美(1990)：教師の実践的思考様式に関する研究(1)——熟練教師と初任教師のモニタリングの比較を中心に．東京大学教育学部紀要，30，177-198．
ショーン，D. A.(著)，佐藤学・秋田喜代美(訳)(2001)：専門家の知恵——反省的実践家は行為しながら考える，ゆみる出版．Schon, D. A.(1983): The Reflective Practitioner: How Professionals Think In Action. Basic Books.
Shulman, L. S.(1986): Those Who Understand: Knowledge Growth in Teaching. *Educational Researcher*, 15(2), 4-14.
Stigler, W. & Hiebert, J.(1999): The Teaching Gap: Best Ideas from the World's Teachers for Improving Education in the Classroom. The Free Press.

第13章

Brown A. L. & Campione, J. C.(1996): Psychological theory and the design of innovative learning environments: On procedures, principles, and systems. In Schauble, L. & Glaser, R.(Eds.), Innovations in learning: New environments for education. LEA, pp. 289-325.
Darling-Hammond, L. & Bransford, J.(Eds.)(2005): Preparing Teachers for a Changing World: What Teachers Should Learn and Be Able to Do. Jossey-Bass.
Fishman, B. J. & Davis, E. A.(2006): Teacher Learning Research and the Learning Sciences. In Sawyer, R. K.(Ed.), The Cambridge Handbook of Learning Sciences. Cambridge University Press, pp. 535-550.
石井順治・牛山栄世・前島正俊(1996)：教師が壁を越えるとき——ベテラン教師からのアドバイス，岩波書店．
レイヴ，J. & ウェンガー，E.(著)，佐伯胖(訳)(1993)：状況に埋め込まれた学習——正統的周辺参加，産業図書．Lave, J. & Wenger, E.(1991): Situated Learning: Legitimate Peripheral Participation. Cambridge University Press.
坂本篤史(2012)：授業研究の事後協議会を通した小学校教師の談話と教職経験：教職経験年数と学校在籍年数の比較から．発達心理学研究，23，44-54．
スカルダマリア，M. & ベライター，C.(著)，河野麻沙美(訳)(2009)：第7章　知識構築——理論，教育学，そしてテクノロジー，R. K. ソーヤー(編)，森敏昭・秋田喜代美(監訳)(2009)：学習科学ハンドブック，培風館，pp. 80-96.
Sfard, A.(1998): On two metaphors for learning and the dangers of choosing just one. *Educational Researcher*, 27, 4-13.

第14章

Barab, S. A.(2006): Design-Based Research: A Methodological Toolkit for the Learning Scientist. In Sawyer, R. K.(Ed.), The Cambridge Handbook of Learning Sciences. Cambridge University Press, pp. 535-550.

フリック，U.(著)，小田博志・山本則子・春日常・宮地尚子(訳)(2011)：新版 質的研究入門——〈人間の科学〉のための方法論，春秋社．Flick, U.(2007): Qualitative Sozialforschung: Eine Einführung. Rowohlt.

藤江康彦(2000)：一斉授業の話し合い場面における子どもの両義的な発話の機能：小学5年の社会科授業における教室談話の分析．教育心理学研究，**48**，21-31．

佐藤郁哉(2008)：質的データ分析法——原理・方法・実践，新曜社．

高垣マユミ・中島朋紀(2004)：理科授業の協同学習における発話事例の解釈的分析．教育心理学研究，**52**，472-484．

索　　引

英数字

CLASS　89
if-then rule　73
Inquiry Learning Forum　238
JMOOC　103
Open Course Ware　103
ReCoNote　108
SNS　103, 214
TALIS　15
Tapped In　224
TARGET 構造　47-48
ZPD　25

ア　行

アーギュメント　64
アイデンティティ　26, 49, 58, 90, 215
アイデンティティ形成　58
アクティブ・ラーニング　2, 98
浅い処理　23
足場かけ　25, 37, 90
アプロプリエーション　134
誤り　18, 36, 42, 65, 83
アルゴリズム　27, 73, 115
安心感　37, 88
アンダーマイニング現象　43
言い換え　62, 142, 153
一対多数　60
一人前　18, 26, 194
1枚ポートフォリオ評価　177
居場所感　88
イメージ　12, 21, 58, 70, 79, 82, 104, 126, 137, 149, 181, 202, 218, 229, 238
意欲　30, 56, 70, 75, 88, 97, 145

イラショナルビリーフ　93
インターネット　8, 26, 102, 187, 191, 224, 238
インタビューデータ　232
ヴィゴツキー，L. S.　24, 133, 221
ヴィジョン　162, 195, 214, 220
運動再生過程　21
映像データ　230
エピソード記憶　71
エンゲストローム，Y.　28
援助要請　39, 65
援助要請行動　39
オフステージ　56
おもしろい　33, 39, 144
オリジン(指し手)　35
オンステージ　56
音声データ　231

カ　行

外化　67, 120
外言　25, 44
ガイダンスカウンセラー　88
外的帰属　36
外的調整　35
概念　34, 63, 71, 76, 82, 90, 122, 220
概念的知識　72
概念の獲得　79
概念変容　63, 83
外発的動機づけ　30, 43
会話フロア　56
会話ルール　52
科学的概念　63, 79
書き言葉　66, 102
学習意欲　2, 30, 48, 88, 94

学習過程　2, 13, 31, 76, 88, 128, 134, 156, 166, 201, 220, 229
学習観　4, 12, 155, 230
学習環境のデザイン　186, 238
学習コミュニティ　47
学習指導要領　2
学習者属性　96
学習習慣　89, 153
学習集団　88, 94
学習心理学　2
学習スタイル　95
学習性無力感　38
学習速度　66
学習動機づけ　31
学習に取り組む時間　31
学習の構え　71
学習の転移　4, 19, 84
学習方略　39, 148, 158
学習理論　13, 16, 23, 112, 221, 229
確証バイアス　109, 234
拡張　18, 28, 64, 73, 102
拡張による学習　27
獲得　18, 21, 40, 66, 70, 88, 106, 214, 229, 235
獲得メタファ　214
可視化　52, 108
課題遂行目標　91
課題の細分化　19
学級適応感　93, 95
学級の規範　93
学級風土　75, 89, 93
学級雰囲気　65, 89, 93
学級満足度　89
学校　2, 12, 30, 52, 72, 88, 102, 114, 132, 152, 168, 187, 200, 215
学校行事　90
学校というシステム　4
学校文化　52
活動システム　28

カテゴリ　236
カリキュラム　2
関係性　5, 35, 42, 72, 89, 145, 201, 220
観察学習　20
観察による徒弟制　201
完全習得学習型　98
キーコンピテンシー　14, 132
記憶　21-22, 27, 44, 62, 71, 148, 191, 222
気質　95
期待効果　94
技能学習　19
記銘　22
既有知識　33, 70, 156
教育課程の質　88
教育政策　17
教育の質　14, 89
強化　19, 30
教師期待効果　94
教師の学習　5, 27, 110, 125, 162, 194, 201, 220
教師の認知枠組み　94
教師のリーダーシップ　91
教師の力量　66, 200
教師文化　222
教職課程　3, 194
協調学習支援　68
共同行為　24
共同体　18, 23, 31, 189, 215, 230
協働学習　98, 133
協働的な省察　207
興味　30, 97, 124, 149, 154, 170
切り替え　56, 142
議論　7, 34, 64, 104, 110, 123, 132, 145, 159, 166, 189, 196, 219
グラウンドルール　52
グローバル化　13, 159
形成的評価　170
原因帰属　36

言語的フィードバック　44
公教育　3
高次精神機能　24
高次な思考力　75
高次能力学習　98
構造化　23, 38, 75, 92
行動主義心理学　19, 30
高度情報化社会　102
誤概念　82
国際教員指導環境調査(TALIS)　15
互恵的教授法　153
個人的興味　33
コスト　40
ごまかし勉強　150, 168
コミュニケーション　24, 52, 59, 70, 88, 96, 102, 196, 216
コミュニティ　18, 23, 30, 47, 214, 238

サ　行

最終稿　59
作業記憶　21
サポート　39, 90, 232
参加　4, 18, 23, 31, 52, 89, 189, 206, 214, 233
参加構造　56
参加メタファ　214
三項関係　24
叱りことば　44
時間スケール　17
刺激と反応　19
刺激と反応の対連合の形成　19
思考　6, 14, 19, 24, 53, 60, 71, 108, 120, 133, 149, 203, 221
思考の外化　67, 120
自己決定　35, 44
自己制御学習　47
自己説明　82
自己有能感　35, 47
自己有用感　89

事実的知識　72
システム　3, 18, 28, 47, 73, 205
自生的水準　25
自尊心　36, 42
実践化の問題　203
実践共同体　189, 215
質的分析　234
質問紙法　232
実用価値　40
指導観　89
指導と評価の一体化　169
指導要録　30
指名権　52
社会構成主義　230
社会的承認　59
社会的責任目標　42
社会文化的なアプローチ　18, 24
重大な概念　72
集団維持目標　91
集団凝集性　88
授業　2, 12, 30, 52, 71, 88, 103, 115, 132, 149, 169, 186, 200, 215, 228
授業観　89, 222
授業記録　110, 162
授業研究　68, 111, 125, 144, 160, 176, 194, 205, 223
授業研究会　194, 207
授業ルール　91
授業を想定した教科内容知識　205
熟達化　16, 76
熟達者　49, 76, 203, 216
状況的興味　33
小グループ　65, 91
省察　159, 203
情動　37, 76, 90
賞と罰　18
賞罰の効果　43
情報処理アプローチ　18, 21
情報提示機能　44

情報テクノロジー　13
初期状態　114
初心者　26, 76
処理水準　22-23, 54, 67
自律性　35, 178
人工知能　21
真正な質問　54
診断的評価　169
信念　12, 33, 80, 93, 144, 155
スキナー，B. F.　19
スクールカウンセラー　88
生産的失敗　83
精神間　24
精神内　24
精緻化　23, 53, 62, 149, 237
精緻化方略　149, 151
正統的周辺参加論　18, 26, 214
セサミストリート　105
絶対評価　167
セリグマン，M.　38
宣言的知識　72, 81
先行学習　20
専有　67
総括的評価　169, 221
相互作用性　107
相互参照　68
操作的トランザクション　63
相対評価　167
即時フィードバック　18
素朴概念　80
素朴教育学　13

タ 行

体制化方略　149, 151
対話　13, 56, 60, 67, 93, 204, 216
達成価値　39
達成動機　39
達成目標　41, 192
多様性　15, 54, 109

短期記憶　22, 149
探索的な言葉　59
談話　52
力関係　59
知識基盤社会　2, 12, 74, 159
知識構成型ジグソー法　134
知識統合　22, 75
知識の構造化　76
知識の刷新　13
知識の定着　84, 98
知識の剥落現象　150
知的好奇心　30, 32
知能観　41
注意　21, 24, 31, 60
注意過程　21
長期記憶　21, 149
挑戦　32, 41, 196, 217
直後再生法　62
著者性　63
対連合　19
つぶやき　25, 32, 56, 66, 138
つまずき　7, 36, 66, 73, 83, 114, 127, 144, 217
テキストデータ　231
適性処遇交互作用　96
適度な複雑さ　32
デザインベース研究　8, 17, 238
デジタル教科書　104
デジタル・ネイティブ　103
手続き的知識　73
転移　4, 19, 84, 97
展開　54, 60, 88, 126, 132, 172, 190, 203
展開構造　54
同一化調整　35
動機づけ　18, 21, 30, 107, 153, 162
動機づけ過程　21
道具　24, 68, 103, 188, 221
導入　34, 54, 90, 98, 104, 126, 133, 209,

索　引——263

　　　219, 228
閉じた質問　54
徒弟制　26, 201, 214
トライアンギュレーション　236
トランザクション対話　63-64
取り入れ的調整　35
取り込み　60, 67
努力の差し控え　42
ドリル学習　19

ナ 行

内化　24
内言　25, 44, 133
内的帰属　36
内的対話　60
内発的価値　39
内発的動機づけ　30, 43
内面化　24
ナレッジ・ビルディング　219
ナレッジ・フォーラム　107, 146, 191,
　　　219
21世紀型スキル　2, 14
ニューロイメージング　17
認知処理水準　67
認知心理学　18
認知スタイル　95
認知的葛藤　33
認知的標準　33
認知的方略　149, 152
能力観　41
ノート機能　68

ハ 行

媒介　24, 67, 112
媒介物　6, 24
橋わたし方略　82
発言権　52, 55
発達の最近接領域　25
発話連鎖　54

パフォーマー　120
パフォーマンス評価　175
バリアフリー　96
板書　66, 126, 132, 189, 231
反省的実践家　203
バンデューラ, A.　20
反転授業　98
ピグマリオン効果　94
非随伴性認知　38
非トランザクション　63
ヒューリスティクス　116
評価規準　167, 192
評価基準　167, 176
評価機能　44
表象　23, 79
表象的トランザクション　63
開かれた質問　54
フィールドワーク　233
深い処理水準　22-23, 54
深い理解　75
複雑性の問題　202
復唱　23, 52, 63, 90
符号化　22
物量主義　19
ブラウン, A. L.　26, 153, 216
不良定義問題　115, 123
ブルーナー, J. S.　13
プログラム学習　19
ペア　48, 56, 65, 119, 153
ヘッドスタート・プロジェクト　105
報酬　19, 35, 43
方略　39, 73, 82, 97, 119, 148, 160
ポートフォリオ評価　177
ポーン (駒)　35
保持　21, 34, 89, 145, 152
保持過程　21

マ 行

マイサイドバイアス　64

まとめ　15, 54, 83
学び合うコミュニティ　214
学び続ける教員像　159
学び手のコミュニティ　216
学びの専門家　6
無気力　38
メタ認知　13, 47, 74, 152
メタ認知的知識　73
メタ認知的方略　152
メディア　3, 6, 21, 102, 114, 188
メンタルモデル　23, 79
目標志向性　41, 89
目標状態　114
モデリング　20-21
モデル　13, 21, 79, 110, 206, 220, 238
モニター　120
モニタリング　73, 152
問題化　124
問題解決　14, 22, 65, 71, 114, 125
問題解決学習　120
問題行動　95

ヤ 行

有能感　30, 35, 43, 95
有能さ　35

ゆさぶり　33
ユニバーサルデザイン　96
要点　8, 62, 112

ラ 行

ラーニング・コモンズ　191
リヴォイシング　63, 142
リソース管理方略　153
リソースの多様性　109
リテラシー　106
リハーサル方略　149
領域固有性　79
良定義問題　115
理論　16, 35, 41, 98, 110, 133, 149, 159, 196, 206, 215, 221, 229, 235
類似度　21
ルーブリック　176
レイヴ, J. & ウェンガー, E.　26, 214
路上の算数　116

ワ 行

話型　53
ワトソン, J.　30
割り込み　59

秋田喜代美　（担当）序，1〜5章
東京大学文学部社会学科卒業．東京大学大学院教育学研究科博士課程単位取得退学．博士（教育学）．学習院大学文学部教授．東京大学名誉教授．
著書として『読書の発達過程』（風間書房），『子どもをはぐくむ授業づくり』（岩波書店），『読む心・書く心』（北大路書房），『学びの心理学』（左右社），共編著・共訳書として『授業研究と学習過程』（放送大学教育振興会），『教育研究のメソドロジー』（東京大学出版会），『授業の研究　教師の学習』（明石書店），『新しい時代の教職入門［改訂版］』（有斐閣），『学習科学ハンドブック［第二版］』（全3巻，北大路書房），『これからの質的研究法』（東京図書），『これからの教師研究』（東京図書）など多数．

坂本篤史　（担当）6〜14章
東京大学教育学部学校教育学コース卒業．博士（教育学）．福島大学人間発達文化学類准教授．
著書として『協同的な省察場面を通した教師の学習過程——小学校における授業研究事後協議会の検討』（風間書房），共著として『対話が生まれる教室——居場所感と夢中を保障する授業』『教師の言葉とコミュニケーション——教室の言葉から授業の質を高めるために』（ともに教育開発研究所），『実践知——エキスパートの知性』（有斐閣），『授業の研究　教師の学習　レッスンスタディへのいざない』（明石書店）がある．

心理学入門コース3
学校教育と学習の心理学

2015年2月26日　第1刷発行
2021年10月5日　第2刷発行

著　者　秋田喜代美　坂本篤史
　　　　あきたきよみ　さかもとあつし

発行者　坂本政謙

発行所　株式会社　岩波書店
　　　　〒101-8002　東京都千代田区一ツ橋2-5-5
　　　　電話案内　03-5210-4000
　　　　https://www.iwanami.co.jp/

印刷・三秀舎　カバー・半七印刷　製本・松岳社

© Kiyomi Akita and Atsushi Sakamoto 2015
ISBN 978-4-00-028113-3　Printed in Japan

時代の要請に応える，新しい心理学テキストの決定版
心理学入門コース

心理学は，社会学や教育学から脳科学や情報科学にいたるまで，さまざまな周辺諸科学との学際的な連携を深め，多方向に進展をみせている．また，現実社会で起きている多様な「心の問題」に対して，具体的で有効な解決策を提示しはじめている．「実際に使える応用の学」を意識した，自学自習にも使える入門的テキスト．

A5判，上製カバー

1 知覚と感性の心理学 ……………244頁 定価3190円
三浦佳世

2 認知と感情の心理学 ……………264頁 定価2970円
高橋雅延

3 学校教育と学習の心理学 ………278頁 定価2970円
秋田喜代美・坂本篤史

5 社会と人間関係の心理学 ………256頁 定価2750円
松井 豊・上瀬由美子

6 臨床と性格の心理学 ……………202頁 定価2860円
丹野義彦・坂本真士・石垣琢磨

7 脳科学と心の進化 ………………256頁 定価2860円
渡辺 茂・小嶋祥三

――――― 岩波書店刊 ―――――
定価は消費税10%込です
2021年10月現在